U0060497

世界公民叢書

未來的，全人類觀點

綠色經濟

綠色全球宣言

讓經濟回到升斗小民手上

英國綠黨宣言起草人

麥可・伍汀 Michael Woodin

卡洛琳・魯卡斯 Caroline Lucas_著

鄧伯宸_譯

Green Alternatives to Globalisation

【相關書評】

對於經濟全球化，批判之外，任何人若想找到條理清楚而又令人信服的替代方案，這本書非讀不可。

兩位作者既能想像出一個新的世界，又能劍及履及地規劃一套到達彼岸的步驟，在英國政界實為不可多得。

——Dame Anita Roddick DBE

本書作者才情洋溢，不僅揭穿了經濟全球化不可逆轉的空話，而且戳破了全球化嘉惠窮人的神話。

——Vandana Shiva．物理學家、藝術家、作家

像兩位作者這樣的政治人物，如果能夠更多一些，世界必將更為美好。

——Tony Juniper・英國地球之友執行長

資訊科技與文化傳播大談全球化如何如何，到此可以休矣；至於那些導致貧富差距擴大、社會疏離加深、摧毀生態多樣性的決策者，也可以罷手了。這本書告訴我們如何扭轉乾坤。

——Andrew Simms・新經濟基金會政策主任

一個民主、和平、經濟安全、文化與生態豐富的新世界，本書為人類的未來規劃了一份藍圖。

——Jerry Mander・國際全球化論壇主席

綠色經濟：綠色全球宣言

【目錄】本書總頁數共400頁

2 拍賣民主

3 沉淪中的世界

4 貧窮、不均、失業與全球化

III 力挽狂瀾

6 心手相連

7 向歷史學習

10 貨幣在地化

11 多邊主義的新展望

序

／麥可・費恩斯坦（Mike Feinstein，美國 Santa Monica 市議會綠黨議員）

廣泛的環境破壞正在傷害我們的星球，人間不公平的罪行也正在掠奪數十億人的機會，使他們難以發揮自己的潛能。作為一個物種，人類生活方式的脆弱，正在發出吶喊，等待回應。

這種負面的趨勢其實並不陌生，它以某種方式，早已經存在我們中間數百年，甚至好幾千年。但是，全球龐大的人口、科技強大的威力，以及一個為短期利益而濫用人力與地球的全球經濟體系，今天正在擴大人類的致命傷，也為我們這個時代帶來了空前的危機。

當此時刻，伍汀與魯卡斯挾其新著邁入。有遠見，但不流於空談，有深度，但卻平易近人。企業資本主義總是要我們相信：「除此之外，別無他途」，針對這個用廣告堆砌出來的神話，伍汀與魯卡斯小心翼翼地為我們做了解剖。

對於全球化，許多人出於本能，壓根兒就懷疑其中必有嚴重的錯誤。但是，這些神話幾乎唸咒似地在我們的日常生活中翻來覆去，使我們習以爲常，以致苦無破解之道。即便我們能夠在自己的生活中予以識破，卻又拙於言詞，難以向世人宣揚。

伍汀與魯卡斯此書一出，挾其對經濟全球化字母大餐——WTO、GATS、NAFTA、IMF、MAI 與 TRIP 等等——瞭若指掌的知識，並以傳統的經濟術語道破了這些機制的不足。

面對單刀直入、先入爲主，但卻訴諸直覺的動人言詞，例如「勢不可擋的潮流」之類，全球化爲什麼不是解決貧窮的答案，三言兩語就能說明，幾人能夠？伍汀與魯卡斯能夠，而且做到了。他們提出了清晰而實徵的證據，指出問題不在於財富之患寡，而在於財富最初製造與分配的方式。

所謂「比較利益原則」（principle of comparative advantage），亦即財貨之產出應該落在最能發揮「效果」的地方，常被用來當作經濟全球化的正當理由，乍聽起來很難讓人駁斥。但是，伍汀與魯卡斯明白指出，（跨國公司貪婪的）資本流動雖是以比較利益爲基礎，追求的卻是**絕對利潤**（absolute profitability），並因此以全世界的勞工、環境、衛生與安全爲芻狗。

這樣的批評絕非無的放矢，因爲它揭穿了一種全然瘋狂的經濟思想，亦即在一

個有限的星球上追求無限的成長，更爲過份的是，這種經濟思想把財富與權力集中在少數人的手上，並供其揮霍原本就稀少的資源。

但光是反對現狀並不夠。走上街頭遊行、在教室裡辯論，到市政府、州議會與國會去抗爭之外，我們還應該提出正面的替代方案，而此書最具說服力的地方或許正在於此。

爲維持現狀而辯護的人，常常譏笑綠黨的觀點不切實際，是「回到原始」的幻想，根本與現實脫節（「那些綠黨，大力反對貿易，甚至不惜讓我們吃不到香蕉。」）

事實正好相反，伍汀與魯卡斯提出了一套精緻的**經濟在地化**（economic localisation）觀點，其中包括，在生態的架構內，進行貨幣、投資與貿易政策的改革。

在伍汀與魯卡斯所倡議的世界中，觀念、技術、資訊、文化、貨幣與商品的流通，其最終的目標，是要讓全世界重建眞正得以永續的國家與在地經濟。綠黨向自然所學到的，總結來說，就是：「我們全都是休戚與共的。」經濟在地化強調的不是「爲追求最廉價的而競爭」，而是「爲追求最優質的而合作」。

在這樣一個世界中，一個承認民主、生態與社會正義攜手並進的世界，經濟的控制權不再是操於遠在天邊的公司董事會，而是重新回到與之息息相關的升斗小民

的手上。

積極參與綠黨的政治活動讓我發現，伍汀與魯卡斯的大作既令人振奮又讓人欣慰。令人振奮的是，這本書告訴我們，今天的問題如何可以在明天找到解答；讓人欣慰的是，這本書反映出，綠色運動在過去的三十年當中已經越來越成熟。身在權力殿堂之內也身在其外，伍汀與魯卡斯結合了街頭抗爭的能量與民選公職制定政策的專業，理想與務實證諸在他們的大作之中。

環顧這個世界，面對迫在眉睫的挑戰，我們或許感到失望。但是，正當當前的體制因一系列自私自利的政策與機制而獲利時，伍汀與魯卡斯提醒我們，只要同樣地群策群力，一個更永續、更公平的經濟體一樣能夠實現。

〈譯序〉／鄧伯宸

一次全面重分配的革命

經濟革命的基本意涵，不論其採取的手段或揭櫫的意識形態，從根本上來說，就是要求財富的重分配，亦即打破現行的不公平體制，達成經濟利益更均等的共享。從這個角度來看，麥可・伍汀與卡洛琳・魯卡斯的《綠色全球宣言》就是要發動一次經濟革命。

但是，這一次以「反全球化」爲主旨的革命，所要求的不只是經濟財的重分配，同時也是環境財的重分配，以及民主權力的重分配。革命的對象不是一般的資本家，不是某一個政府，而是籠罩全球的新經濟殖民主義；革命的目的不是改朝換代，不是無產階級當家做主，而是以新的思維與新的體制追求全人類在地球上的永續發展；至於革命的手段，則是非暴力、非民族主義的，是從不合作、不服從出發，擺脫國際貿易與金融體系的控制，回歸國家或地區的福祉，爭回國家與人民的經濟主權。

經濟的新殖民主義、非永續性的經濟發展與國際性的經濟中央集權，正是經濟全球化的三大特徵。自從歷史學家福山（Francis Fukuyama）宣稱「歷史已經終結」，傳統的資本主義就開始加足了馬力轉型，進入全球化資本主義時代，而其背後的主要推手是美英的「新自由學派」（neo-liberal）、跨國公司，加上華盛頓白宮與歐洲聯盟的新自由派政權，其核心價值則是貿易與投資極大化，以及透過「私有化論」、「鬆綁論」、「市場開放論」等建構起來的「全球化理論」，對全世界進行經濟整合的統治。

這種全球性的經濟統治，基本上是冷戰結束、國際雙邊對抗瓦解之後，以美國爲首的西方國家，在政府與財團的勾結下所形成的經濟「單邊主義」（unilateralism），本質上不脫西方傳統的政治與軍事單邊主義，骨子裡仍然是殖民主義的延伸。只不過今天的新經濟殖民主義僞裝得更細緻、更巧妙，在美英媒體宣傳與學術論述的強勢推波助瀾之下，「全球化」儼然成爲人類在地球上的福音，而上帝卻是坐在白宮橢圓形辦公室的首腦與跨國公司董事會中的財閥。

伍汀與魯卡斯的《綠色全球宣言》正是要揭穿新經濟殖民主義的僞裝，打破「全球化」的迷思，進而爲人類開出一份永續經濟的處方——經濟在地化。

針對新經濟殖民主義的三大特徵，經濟在地化提出三大核心原則：均等、生態與民主。**「均等」**所針對的，正是全球化所造成的不均與貧富差距擴大。新自由派宣稱，透過全球的市場、貿易與投資自由化，資金與商品自由流通，貧窮國家或開發中國家可以藉國際競爭力的提升，增加商品的輸出，提高經濟成長，達到財富重新分配的目的。但事實卻是，任何開發中國家一旦開放市場，國營事業民營化，撤除關稅與配額等保護壁壘，或許會出現短暫的榮景，隨之而來的卻是成長停滯甚至倒退，社會福利因公共支出的削減而縮水，國內產業因不敵進口廉價商品的競爭而紛紛倒閉或被迫外移，導致失業率增加，而政府為了要吸引外資或留住國內資金，不惜提供種種獎勵的優惠措施，結果使得財富更形集中，導致貧者越貧，富者越富，貧富差距不斷擴大。

經濟在地化的第二原則**「生態」**，則是指向全球化對環境與生態所造成的嚴重破壞。全球化所要求的自由化，不僅是關稅壁壘的撤除，更強制開發中國家取消非關稅壁壘，任何以環境與生態為優先的貿易與投資限制，均被視為自由化的障礙，同時也視之為不具備國際競爭力，而以拒絕前往投資或轉移投資為要脅，軟硬兼施，導致開發中國家的環境防線全面撤守，生態陷入無可逆轉沉淪。

經濟在地化的第三原則**「民主」**，直指全球化體系——世貿組織、世界銀行與

國際貨幣基金會——的反民主。基本上，經濟全球化以經濟遂行全球的統治，正是透過這三個國際性的組織，在貿易、貸款與債務上進行箝制與要脅，而這些組織的裁決權、審查權與同意權則完全操在經濟強權如美英等國之手，開發中國家與貧窮國家只能任其宰割。更嚴重的是，這些組織所訂定的規則甚至凌駕各國的國內法令，政府在貿易與投資方面形同繳械，國家的經濟主權也爲之拱手讓人。

在全球化出現「超載」的今天，經濟全球化的弊病已經不斷在全世界爆發，台灣居於其中一環，事實上也正嚐到苦果：經濟成長下滑、中小企業奄奄一息、資金大量外移、失業人口增加、環境嚴重污染、生態持續惡化，以及全球性氣候變遷所導致的天然災害層出不窮，一一在這個創造過「經濟奇蹟」的海島上演。殊不知，一九七〇至八〇年代，台灣的經濟能夠起飛，經濟在地化其實正是主要關鍵。當時的政府以森嚴的關稅壁壘、在地採購、技術轉移等在地優先的政策，保護在地的產業與市場，才能夠在經濟成長與國民所得上扶搖直上，曾幾何時，這些榮景卻隨著經濟全球化的腳步成爲明日黃花。

伍汀與魯卡斯的經濟在地化正是要回歸在地優先，並以全球永續爲著眼。在政治上，解構國際性經濟組織的中央集權，將權力落實到一會員國一票的聯合國大會

與在地國的政府和議會；在經濟上，找回亞當・斯密、李嘉圖甚至凱因斯的在地自由經濟，爭回國家或地區的經濟主權；在環境上則是以「地球只有一個」的理念，透過國際主義的合作精神，共同維護全球人類以及後代子孫的環境主權。

綠黨政治與全球化

〈導言〉／麥可・伍汀（Michael Woodin）、卡洛琳・魯卡斯（Caroline Lucas）

對於當前經濟全球化（economic globalization）的潮流，各方反應不一，但贊成者與反對者同樣都明白，此一當代主流的經濟與政治進程，正在撕毀歷史悠久的承擔，亟需給予新的回應。

經濟全球化，綠黨所看到的，是弊遠大於利；這樣的評價，在整個政治光譜上，許多人即使基於不同的理由卻都抱持相同的看法。然而，對於本書反覆再三地忠告，心裡早已有數的反對者，必將一意孤行，很難叫他們改弦易轍。因此，既要抵抗此一系統化的強大力量，就必須拿出既能打動人心而又條理清晰的替代方案，使反對者變成支持者，並使任何願意站出來領導此一抵抗的政治哲學，面對迫在眉睫的挑戰，爲這項替代方案大聲疾呼。正是這項挑戰，激發了本書的問世。

綠黨政治獨樹一幟，著眼於重建人類活動與關係的模式，讓人類知道尊敬他們

所依賴的自然系統，從而確保永續的核心目標。但是，若不能將公平與正義納入社會的整體架構，要達成這個目標無異緣木求魚。衆所周知，相較於不公平的社會，公平的社會更健康、更幸福。一個公平的社會也比較能夠建立充分的支撐力量，承受大規模的變動，爲永續的繼承提供眞正的保證。如果我們能夠讓人相信，他們所生活的社會確能保障並滿足他們的福祉，讓他們能夠安身立命，那麼就可以使他們全心致力於解決共同的問題，而不是汲汲營營，只追求個人的出人頭地。舉個例子來說，當便捷舒適的大衆運輸付之闕如，當每個轉角的訊息都在慫恿人們賺足夠的錢，買最新的車，才算得上是個人時，我們又怎能指望，一個所得僅達溫飽、工作沒有前景的年輕人，去爲他所選擇的交通工具將造成社會與環境什麼後果而操心呢？同樣地，在溫室氣體排放的問題上，當富有國家本應負起更大的責任，它們卻恬不知恥地逃避時，我們又憑什麼指望貧窮國家減少排放呢？

綠黨政治不僅要保護自然世界，並且向它學習。綠黨政治認知，從區域到全球，許許多多的生活圈都是休戚與共的，我們則是其中的一部分。在一個全球化的世界中，即使是最尋常的活動，例如選擇到哪裡去購物，都能跨越在地經濟，遠遠地影響到世界其他角落的生活圈。這種狀況，只有每個層面都以眞正的民主架構做爲支撐，才能夠予以公平的管理。但是，不論任何問題，如果都把它放到全球的層面上，

由於行動與結果之間的回饋迴路既混亂又模糊，公平的目標就很難達成。有鑑於此，綠黨政治所訴求的是分而治之的原則，亦即政策盡可能地以在地爲考量才是上策。正如我們在後面會提到的，有關公平使用地球資源的某些議題，例如大氣容忍二氧化碳排放量的能力，就只能放到全球的層面去處理；至於其他的，例如貿易，這種目前正以全球層面爲優先考量的事情，在民主政治的規範無法制衡既得利益絕對優勢的情況下，就比較不那麼急於搬上全球的枱面。

這裡所論述的綠黨政治原則，除了抛磚引玉之外，①針對我們對全球化的批判與其他反全球化運動所揭櫫的理念，二者之間的異同，也希望能有所澄清。經濟全球化造成日益惡化的不平等與全球性失業，以及無休止地把權力從民選政府和勞工手上轉移到私人企業和投資者的囊中，與綠黨站在同一陣線，許多傳統與極左的團體都一致予以譴責。儘管問題的分析有互通之處，但在永續的議題上，綠黨卻聽不到式微的左派有什麼聲音。追求重新分配，提升勞工權益，擴大公部門並嚴格規範私部門，光是這些並不足夠，唯有以更負責、更公平的經濟爲目標，才能打開一條通往永續的道路。

在反全球化的大纛之下，也不乏環境保護者。他們對環境日益惡化的憂心，綠黨感同身受，不過，在策略上，綠黨不同於環境保護者，綠黨絕不指望在位的政客

會來清理髒亂。綠黨政治提出另類的政治哲學，一項經濟方案，以另外一批政治人物取代傳統的政客，並把停止製造髒亂當成首要之務。

綠黨也一定是國際主義者。以行動處理迫在眉睫的全球性問題，是它的核心呼喚。因此，認同並推動一個利益共享的地球生活圈，是綠黨的天職。這個生活圈已經充分意識到，解決問題的細節容或因區域的條件而有所不同，但解決問題的目標卻是共同的，同樣地，用以激發理念的分析也是如此。因此，我們希望，縱使本書在細節上有時候不免偏重英國或歐盟，其目標與分析卻是不分地域的。

內容大綱

本書共分四卷。卷一檢視經濟全球化的理論與結果。第一章探討經濟全球化運作的脈絡，是誰在那裡推動，以及它言之成理的理論有哪些缺陷。第二、三、四章分別檢視全球化的過程如何嚴重危害民主政治的治理，如何加速惡化環境的破壞，以及擴大貧富之間的差距。

卷二提出經濟全球化的替代方案，亦即經濟在地化（economic localisation）。此卷僅有一章（第五章），篇幅極長，雖無明顯區隔，但仍可略分爲兩個重點，其間又

另分成數個小節，可以一氣讀完，也可以一次只看一節，由讀者自做決定。在這些小節中，除了說明經濟在地化主要的建構部件外，並針對重大的質疑提出回答。

卷三探討經濟在地化實施的必要策略，針對「啊，沒錯，但如何才能做到呢？」之類的問題，提出答案。第六章析論經濟全球化結果與進程之間的關係，並以此做爲扭轉此一潮流的前提，使讀者做好接受替代方案的準備。第七章則要問，目前推動經濟全球化的全球性機構，是否能夠從內部予以改造並爲替代方案接生？根據對這些機構所做的歷史研究，答案是「幾乎絕無可能」；因此，從外部發動一次革命實有其必要。第八章討論的則是發起這項革命的要件。

卷四所要凸顯的是，針對當前某些最危急的問題，經濟在地化所能提供的解決之道。本卷特別聚焦的幾個課題，既是論辯經濟全球化的核心，也是推動全球正義運動（global justice movement）②的爭議性主題。其中第九章檢視農業，第十章爲貨幣在地化辯護，第十一章總結在區域化的架構內，多邊合作將獲得改善的前景。

I

損害的評估

Assessing the Damage

誰在推動經濟全球化？

為什麼要推動？

其背後的理論是什麼？

對民主政治、環境與窮人造成了什麼樣的衝擊？

1 全球化：不安全的經濟

Globalisation: The Economics of Insecurity

恐怖份子選擇世界貿易大樓為攻擊目標，居心昭然若揭，他們雖然摧毀了雙塔，卻無法動搖世界貿易與自由的根基。

——羅伯・佐立克（Robert Zoellick），美國貿易代表①

二〇〇一年九一一雙塔攻擊事件塵埃猶未落定之際，政治評論家已經迫不及待，宣布反全球化運動已死。事件發生的當天，倫敦《金融時報》（*Financial Times*）以「全球化的反擊」（The Children of Globalization Strike Back）爲題，大張旗鼓推出系列專題，在當天刊出的首部曲中還強調，「可以確定的是，反全球化的抗議活動還不

會罷手。」言猶在耳，剩下的三篇系列文章卻胎死腹中，隔了一陣子，才又改頭換面見報，換了一副口氣，評論道：「那些奢言革命與對抗的活躍份子，這下子可以閉嘴了吧！」②

不待世貿中心的廢墟清理乾淨，經濟全球化的擁護派眼看機不可失，抓住九一一事件大作文章，視之爲重振國際貿易與投資自由化的強心劑。美國貿易代表佐立克（Robert Zoellick）與歐盟（EU）貿易特使巴斯可・藍彌（Pascal Lamy），透過世界貿易組織世貿組織運作，卯足了勁爭取更大幅度的貿易自由化，強調只有自由貿易才是對抗恐怖主義最根本的手段。在《華盛頓郵報》刊出的專欄中，佐立克大聲疾呼，發起一項「以貿易對抗恐怖」的運動，揚言貿易「可以提升這場持久戰的核心價值」。③接下來的一個月，在加州企業領袖滿堂喝采聲中，布希總統更宣布：「擴大並鼓勵世界貿易，我們將擊敗恐怖主義。」④此言一出，就在緊接著而來的世貿組織杜哈（Duha）部長級會議中，開發中國家代表被迫接受新一回合的談判，理由居然是，如果不接受，就是反對反恐戰爭。

將恐怖主義與全球正義運動掛鉤，經濟全球化的同路人可以說是不餘遺力。阿拉斯加州衆議員唐洋（Don Young）認爲，九一一的攻擊出於反全球化抗議份子之手，「可能性極高」；兩週之後，義大利總理希維歐・柏魯卡尼（Silvio Berlusconi）聲稱，

伊斯蘭教是從外面攻擊西方，反全球化抗議份子則是在裡面窩裡反。⑤美國一位親全球化的著名專欄作家更如此寫道：「抗議份子雖然不曾濫殺無辜，但處處阻撓國際貨幣基金會（IMF）或世貿組織的集會，以威脅恫嚇增加自己的政治籌碼，這根本就是恐怖主義典型的伎倆。」⑥

把追求全球正義的抗議打成是伊斯蘭基本教義恐怖主義的一丘之貉，居心之險惡與可笑，莫此爲甚，因爲眞正應該爲動盪與不安負責的，其實正是經濟全球化本身。關於這一點，即使英國與美國政府的高層也不否認。英國貿易暨工業大臣（Secretary of State for Trade and Industry）派翠西亞・休伊特（Patricia Hewitt，於二〇〇五年五月轉任衛生大臣）就不諱言：「如果西方不能創造一個公平而自由的世界貿易體系……勢將爲日益升高的恐怖主義與動盪不安付出代價。」⑦更重要的是，美國中央情報局——至少在理論上——也做出了相同的結論：

> 全球經濟的漲潮將製造許多贏家，但不是所有的船隻都將因而受惠。國內與海外，衝突將因之而起……贏家與輸家之間的鴻溝勢將更形擴大，遠勝於今日……（全球化的）進程勢將危疑不安，造成長期的金融動盪與日益擴大的經濟落差……落後的地區、國家與族群將面臨日益加深的經濟停

滯、政治不安與文化疏離，並在政治、族群、意識形態與宗教上傾向極端主義，隨之而來的將是暴力。⑧

經濟全球化的種種危害，這段文字可說一語道破。富人世界對窮人的掠奪，只會使貧窮、不均與環境惡化更形嚴重，繼而點燃動盪與衝突的火種。在後面的章節中，我們將一一予以闡明。

在本書中，我們提出一個經濟全球化的替代架構，用以對抗不公平的經濟掠奪，並爲全世界各個共同體提供新的空間，有權選擇合宜合度的社會與經濟策略，滿足各自的需求。我們深信，唯有落實這個方案，而不是仗恃任何武力優勢或軍事威嚇，才能達成眞正的安定。也唯有如此，才能號召全世界的民衆加入全球正義運動，號召更多的人抗議以美國爲首的入侵伊拉克行動，用全球化的草根力量對抗西方強權對全世界沒有止境的擴充，並以空前的行動與覺醒粉碎反全球化運動已死的狂言。

約束強權

談到約束西方強權的問題，只有訴諸規範國際關係的公約、條約與協定。從過

去到今天，為數極多的這類協議可謂汗牛充棟，最近已經形成全球性的憲章。但是，憲章徒具形式，各種規範鮮少能夠付諸實施，即使實施也鮮少能夠貫徹。

舉例來說，聯合國安全理事會偶爾會採取一些具有決定性的有效行動，尤其是他們的主要戰略利益都一致的時候，但大體上來說，卻是各行其是，無異於地球壁爐架上蒙塵的點綴裝飾。在環境方面，到目前為止，雖然達成了幾項多邊協議，其中最值得一提的，是有關臭氧層破壞物質管制的蒙特婁協議，但所有這些協議顯然都未能達成預期目標。例如，針對全球氣候變遷的議題，聯合國雖然召開了京都會議，聯合國環境署（United Nations Environment Programme, UNEP）仍然預估，到二〇五〇年時，大氣層的二氧化碳濃度將增加一倍。[9]聯合國環境署執行長克勞．托弗（Klaus Toepfer）談到地球的環境時，形容得最為貼切，他說：「為了處理環境問題及其對野生動物與人類健康福祉所構成的威脅，今天我們已經有了好幾百項的宣言、協定、守則和具有法律約束力的條約，就只差政治勇氣與充裕的經費，將這些計畫付諸實施，為地球的未來開闢一條康莊大道。」[10]這一段話同樣適用於武器擴散、經濟開發、人權及許多其他的政策領域。

托弗的話，唯一不適用的領域則是貿易與國際金融。在這個領域，政治「勇氣」可以說豐沛得不得了，不僅孕育了關稅暨貿易總協定（General Agreement on Tariffs and

Trade, GATT）、世貿組織、國際貨幣基金會（International Monetary Fund, IMF），還催生了世界銀行（World Bank）。所有這些機制，幾乎全是處理國際事務，約束力不僅超越國內法律，並有權利強制執行貿易與貸款的制裁。也正是這些機制聯合起來，全力在推動經濟全球化的進程。

什麼是經濟全球化？

什麼是經濟全球化？得先給它下一個淸楚的定義。之所以有這個必要，乃是因爲經濟全球化的推動者與受惠者，利用國際資訊與科技，不但獲取了實質的利益，而且對經濟全球化所造成的破壞，更是振振有詞地推卸責任。其中最典型的例子，就是聯合國國際開發總署前任秘書克蕾爾・蕭特（Clare Short）。在該署發表的一項聲明中，她說：「全球化就是要促使現代世界更爲互助互利，更爲休戚與共。」⑪這樣的說法，既模糊又好聽，讓蕭特可以把民主與人權玩弄於股掌，卻不知這兩者根本與經濟全球化南轅北轍。

我們爲「經濟全球化」所下的定義，完全以國際貿易的理論爲依據，亦即：透過貿易與投資的規則以及私有化，在科技進步的協助下，結合公司的力量，將各國

的經濟持續整合，成爲一個涵蓋全球經濟的巨無霸。這個定義，有時候爲了簡便，省掉「經濟」一詞也同樣適用。基本上，這個定義所描述的過程，無論其動機或目的，均十分不同於所謂的「國際主義」（internationalism）；國際主義所強調的是，國與國之間，在資訊、理念與科技上的互利。⑫

經濟全球化的理論破綻

經濟全球化最早的基礎，建立在「比較利益」（comparative advantage）原則上。這個理論，一七七六年由亞當・斯密在《國富論》（*The Wealth of Nations*）中發展出來，一八一七年經過李嘉圖（David Ricardo）的增益，基本上就是「做你最擅長的，其餘的訴諸交易」。根據這個原則，國家應該全力發展本身最具有「比較利益」的產業。換句話說，就是充分利用國內最充足的生產要素（無論土地、氣候、自然資源或勞動力），發揮最大的產能，使國家在競爭上取得價格優勢。例如一個擁有低廉勞動力的國家，就應該生產並輸出勞力密集產品；如果是自然資源豐富的國家，則輸出資源密集產品。反過來說，本身需要進口的產品，則自其他具有比較利益生產條件的國家輸入。

亞當・斯密認為，專業化生產因生產力與經濟規模的加大，使價格降低，產能提高，在競爭中贏得市場，可以使財富極大化。對亞當・斯密來說，市場的大小又決定了財富的多寡。一旦充分產能與經濟規模確立，專業化生產就需要有更大的市場，因此，在越來越大的市場中建立「自由貿易」，乃成為經濟全球化的核心命題。

原則上，聽起來一切言之成理，但實際上卻只是一個象牙塔理論，忽略了現實世界的兩個關鍵特質，以及兩個特質之間的互動關係。第一個特質是，進行交易的雙方很少是平等的。在亞當・斯密與李嘉圖的理論中，進行交易的國家是平等的夥件關係，各自根據本身的歷史、氣候與地理條件取得生產要素，經過客觀評估，做成理性決策。在交易者與生產者之間，以及在不同的國家之間，並不存在足以導致失衡的力量。但是，在國際貿易的整個歷史中，「比較利益」卻一直是人為操作的結果，並受到嚴密的保護。無論是透過艦砲「外交」、殖民政策、奴隸制度、勢力範圍或保護補助，優勢貿易國家無不虎視眈眈，巧取豪奪生產要素與市場通路，藉以壓倒競爭對手，成就自己的「比較利益」。因此所造成的情況正是今日之所見，只有少數幾個優勢貿易國家坐享許多生產領域的比較利益，多數國家既得不到比較利益的好處，甚至連邊都沾不上。在這種情形下，現行國際貿易乃是在極度不公平的條件下進行，徒然擴大貧富之間的差距，連帶波及婦女遭到歧視，並使貧窮國家

永無翻身之日，繼續扮演相對弱勢的角色，淪爲廉價勞工，爲西方消費者生產初級商品。

當今經濟趨勢的第二個特質，是資本的流動大幅增加。這種情形，亞當・斯密與李嘉圖均始料未及，兩人都認爲，投資者不會願意投資海外。李嘉圖如此寫道：

> ……或出於想像，或出於事實，對資本家來說，一旦無法直接掌握自己的資本，資本就會陷於危殆，何況出於天性，沒有人願意離鄉背井，拋下熟悉的環境與習慣，把自己交託給陌生的政府與法律，檢查資本的移出。這種種的心理因素……導致大部分有錢人寧可在自己的國家安享較小的利得，而不願意遠走他鄉尋求更有利的發展。⑬

投資留在國內，商品則在國際間交易，根據這個推斷，亞當・斯密強調，在市場力量那隻「看不見的手」⑭的引導之下，資本自會流向投資者的國內產業，享受最大的比較利益，並因此促進世界其他地方的專業化生產。但在今天，資本哪裡還會在乎國界，它追求的不再是國家的比較利益，而是全球規模的**絕對利潤**（absolute profitability）。拜資訊科技發展之賜，加上國家對資本管制的鬆綁，如今每天在世界流通

的貨幣，金額已經高達一兆三千億美金。⑮

資本管制的解除絕非出於偶然；它除了是國際貨幣基金會與世界銀行這類機構偏愛的處方，也跟另一類不符現實的象牙塔理論有關，此即所謂的「資本利益原則」（the principle of capital advantage）。根據此一原則，資本市場的自由化可使全球儲蓄輕易轉移到最具生產力的用途上，並可讓投資者在不同的部門與國家分散風險，大大有利於全球經濟的發展。

同樣地，理論上，這個原則頭頭是道，但卻是建立在一個理想的假設上，亦即對所有潛在的投資，投資者都有能力根據完整的資訊做成理性的決策。但是，此一假設幾乎完全忽略了一個現實：國際投資市場上，一堆盤據交易場所的年輕人，輕按一下滑鼠，就攪動上百萬的美元，根本無視於他們一舉一動對社會與環境所造成的衝擊。儘管市場分析家有意提供可靠資訊給這些滑鼠族，通常卻還是人云亦云的心態當道，徒然模糊了市場的趨向。這樣的市場，本質上就不安定，時刻受到與現實無關的動力推動，一九九七年的亞洲金融危機與網路泡沫正說明了這種情形。而當投資者的操作處於相對無知的地位，這種不安定性也就更大，自由化與大量資金捲入所造成的衝擊也隨之增加。因此可以這樣說，投資者挾大筆資金進出一個不熟悉而又過度自由化的市場，正是資本市場自由化隨之而來的最大問題。原來與國際

貨幣市場相對來說較爲疏離的國家，爲了取得國際貨幣基金會或世界銀行的金融協助，不得不匆促將其資本帳（capital accounts）自由化，正是屬於這種情況。

資本自由化所宣稱的另一項優點是，政策上不利於國際投資的政府，投資者可藉此予以「糾正」。很明顯地，解除管制的確可使投資者獲得更大的自由，但若宣稱此舉是一種優點，其前提就必須是，投資者的利益應該與他們所投資國家的人民一致。資本帳一旦自由化，政府——尤其是那些不具備比較利益的國家——就不得不順從市場的「糾正」力量，撤除獲利的限制，藉以吸引投資的加入。而這些限制通常都是硬性的法規，旨在保護勞工與環境，要不然就是公司稅收入，是教育、醫療、養老給付與社會福利的主要財源。而醫療與福利支出的縮減，受到最大衝擊的莫過於婦女，因爲如此一來，公共服務一經削減，婦女就只有自食其力、自求多福了。

正如一位經濟學家所下的結論：「當資本動起來的時候，一定會尋求其絕對利益，移往企業所要付出環境與社會成本最低而獲利最高的國家。無論在理論或實務上，全球資本流動所產生的效應，無異是宣布將李嘉圖的比較利益學說作廢。然而，儘管基礎薄弱如斯，毫無管制的自由貿易巨廈還是建立了起來。」⑯提到比較利益理論，世貿組織曾有一說，將之「視爲經濟學上最有力量的見識，大有商榷的餘

地」，[17]豈不是正好證明了前述觀點。

誰在獲利？

儘管破綻極大，經濟全球化背後的理論卻未成爲它擴充的障礙，反而變成它劫貧濟富的保證。今天，全球四分之一的產品都是外銷，相較於一九五○年，卻只有百分之七。製造業的商品關稅，一九四七年爲百分之四十，如今已經降到平均百分之五左右。一九九三至一九九七年間，越界兼併與購置（mergers and acquisitions）的價值成長近四倍，這段期間內，這種國際性的所有權集中，百分之五十九拜直接外人投資（foreign direct investments）所賜。[18]許許多多的證據顯示，國際貿易這種大幅度的擴張，受惠者正是跨國公司（transnational corporations, TNCs）。例如，全世界前一百大經濟體中，跨國公司就佔了五十一家。[19]五百家跨國公司控制了百分之五十的國際貿易，而跨國公司的百分之一更控制著半數的直接外人投資。在全球經濟年成長率幾乎固定在百分之二至三的今天，大公司的成長率卻高達百分之八至十。[20]

正因爲有利可圖，跨國公司及其遊說組織不餘遺力推動各國政府簽署自由貿易協定，大肆擴張經濟全球化的進程。國際商業總會（the International Chamber of Com-

merce）爲關稅暨貿易總協定烏拉圭回合談判（Uruguay Round）打頭陣；美國跨國公司圓桌論壇（US Business Roundtable of TNCs）結合加拿大的對等組織全國商業總會（Business Council on National Issues），聯手推動北美自由貿易協定（North American Free Trade Agreement, NAFTA）；在歐盟，歐洲企業家圓桌論壇（European Roundtable of Industrialists）則帶頭接受歐洲單一市場與單一貨幣。

尤其是歐洲企業家圓桌論壇，過去十幾年，在歐盟的政治議程中一直是一股主要的政治勢力。這個成立於一九八三年的組織，由四十五個多國籍公司（multinational companies）極具影響力的業界領袖組成，合起來的營業額高達四千億英鎊。他們與歐洲各國決策階層建立前所未有的關係，對歐盟政治議程擁有重大影響力，使其政策逐漸偏向大公司議程，全力推動經濟全球化。

全球化的洗腦魔咒

對世界領袖而言，跨國公司的強力遊說彷彿具有催眠作用。兩位前世貿組織秘書長，甚至以地心引力比喻全球化，認爲是不可避免的趨勢。前世貿組織秘書長麥可・摩爾（Mike Moore）就說：「全球化如影隨形，絕非無中生有。」㉑他的前任雷

納多・魯傑諾（Renato Ruggiero）則更進一步說，想要阻止全球化，「無異於想要阻止地球自轉」。㉒然而，眼看這道魔咒吞沒了「自由」世界的領袖，卻「沒有另類的」咒語予以破解。一九九八年五月十八日，美國總統柯林頓在世貿組織發表演說，直陳全球化「不是一項政策的選擇，而是一項無可更改的事實」。隔日，英國首相布萊爾就同一主題致詞，換了一套類似的說辭，說全球化是「無可逆轉與無可抗拒的」。

當然，這種論調無非是在強調現狀的無可改變，但很明顯地，其居心其實是要我們根本不去分析全球化現象，也就是說，任何人企圖檢視全球化的趨勢與效應，注定是在浪費時間。不過，就有那麼一個「浪費時間的人」，說了那麼一段使我們深有同感的話。他說：「對於這種政策與發展，經濟哲學與現行重要的經濟範例都提出質疑，如果有誰說，這些質疑無異於阻擋或扭轉無可逆轉的宇宙法則，徒然凸顯他只是一個粗魯的政治工具，絕不是任何有良知的分析家所能接受的。」㉓

的確，全球化絕非百世不易的經濟法則，也不是市場力量無所不在主導的結果，更不是像地心引力那樣的自然法則。過去三十年，它根本就是世界頂尖企業與政治精英聯手打造出來的東西，他們推動的共同目標包括經濟整合、解除管制，以及一套以自由貿易與國際競爭力（international competitiveness）爲基礎的經濟哲學。

令人可恥的是，對於經濟全球化，政府不僅幾乎毫無作爲，而且有系統地自廢武功，把權力交給世貿組織這類靠不住的機制。一旦老百姓抱怨全球化的結果，頑固的自由貿易政客卻一臉無辜，搓著雙手連聲說，「對不起，不是我們的錯，我們也無能爲力」，但就是不肯說出眞相。其實政客早已經做了選擇，唯自由貿易的規則與邏輯是從。過去那些已經做成的決策，爲了未來，其實大可改弦更張，採行新的貿易與投資法規，以強化新的選擇。

重要的是，《經濟學人》雜誌二〇〇〇年九月二十一日的社論承認：「抗議人士是對的，儘管加足了馬力，『全球化』的浪潮仍可能退去……並非如那些全球化死忠者所深信不疑的，國際經濟整合並不是無可避免的過程……它只是世界經濟未來可能的選擇之一，另外還有其他的選擇，而且可行性更高。」

本章的最後，我們將提出證據說明，對於世界經濟，經濟全球化許諾的是一個錯誤的未來。但是，我們將先推出綠黨的經濟思想原則，而且我們深信，要達成眞正的公平與永續，才是任何未來經濟的基礎。

如果像古巴比倫宗師赫利爾（Hillel）曾經受到的挑戰，㉔綠黨也單足而立，被人要求說明綠黨的政綱，我們的回答是：「均等、生態、民主」。這個答案隨時可以轉換成綠黨經濟思想的三大原則。第一，經濟體系建立在地球的自然體系上，因此必須尊敬自然體系的強度與限度（參閱專欄一・二）。第二，經濟體系必須追求公平與社會正義。第三，經濟必須受到民主的節制，保證生產的目的是爲滿足需求而非追逐利潤，生產方法則必須符合前述兩大原則。欲達到此一目的，必須透過負責任的民主政治正式管道，以及增加生產者與消費者的接觸。

綠黨經濟思想與推動經濟全球化的資本主義，二者之間可以說是南轅北轍。資本主義追求的是資本的最大特權，讓資本的擁有者獲取不當比例的報酬，完全牴觸綠黨經濟思想的基本原則。第一，資本主義爲滿足資本擁有者獲利的要求，產生充分利潤的唯一手段就是經濟成長。資本擁有者一旦獲利，其投資與要求便水漲船高。正因爲如此，資本主義制度下，成長永無止境，但地球卻是有限的。其二，資本主義直接導致財富累積到資本擁有者的手中，其他人卻遭到排除。爲了保障利潤，工

專欄一・一　綠黨與成長

綠黨政治理念的起源，可以追溯到羅馬俱樂部（Club of Rome）於一九七四年首度提出的「成長極限」（Limits to Growth）學說。[25]此一學說強調，在地球這個封閉體系中追求沒有止境的成長，乃是危險的自毀行爲，因爲如此一來，所有可用但卻無法再生的資源都將消耗殆盡，即便提高使用效能，能夠拖延得長久一點，仍將產生嚴重污染與浪費，使得進一步的生產成爲不可能。《成長極限》報告書所提出的時間表或許過於悲觀，但成長有其極限的觀點仍然是攸關未來的洞察。

根據此一洞察，綠黨經濟學者發展出一套經濟模型，其中，原任職於世界銀行的赫曼・德利（Herman Daly）提倡所謂「穩定狀態」（steady-state）經濟，亦即不增加資源的總處理量，追求人類社會的提升與發展。[26]晚近「永續發展」（sustainable development）所表達的即屬相同的概念，只不過「永續發展」一詞已經遭到濫用，其影響力也隨之流失。

有人批評此一理念並辯稱，傳統經濟成長所造成的問題將可獲得解決。根據他們的主張（見圖一・一：環境的庫茲尼特環境曲線，the environmental Kuznets curve. EKC），一個

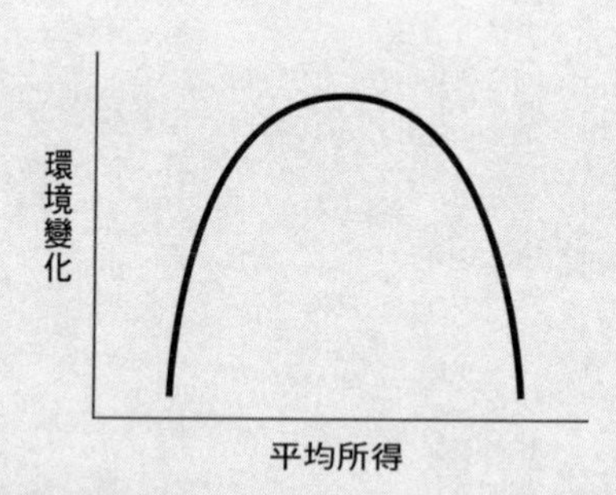

圖 1.1　庫茲尼特環境曲線：一個國家環境破壞與平均所得之間的關係

國家的財富開始增加時，環境惡化也隨之增加，但當國家富足到一定程度時，開始著手整頓，情況就會反轉過來。意思就是說，開發中國家的環境破壞，不值得太過於憂心，因為日後自會好轉。

EKC 理論的主要問題在於，它與實證經驗顯然是矛盾的。環境惡化可以隨開發的進展而有效反轉，其中最常被拿來做為例子的，就是森林的砍伐與二氧化硫的排放。㉗然而，一個國家所得水平與森林砍伐之間的關係，各洲的情形並不相同，㉘而二氧化硫排放量顯示已在穩定降低，卻與所得無關。㉙真正的關鍵在於，其他形式的環境惡化，如固體垃圾的產生與大氣中碳的排放量，仍然隨著所得的成長而不斷增加。㉚

EKC 的另一個問題是，它認為開發早期

的環境問題到後來都能夠獲得扭轉。但很明顯的是，並非所有的情況皆是如此，例如無法再生的自然資源快速消耗，又如有毒物質持續擴散進入環境。

因此，綠黨反對這種「成長有利環境」的鴕鳥式理論，堅持環境與經濟政策在每個發展階段都應予以整合。

鼓勵經濟與環境政策整合的最佳途徑之一，就是拒絕那些無視於環境的經濟指標，以及傳統經濟學一向肯定的其他要素。評估一個國家的成就，經濟學者眼中總是只有國內生產毛額（gross domestic product, GDP）。但是，GDP 就跟國民生產毛額（gross national product, GNP）一樣，只是所有產品與勞務交易所產生的一個價值，並未計入隱藏成本，也未計及交易時增加或減少的福利。或如美國參議員羅伯‧甘迺迪（Robert Kenndy）所說：

> 國民生產毛額包括空氣污染、香菸廣告、清運高速公路車禍死傷的救護車，還要包括我們特製的門鎖以及關那些破壞門鎖的人的監獄。國民生產毛額也應該包括紅杉林的破壞與蘇必略湖的死亡。凝固汽油彈、飛彈與核子彈頭也會使國民生產毛額成長……就算把所有這些都算進去，沒有算在內的還有更多。它沒有考慮到我們家人的健康、他們的教育品質、或他們遊戲的歡樂，

也忽略了我們工作的尊嚴與街上的安全。[31]

即使是國內生產毛額的創始人西蒙．庫茲尼特（Simon Kuznets）也承認此一指標的侷限性，他說：「一個國家的福利幾乎無法用國民所得來做推算。」[32]

另外有些指標，在設計上已經納入更廣泛的社會福利。永續經濟福利指數（the Index of Sustainable Economic Welfare, ISEW）就試圖評估人民福祉的眞實狀態，藉以矯正 GDP 所忽略的一些問題，例如所得差距、環境破壞以及環境財的損耗。[33]眞實進步指標（Genuine Progress Indicator, GPI）也有類似的作用。[34]聯合國發展計畫署（UN Development Programme, UNDP）的人類發展指數（Human Development Index, HDI）就將平均壽命、成人識字與教育就學併入人均國內生產毛額。[35]

所有這些指標，本書在必要時都將採用，我們所致力追求的「發展」，是能夠提升 ISEW、GPI 或 HDI 的行動，而 GDP 則非必要。

資就必須予以管制，貧窮的多數只能乖乖聽命於資本主義制度的要求。因此，資本主義製造並擴大了不平等。最後，在資本主義制度下，生產者與消費者之間的距離越遠，獲利的空間就越大。當個人的需求靠自己或親友都無法滿足時，誰能夠予以滿足，誰就是最大的獲利者。當消費者與生產者之間的距離不是很大時，利潤還可以合理地維持，例如屠戶賣肉給麵包店，盤算著要漲價，心裡卻不得不考慮，自己一大早還要到他的店裡去買麵包；又如香燭店的老闆如果苛扣了員工，全鎮上上下下都會知道，他自己的生意也將受到傷害。但是，當距離大到不合理，經濟越來越全球化時，不當利得便有機可乘，而跨國公司最擅於操縱將這種距離不斷拉長。㊱

綠黨未來要爲世界經濟打拚的，就是直接對抗這些弊端，並將自己定位爲堅決的「反資本主義」（anti-capitalism）。然而，這個標誌也有其不利之處，脖子上掛著「反資本主義」的牌子，可能會使某些綠黨的追隨者感到不自在。我們雖然不苟同這種心理上的忌諱，卻深深明白，推動激進的政策，獲得認同有其重大的意義，因此，對某些人來說，「反資本主義」這個標誌，知識的包袱如果太過於沉重，我們也願意予以捨棄。畢竟，認同綠黨經濟思想的中心主張重於一切，堅持標誌的一致反而屬於其次。

執著於知識的包袱，徒然混擾資本主義、國家與市場之間的關係。就算我們高

舉「反資本主義」做爲綠黨經濟思想的大旗，難道就是要創造一種專斷的、容不下市場與私有制的經濟嗎？短一點的答案是「錯」，回答得長一點則是，綠黨經濟思想所追求的，只不過是反對資本以地方共同體與環境爲代價所享受到的自由與特權。另外還有一個目的，則是避免世貿組織與其他機構所推動的特權繼續擴張。爲了達成綠黨經濟思想的目標，需要政府採行更有效的管制，扮演更積極的財政角色，例如利用環境稅的徵收，將目前「不能反應到」市場的成本予以內部化。㊲至於將生產者與消費者的距離拉近，則有賴於提高公營與合作事業的比例。在此一架構內，產品與勞務的分配則交給市場。

資本主義與市場經濟的區別，大衛．柯騰（David Korten）曾經一針見血地予以釐清。㊳亞當．斯密所描述的市場經濟是地方性的，由小型的在地企業構成，是在倫理架構的支持下滿足地方共同體的需求與功能。另一方面，資本主義這種經濟體系則是由少數人收割生產資財的利益，儘管其生產力是來自許多人的勞力付出。在柯騰的眼裡，「資本主義之於市場經濟，有如癌細胞之於健康的人體，癌細胞掠奪、消耗宿主的能量，結果導致宿主與自己都走向死亡，資本主義則是在掠奪、消耗人民、社會與地球的生命能量。就跟癌細胞一樣，資本主義制度無法預見不可避免的致命結果。」㊴

正如柯騰所言，在世界未來的綠色經濟裡面，亞當・斯密的市場——在地性的、重倫理的——佔有一席之地，而資本主義之癌則無。

2 拍賣民主
Democracy for Sale

貿易行為，政府應該盡量少予干預。

——彼得・蘇紹南（Peter Sutherland），前GATT秘書長①

一九九八年，賴瑞・艾略特（Larry Elliott）與丹・艾金森（Dan Atkinson），曾把二十世紀末比做二十世紀初：

維多利亞時代中期以來的穩定世界，在一九一四年來臨前的重大政經變化中，一夕之間全都走了樣，導致藝術、設計、音樂與文學也發生了革命性

的改變。二十世紀末的今天也是如此，大家都在看，全球化的現代面向將會把我們帶往何處，是一個生產問題徹底解決、所有國家共享普世和平與富足的世界？還是一個沒有靈魂、標準化的唯物世界，任由少數既得利益者的貪婪、偏向有錢人與有權人的制度把地球推向毀滅的邊緣？②

如果艾略特與艾金森願意把問題精簡一點，國際貨幣基金會倒有一個答案：

全球化帶來經濟成長與更高的所得。任何國家只要採取閉關政策，不論為時多久，都將得不到任何好處，而那些已經發了財的國家，全都擁抱全球化，擁抱使全球化得以進展的政策。開放導向的政策已經為大部分東南亞國家帶來活力與財富，此一經驗顯示，全球化為全世界的發展提供了廣大的機會。③

一九九九年在西雅圖把世界貿易組織弄得動彈不得，之後更是緊逼不捨的抗議人士卻另有所見。他們的抗議聲浪，初時還有幾分分歧，聽起來猶豫與雄壯兼而有之，那成千上萬活躍份子所鼓舞起來的聲勢，全都來自國際生態與文化協會辭典（the dic-

tionary of International Society for Ecology and Culture）爲全球化所下的定義：

全球化

〔名詞〕(1)政府討好投機性投資者與跨國公司，將公民的權利予以讓渡的過程。

(2)為了國際貿易，對工資、社會福利標準與環境控制所造成的侵蝕。

(3)將一種消費的單一文化強加於全世界。廣泛地被誤信為是一種無法扭轉的趨勢。另見金融崩潰（financial melt-down）、賭博經濟（casino economy）、第三世界債務與破底競爭（race to the bottom）。[4]

若說我們同意的是抗議人士，而不相信國際貨幣基金會，想來不會令人驚訝，不過，在這一章以及隨後的兩章，我們還是會提出證據，來證明我們的判斷。

誰在當家？

國際生態與文化協會的定義，對全球化的第一項指控是：「政府討好投機性的

投資者與跨國公司，將公民的權利予以讓渡的過程。」跨國公司看準了不同的國家有不同的社會與環境標準，利用這一點謀取最大的利潤，乃創造了全球性的生產體系。對此，各國政府根本袖手不管。權力就此從政府與政治人物手中轉移，等於是在變相投資跨國公司與機構。今天我們所生活的世界，企業正在接管國家。企業顯然比政府更有權力，商業利益則凌駕一切。

支持這種說法的證據可說俯拾皆是。今天，多國籍公司跟許多國家一樣大——三百家跨國企業佔有全世界百分之二十五的資產。今天，個別的公司所擁有的財富比整個國家還要多：世界第二十二大的經濟體三菱（Mitsubishi）、第二十六大的通用汽車（General Motor）、第三十一大的福特，就比丹麥、泰國、土耳其、南非、沙烏地阿拉伯、挪威、芬蘭、馬來西亞、智利與紐西蘭這些國家更為富有，這裡所舉的還只是少數幾個而已。全世界的銷售額，跨國企業佔了三分之二，全世界的輸出值則佔三分之一，而世界貿易高達百分之四十是發生在多國籍公司之間。⑤

國際競爭力的陷阱

經濟優勢為跨國公司帶來極大的權力。前所未有的力量與動能意味著，在他們

尋找更低的標準與更廉價的地點以便大展鴻圖時，越來越能夠挑起國家與國家之間的競爭。政府爲了提升國際競爭力（international competitiveness），乃陷入一種視情況調整的破底競爭（race to the bottom）。在全球化的壓力下，企業公平負擔稅負、爲員工提供有尊嚴的生活標準、或符合環境要求標準，所有這些民主政治所承諾的願景，所得到的回應都是，這類措施將會毀掉國家的國際競爭力，緊接其後的則是威脅——跨國公司威脅移往管制較爲寬鬆的地點。

正如德國中央銀行（Bundesbank）前總裁漢斯・泰特梅耶（Hans Tietmeyer）所說，這種情形所代表的意義就是：「政治人物必須明白，他們現在是在金融市場的擺佈之下，再也不是國內的辯論所能置喙。」⑥德國前財政部長奧斯卡・拉封丹（Oskar Lafontaine）令人遺憾的下場就是一個活生生的例子。過去二十年裡面，儘管企業的利潤增加了百分之九十，德國的公司稅年收入卻減少了百分之五十。一九九九年，拉封丹不顧一切要提高德國的公司稅，一群企業於是聯合起來威脅，政府如果不配合他們，就將投資或工廠轉移至他國。威脅顯然大獲全勝，轉移的是拉封丹，退出政府。

一次又一次的民意調查顯示，老百姓都希望政府花更多的錢，改善基本的社會需求，如醫療、教育與養老。英國最近的一項民調發現，百分之六十二的受訪者表

示，他們支持增稅以充實公共服務計畫。⑦公司統治者的優先順序則剛好反，他們主張減稅。有百分之八十七到百分之九十二的老百姓認爲，縱使與多國公司的利益相衝突，政府也應該以保護環境、就業條件與醫療衛生爲優先。⑧如果國際競爭力是政府別無選擇的政策，公共支出的削減以及勞動標準的降低就勢不可免，但這絕不是民主的多數所樂見。

企業統治

我們正在目睹一次「慢動作的政變」，⑨亦即一種政府逐漸萎縮的過程，流失的權力正灌入已經臃腫不堪的跨國企業及國際貿易與金融組織。對於這種政變，傳統的政治人物早已停止抵抗，事實上，他們已經俯首成爲共犯，政府與大企業之間的界線已經越來越模糊。

政黨與政府似乎也隨時可以受雇於人。二〇〇三年七月，五百多名中間偏左的世界領袖與專家學者，齊聚一堂，包括德國總理施洛德、英國首相布萊爾、美國總統柯林頓，出席一項名爲「進步治理」（progressive governance）的會議，出資舉辦這項盛會的有英國航空、花旗銀行、PwC（Pricewaterhouse Coopers，係一國際性保險、稅務

及諮商組織，台灣設有分公司——資誠會計師事務所）、畢馬威（KPMG，係一全球性專業服務組織）以及「進步運動可敬的贊助人，汶萊蘇丹」。⑩《失陷的國家》（*Captive State*）一書談到企業之接管英國，作者喬治・蒙畢歐特（George Monbiot）提到一個絕大的諷刺，一九九九年的英國工黨會議，討論政府與企業的合作，資助者居然是Camelot樂透彩券公司。一項有關振興民主政治與社區重建的會議，則是由特易購（Tesco）出資，而特易購的後台老闆惡名昭彰，正是破壞社區經濟命脈的奸商。英國廣播公司問主管環境事務的內閣資政惠特爵士（Lord Whitty），會中的展覽主辦單位是否關說內閣閣員，惠特的回答是：「關說閣員沒有用，要就關說整個黨。」在我們看來，此公所言不虛。⑪

在英國與美國，企業對執政黨的捐贈都使捐贈者直接受益。一九九七年，一級方程式賽車老闆伯尼・伊克萊斯頓（Bernie Ecclestone）捐給英國工黨一百萬英鎊政治獻金。不到一年的時間，當時已經執政的工黨，竟然指使反菸的衛生大臣泰沙・喬威爾（Tessa Jowell），爲一級方程式豁免禁止香菸廣告辯護。二〇〇二年，另一個類似的案子也引起軒然大波，當時飽得傑公司（PowderJect）未經招標程序，獲得一項三千二百萬英鎊的天花疫苗合約。該公司的執行長保羅・德瑞森（Paul Drayson）曾經捐贈五萬英鎊給工黨。而迄今最惡劣的個案，則屬美國政府向世貿組織控訴，指控

歐盟給予加勒比海地區香蕉優惠關稅，不過幾天，柯林頓執政的民主黨就得到一筆五十萬美元的捐款，捐贈者是希圭特公司（Chiquita），一家總部設在美國、生產香蕉的跨國公司。

政治獻金之外，政府與企業利益也照樣層層糾結。在英國，爲數不少的企業高階人員擔任顧問與資政，職位高至部長級位階。這些企業的高階主管通常都能通過「旋轉門」，在某些政府部門謀得主管職位，而這些部門的主管業務通常又與他們前面待過的企業有直接關係。這一類的任命，蒙畢歐特列了一份名單，多達四十餘人。其中極具代表性的例子是海伯力公司（Highbury）的西蒙爵士（Lord Simon），這位前BP公司（全球最大的石化集團之一）董事長與歐洲企業家圓桌論壇副主席離職後，成爲主管「歐洲競爭」（competitiveness of Europe）的資政，業務範圍包括部分歐洲能源政策。

這類的任命如果只是虛職，或僅屬個別企業打通關節的特例，情況或許不致如此嚴重，問題是，這已經是民主政治隱疾重重出現的症候了。企業界之所以能夠取得重大的影響力，全球化的壓力難辭其咎。企業先以遊說發動攻勢，貿易與投資協定一旦定案，企業對政府就能予取予求。政府的權力每讓出一次，跨國公司食髓知味，更將得寸進尺。

企業利益都有一個共同的、鍥而不捨的觀念，亦即放眼全球，而最重要的則是，要有一個共同的市場與資本來源。從這個觀點出發，凡是擁護環境保護、衛生與安全、土地與資源永續使用等等的民主與法律，一律都是保護主義（protectionism）的壁壘，是必須用全球自由貿易的規則予以掃除的。從別的角度來看，這也是使經濟活動不受拘束的捍衛者，是極為可貴的。

因此，說得好聽一點，規範全球自由貿易的多邊規則，目的是在防止我們退回到有害的保護主義。但是，當企業利益推動貿易與投資自由化時，卻又將這些規則變成另外一種保護主義，保護的則是企業的利潤，並在自由貿易威脅到人類某些可貴的資產，人民與政府站出來捍衛時，使他們難以得逞。例如，世貿組織的「同類產品」（like product）規則規定，進口的產品中，不得以其生產的方式而給予差別待遇。因此，進口產品不分基因改造生物（genetically modified organisms, GMOs）或非基因改造生物、成衣不分是童工製造還是在勞動條件有尊嚴情況下生產、肉品也不分生產過程中是否虐待動物，都必須一視同仁。如此一來，政府再也無法盡到責任，使

人民免於用到危害地球環境的產品或虐待動物的肉品。在一個國家，根據某些社會標準定出投資條件的權利形同放棄，國內市場進口某些產品也只能唯國際規則是從，過去爲保護人民，政府還有力量管制某些企業行爲，如今卻是放任這種力量在流失。

北美自由貿易協定上陣？⑫

企業對民主領域進行殖民化，最囂張的例子莫過於北美自由貿易協定（NAFTA）這個試射場。正如一位評論家所言：「透過世貿組織，美國打算拿來用在國際上的貿易武器，先在北美自由貿易協定中把加拿大與墨西哥當成試射的靶子。」⑬

北美自由貿易協定的投資章（第十一章），以所謂「國民待遇」原則（national trestment principle）爲幌子，保護企業投資者對抗政府的法規。根據這個原則，外國投資者享有等同於國內產業的待遇，理論上，是要防止國家以國家化的名義沒收私有財產，避免一九三八年墨西哥將外國煉油廠收歸國有的類似事件重演。但實際上，絕大多數「投資者對國家」（investor-to-state）的案子無關於財產的沒收。相反地，北美自由貿易協定三國——加拿大、美國、墨西哥——的公司，都是在他們的利潤受到威脅時，搬出第十一章，挑戰中央或地方有關環境與公共衛生的政策（相關案例將

在下一章討論）。利用北美自由貿易協定，外國投資者甚至試圖推翻聯邦採購法與國內的司法裁決。

對抗政府的個案，北美自由貿易協定受理之後，提交到投資者對國家的爭議處理機制，由一個三人委員會舉行秘密聽證。公司如果獲勝，損失的利潤由公庫理賠，金額不限。

針對加拿大政府提供公共郵政服務，美國UPS快遞公司提出一億六千萬美元的損害指控，就可說是對加拿大人民民主的直接侵犯。UPS的指控居然是，公營的加拿大郵政接受政府的不公平補助，對外國競爭者構成嚴重業務傷害。另一個案子，則是加拿大一家大型殯葬公司對美國政府的指控。加拿大的羅文（Loewen）殯葬公司洽購密西西比州奧基輔（O'Keefe）家族的殯葬業務，雙方談判破裂後對簿公堂，羅文公司敗訴，被判賠償五億美元。羅文公司要求取回契約保證金，價值相當於損害金額的百分之一百二十五，並保留上訴權利，但遭到美國最高法院駁回。羅文後來雖以一億七千五百萬美元與奧基輔家族達成庭外和解，但卻向北美自由貿易協定提出申訴，指控美國法院未能妥善保護外國投資者，因爲法庭上曾出現仇視加拿大人的證詞。根據法院裁決副本的內文，證詞指稱這家加拿大連鎖殯葬業的創辦人雷伊・羅文（Ray Loewen）是外國人、是「剝削喪家的奸商」、擁有大型遊艇、是國外

銀行的大戶、貪得無饜等等。羅文公司要求美國政府賠償七億二千五百萬美元。

在初審裁決中，北美自由貿易協定裁定此案成立，指稱，根據北美自由貿易協定二〇一條款，密西西比法院的損害賠償以及最高法院駁回羅文公司取回六億二千五百萬美元保證金，適用北美自由貿協公平對待外國投資者的「規定」，並經特別委員會裁決，美國政府必須爲密西西比法官與陪審團所做判決負完全責任。⑭

不論最後結果如何，「羅文控告美國案」（Loewen's case against the US）開了一個危險的先例。在簽署國中，此案顯然把北美自由貿易協定當成了最終的裁判權威，有權推翻法院的判決結果，並以陪審團與法官的行爲處罰政府。儘管北美自由貿易協定並未獲得授權撤銷法律，在商業要求與法律衝突時，這一類的裁決極可能造成政府介入並對司法施壓。更重要的是，北美自由貿易協定的損害賠償裁定顯然已經發出警訊，國家與市政當局的治理權力都已經在打折扣了。⑮

北美自由貿易協定第十一章，經濟合作暨發展組織（Organisation of Economic Cooperation and Development, OECD）有樣學樣，推動多邊投資協定（Multilateral Agreement on Investment, MAI），一九九八年引發非政府組織（NGOs）與個別人士在網路上抗議，不得不改弦易轍。但是，北美自由貿易協定的多項特點，例如給予外國投資者國內待遇，卻都納入了服務業貿易總協定（General Agreement in Trade of Services, GATS，參閱

專欄二・二）。而如果布希政權得以連任，北美自由貿易協定的民主政治與投資權利模式，預料更將向另外三十三個美洲與加勒比海國家輸出，並在二〇〇五年年底簽署美洲地區自由貿易協定。

企業控制的冰山一角

貿易規則的訂定，旨在保護企業的利潤而非促進人民的利益，智慧財產權（intellectual property rights, IPRs）的保護提供了另一個例子。這個極具爭議性的議題，是由十三家大公司，包括通用汽車與蒙森托生物科技公司（Monsanto），提交烏拉圭回合談判，在隨後的談判中，美國所派出的一百一十一名代表中，九十六人來自私部門，相對地，許多發展中國家甚至沒有能力派出代表常駐於日內瓦的世貿組織總部。結果當然毫不令人意外，世貿組織最後的協定版本——智慧財產權貿易相關協定（Trade-related Aspects of Intellectural Property, TRIPs）——一面倒爲企業的利潤把關，眞正爲鼓勵創作所設的保護少之又少。

南方國家㉕所面對的許多問題，如果能夠運用某些專利技術，將可大幅減少甚至完全解決，但在全球的研究發展經費中，南方國家僅佔百分之二。因此，發展中

專欄二·一　服務業貿易總協定

服務業貿易總協定是世貿組織最新推動的貿易協定，涵蓋之前各項協定的所有特點，範圍則更為廣泛，目標是在二〇〇五年達成一百六十項服務業開放國外投資。⑯

服貿總協定的運作

服貿總協定包括「基本義務」（basic obligation）與「特定承諾」（specific commit-ments）。基本義務自動涵蓋所有服務業。特定承諾則僅適用於政府在談判中「承諾」的行業。大部分世貿組織會員所承諾的服務業項目不多，通常是觀光、餐旅、電腦相關服務與附加價值的電信業務。絕大部分行業，基於輿論的壓力，各會員國均以高度公共性質為由不願意開放。例如歐盟執委會（European Commission, EC）在首批提出的清單中就排除了醫療保健、社會服務與教育。

相對地，歐盟執委會卻要求開發中國家做更廣泛的承諾，包括郵政、環境服務與電信。正如牛津拯飢委員會（Oxfam）的凱汶·華金斯（Kevin Watkins）所說，開發中國

家「已經接到一份要求清單，礙於世界銀行的臉色，到時候開放的行業將會多達百項」。[17]

服貿總協的主要規則

最惠國規則（Most Favoured Nation Rule）——此爲基本義務，適用於所有行業，其規定爲，對任何一家外商的最惠待遇，必須對所有外商一體適用。例如，只要有一家提供高等教育的外商獲得授予學位的資格，所有提供高等教育的外商都可以比照，擁有相同的資格。

如此一來，想要扭轉商品化的趨勢將更爲困難，因爲政府所面對的阻力，不是只此一家，而是許多家供應商的反對。

國民待遇（National Treatment）——此爲特定承諾，其規定爲，外國供應商必須等同於本國供應商。此一規定禁止給予在地公司研發補助，亦不得支援人力協助在地公司經營。

有關這兩方面的規定，世貿組織調解小組的解釋就已經相當嚴格，在服貿總協的規範下，任何對貿易競爭**不利**的政策未來將更寸步難行。例如，在兒童看護方面，當

外資大部分爲營利性質而在地的屬非營利性質時，政府對非營利事業的補助，就會被裁定爲歧視外商。

市場進入權（Market Access）——此亦爲特定承諾，目的在於避免國家限制服務業供應商的數量。承諾開放某一行業時，國家只能指定特定項目並列舉特許的例外，例外非經三年不得更改，若因此造成供應商任何損失，政府必須給予賠償。如此一來，任何新的問題發生時，例如非預期的環境衝擊或資源匱乏，政府將很難採取立即的因應措施。前印度駐關貿總協代表就說：「開發中國家將因此失去按照未來需要調整政策的能力……儘管理論上它們將因進口服務業而獲益。」[18]

國內法令（Domestic Regulations）——此一特定承諾的基本作用，在於審查國家、地區或在地有關服務業品質的相關法令，確保這些法令對國際貿易不致造成不必要的負面影響，或「對服務業貿易構成不必要的壁壘」，若有任何爭端，均交由世貿組織仲裁。

無可逃避？

按照服貿總協定的內容，甚至連教育與醫療這類基本公共服務業也不在豁免之列。

這類服務業被視爲有利可圖的商品，納入國際交易市場，其目的並非著眼於公共利益，而是要爲私人公司與股東們賺取利潤。服貿總協定雖然排除了「公共服務」的項目，但在協定的第三條第一款中爲公共服務所界定的範圍卻極爲狹窄，適用的行業所提供的業務既不具商業性也不具競爭力。因此，絕大部分具有民營條件的公營事業都不在排除之列。舉例來說，依服貿總協定的規定，民間融資計畫（Private finance initiatives, PFIs）與私立學校原則上就能夠大舉參與英國的公立醫療體系與教育系統。在許多先進市場經濟中，公營事業的自由化已經超前，民間企業也將繼續施壓，要求政府開放尚未開放的事業。服貿總協定的「鎖定」效應來勢洶洶，反對力量除非予以迎頭痛擊，想要扭轉自由化與民營化的趨勢終將緣木求魚。

服貿總協定、民主與發展

忌憚於服貿總協定的制裁，地方當局與政府都只能乖乖就範。英國一份地方當局的報告就透露了這種憂慮：「世貿組織目前正在進行的談判，對地方政府的權力與自由將造成深遠的影響，尤其是在採購、法令規範與土地利用計畫方面。」[19]

好幾個開發中國家也都指出，[20]服貿總協定對南方國家（the South）將構成災難性

的結果。就跟世貿組織推動的過程一樣，開發中國家根本缺乏談判籌碼，只能在強大的壓力下進行自由化。開發中國家的行政效率遠遠比不上北方國家（the North），與外國跨國公司談判處於相對劣勢，但服貿總協定完全不考慮這些問題。

在出口能力方面，已開發國家與開發中國家也相去懸殊。在許多服務業的經營上，西方跨國公司已經居於絕對優勢，全世界的服務業貿易，歐盟就佔了百分之二十，而美國則掌控了大部分出口市場。服務業自由化所帶來的巨大利潤，根本就是已開發國家強勢服務業界的囊中之物，開發中國家則毫無競爭能力。

在開發中國家，服務業自由化導致私有化幾乎是不可避免的趨勢，但與來勢洶洶的跨國公司相較，無論是公營服務業或本國公司，在條件上都是相去懸殊，根本不是競爭的對手。此外，民營化，尤其是在開發中國家，受惠的絕不是窮人與低收入階層，而是肥了社會上的富人階層。因爲，對公營事業給予相對補助，可使某些基本服務業的價格維持在較低水準，以造福某一部分使用者，但若一旦自由化，這種情況便不可能再繼續下去。保護兒童的公益團體乃大聲疾呼，對服貿總協定應該設立「保健門檻」，理由就是貿易自由化將「嚴重威脅兒童的營養與基本保健……私有化的程度越高，關鍵人力與具有消費能力消費者的流失將毀掉公營事業，而非提升其競爭力」。

㉑二〇〇二年六月，秘魯兩家國營電力公司民營化，由比利時 Tractebel 公司入主，引發

了激烈的抗議示威；在哥倫比亞，工會也走上街頭，抗議自來水公司的民營化造成水價上揚、失業大幅增加，以及其他事業民營化所造成的貧窮。

對於約佔服務業勞動人力八成的女性，服貿總協將造成偏差效應（disproportionate effect）。一般來說，女性從事的工作技術性較低，就業條件也較差；以歐盟爲例，做同樣的工作，女性所獲得的報酬，比男性少百分之十五至三十三。公營服務業一旦民營化，以英國民間融資計畫爲例，其結果是減薪、工作保障降低以及裁員，受影響最大的通常是低薪員工，而其中多數爲女性。事實同時顯示，公營事業移轉民營，新進人員的就業條件同樣未受到保障。此外，女性是保健與教育事業的主要使用人，服貿總協在這方面將造成服務品質降低，女性所受的影響相對也較大。

歐盟執委會承認，「服貿總協將成爲企業獲利最大的利器」。㉒協定的推動，服務業遊說團體的用力也最深。一位曾任職世貿組織的官員說：「若非美國金融服務業所施加的巨大壓力，特別是美國運通與花旗銀行，也就不會有服務業總協定。」㉓歐洲服務業論壇（European Services Forum）始終與歐盟執委會的服貿總協談判委員會保持密切聯繫，卻很少就相關事宜與歐洲議會、各國國會或民間團體進行諮商。歐盟就相關條款向各國提出徵詢時，歐洲議會只有極少數議員參與。任何歐洲議會議員想要看到相關文件，必須簽下一份切結，不得透露其中內容，甚至包括議會同仁；所有文件必

須「鎖進保險櫃」，閱畢後以碎紙機軋碎。行徑如此神秘，卻對業界大開方便之門，對社會、環境與其他公共利益之重大議題，服貿總協置若罔聞，眞可謂司馬昭之心。

缺乏評估

跟世貿組織的其他協定一樣，服貿總協定的影響評估迄今付之闕如。前美國貿易代表傑佛瑞・南恩（Jeffrey Lang）承認：「服貿總協各項條款的意義完全不確定……沒有幾個人搞得清楚來龍去脈，各項規定所造成的影響，可能要好幾年之後才會發現。」但他接著卻說：「爲了推動整個進程，我們得像傳道一樣，才能把問題弄個水落石出，但我認爲大可不必，那樣做，徒然便宜了那些想要扼殺進步的人。」㉔然而，他的所謂「進步」，我們卻有不同的看法，倒是整個「進程」必須暫時停止，先讓我們弄清楚協定會產生哪些令人擔心的結果。暫停可不是爲了什麼「傳道」，而是爲了保護全球大多數經濟邊緣人的權益，提出最起碼的必要預警。

國家乃成為專利技術的淨輸入國，並眼睜睜看著專利保護的地位逐漸喪失。㉖

另一方面，南方國家保存著大量本土性智慧，擁有為數極多的生物遺傳資源。但在傳統上，對於活體生物、傳統農業技術與防治方法，南方國家政府並不發給專利，而是視為人類共同擁有的資源。但智財貿易相關協定卻大幅加寬產品與產銷的範圍，只要是世貿組織會員，政府就必須給予專利，農化、農藥、微生物、傳統防治、植物品種與種子，包括數代雜交出來的品種，全部一網打盡。對於個人的專利保護，相較於大部分國家的現行法令，協定的規定也遠較為嚴格。以美國為例，獨佔權（monopolistic right）的期限過去是十七年，智財貿易相關協定則延長為二十年。其結果是，自然界的資源與本土文化大幅度地遭到私有化與商品化，鼓勵跨國公司投入開發並謀取利益。原來屬於共同擁有的本土性資源，窮人再也無法享受，使用專利商品與知識的通路也為之斷絕，其下場不言可喻。

愛滋病的治療就是一個令人痛心的例子。據估計，四千萬愛滋病患者與帶原者，百分之九十生活於開發中世界。由於藥品生產的專利保護日趨嚴格，南方國家人民廉價取得抗愛滋藥物也益趨困難。舉凡由政府發給執照，廉價生產沒有品牌的專利藥品——例如巴西，以及從售價較低國家輸入專利藥品（平行輸入），或強迫專利所有人授權在地製造商生產以示效忠，均在智財貿易相關協定的禁止之列。這些規

定，政府雖然可以用國家緊急狀況之名不予理會，但卻要承擔專利所有人挑戰的風險，專利所有人如果向世貿組織申訴並獲得支持，政府就必須負起賠償責任。

一九九七年，南非曼德拉（Nelson Mandela）政府通過「醫藥及相關物質管制法修正案」（Medicines and Related Substance Control Amendment Act），准許平行輸入專利藥品以降低價格，以及准許以低成本無品牌藥品取代昂貴的有品牌藥品。在美國的支持下，三十九家製藥公司聯合起來，於一九九八年二月向世貿組織提出申訴，迫使南非暫緩實施該法，以待全案塵埃落定。直到二〇〇四年四月，在全球輿論的壓力下，藥廠雖然撤回全案，但經過三年的耽擱，南非已有四十萬人死於愛滋病。

提到智財貿易相關協定時，縱使身為世貿組織的秘書長，蘇帕查・潘尼克帕迪（Supachai Panitchpakdi）博士也承認：「企業對政府有如怒目金剛，此例一開，某些協定也對國家如法泡製，這是我們應該設法避免的。」㉗儘管信誓旦旦，也就是在同一次演講中，談到企業在未來貿易談判中的影響力上，應採取某些限制規範時，他還是顧左右而言他，將保證拋諸腦後。

過去，政府或許會將某些權力讓渡給某些國際組織，但從來沒有像今天這樣，有系統地把大量權力交到世貿組織與其他多邊貿易組織的手上。過去由國內法令當家做主的許多領域，世貿組織那隻權力的手已經伸了進去，對國家的治理與國會的立法都形成新的威脅。世貿組織的權力不僅跨越貿易的範疇，染指投資政策、專利法，而且拜服貿總協之賜，正在覬覦基本的民生服務業。不同的國家，按照各自的民主程序，都會在國內法令體系中設定部分或整套貿易的非關稅「壁壘」。這一方面，今天也被世貿組織緊緊盯上，隨著世貿組織各項協定的擴充，已經上緊發條染指國內政策與跨領域的議題——例如環境保護，從一個部長級的貿易談判論壇，演變成一個更有權力的政治組織，全面性地涉入全球經濟政策的形成與制定。更重要的是，世貿組織的運作根本缺乏有效的民主監督。它擁有立法權，可以通過自己的法律；它有行政權，可以執行法律；它更有司法權，可以制裁違反規定的國家。世貿組織已經威脅到民主政治了。

調整無異投降

我們的觀點當然有人不同意。國際貨幣基金會的看法就是如此：「全球化絕不至於損及國家的主權，反而會爲政府創造強烈的誘因，追求優質的經濟政策。」㉘爲開發中國家提供所謂追求「優質經濟政策」的「誘因」，國際貨幣基金會可以說不遺餘力。身爲國際資金最後來源的保證人，在幾個大股東的掌控之下（七大工業國〔G7〕，與歐盟其他國家合起來，控制了國際貨幣基金會百分之七十五的投票權），它有權評估「客戶」國家的信用。所有這些客戶國家，爲了延長貸款期限或申請新的貸款，一律都得接受「結構調整綱領」（Structural Ajustment Programme, SAP），不得不接受貿易自由化、貨幣貶值、公營事業私有化、勞動市場自由化，並推動出口經濟，削減公共支出以降低赤字。簡單地說，國際貨幣基金會的貸款「條件」，就是客戶國家非全球化不可，否則就得不到任何國際援助。

到目前爲止，一百多個國家，人口加起來多達四十億，被迫置於這種「結構調整」之下，其結果將是災難性的，將使全世界無數人民陷入貧窮。國際貨幣基金會與世界銀行的改革，會對世界不同地方造成什麼影響，權威學者米契爾・柯塞道夫

斯基（Michel Chossudovsky）的一項研究顯示，這些改革將導致廣泛的社會與經濟災難，甚至使之更趨惡化，其中包括索馬利亞（Somalia）的飢荒、盧安達的經濟滅族、越南的戰後經濟凋敝、巴西與秘魯的經濟危機、玻利維亞的毒品經濟、俄羅斯邦聯的「第三世界化」，以及前南斯拉夫的分崩離析。㉙對國際貨幣基金會的批評，另外一個權威學者是諾貝爾經濟獎得主，前世界銀行首席經濟學家約瑟夫・史蒂格勒（Joseph Stiglitz）。根據他的看法，一九九七至九八年間，重創東南亞的金融危機，「唯一也是最重要的原因，就是金融與資金市場的過速自由化。」㉚

國際貨幣基金會用盡各種手段削弱國家的主權，供其驅策。這種「只要對我言聽計從，你就可以爲所欲爲」的手段，正是邁向直接殖民統治的捷徑。已開發世界所謂的「民主」，其實根本起不了什麼作用，在唯利是圖的企業強力要求下，「民主」根本不需要國際貨幣基金會的強迫，就會乖乖「自願」向企業的壓力繳械。在這個世界的某些地區，經濟全球化將會造成民主的難產，某些比較強壯的「病人」則是逐步窒息而死，方式容或各異，結果都是相同。

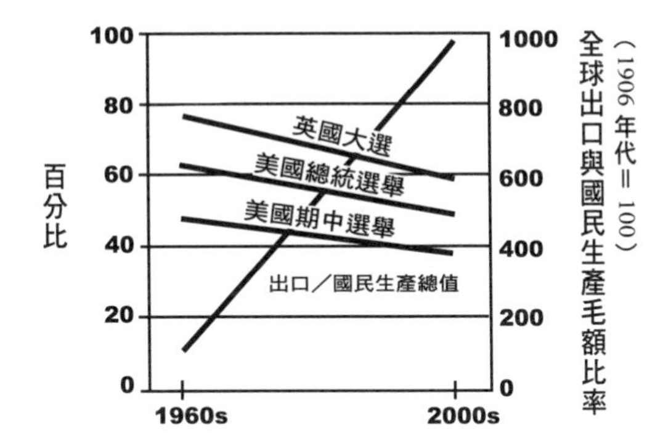

圖 2.1　全球化時代，國際貿易與英、美選舉投票率

資料來源：英國選舉：Butler, D. and Kavanagh, D.（2002）, *The British General Election of 2001*. Basingstoke: Palgrave. US elections.

註：選民投票率資料為每十年各項選舉之平均數（2000 **年代的資料則為** 2001 **年的英國大選及** 2000 **年的美國總統選舉）。全球出口值佔全球** GDP **的比例，取每年的指標數據（二者在** 1990 **年均等於** 100**），並以此將** 1960 **年代的平均比值訂為** 100**。原始資料參閱《**2001 **年國際貿易統計》**（International Trade Statistics, 2001）。

英國與美國的投票率，如果透露了什麼訊息的話，那就是選民已經清楚認知到，權力已經轉移，不再是操之民選政府的手上。任何一次選舉，決定投票率的因素很多。以一九九七至二〇〇一年英國大選爲例，投票率顯著降低，可以說是意料中的事。正如圖二・一所示，二十世紀的最後幾年當中，全球化如火如荼快速進展之際，也正是美國與英國投票率大幅下降的時期。

隨著經濟全球化，企業在政治領域中儼然成爲老大，對民主政治已經構成嚴重威脅，這也是二次大戰以來，民主政治所面臨的最大考驗。

3 沉淪中的世界
A World in Decline

為了吸引貴公司……我們剷平山岳、砍除叢林、填平沼澤、移走河川、遷移城鎮……所有這一切，全都是為了您與您的企業能夠在這裡大展鴻圖。

——菲律賓政府招商廣告①

隨著全球化的加速進行，過去數十年來，地球的環境急遽惡化，幾乎所有的環境指數均大幅下滑。儘管已有京都議定書的簽訂，大氣中導致溫室效應的主要氣體二氧化碳，正以顯著的速度增加。過去四十萬年，大氣中的二氧化碳始終是微幅擺盪於每百萬單位分之二六〇至二八〇（ppmv）之間，如今已經高達每百萬單位分之三七〇（ppmv），比間冰期之前的最高值還要高出百分之三十。②爲雨林破壞所做

的最後一次調查是在一九九〇年，結果顯示，每年消失的雨林面積相當於英格蘭加上威爾斯（譯注：約一七三、五六〇平方公里，相當於台灣的五倍），而且破壞的速度仍在持續增加中。③全球的淡水消耗量則以每二十年增加一倍的速度成長，預估二十五年之內，世界三分之二的人民將面臨缺水之苦。④另外，百分之十二的禽鳥類與將近四分之一的哺乳類動物，總數約一千一百三十種，已經瀕臨絕種的威脅。⑤

從好的一面看，某些重大政策付諸實施，已經開始扭轉部分環境破壞的趨勢。例如蒙特婁議定書（Montreal Protocol），有關破壞臭氧層物質排放的規定生效後，一九八七至二〇〇〇年，全球相關物質的排放已經減量約百分之八十五。⑥又如，歐盟一九九〇年代推動立法，規定排放進入河川的污染物質減量之後，各國河川的含磷量平均降低了百分之三十至四十。⑦

但所有這些成就都只能算是小兒科，相對於全面性的悲慘景象，可說是黯然失色。二〇〇二年，聯合國環境署公布《全球環境展望三》（*Global Enviromental Outlook 3, GEO 3*），就一九七二年斯德哥爾摩第一屆世界環境會議舉行以來，三十年來的環境退化提出報告。⑧報告冷酷的結論詳見專欄三・一。

專欄三．一《全球環境展望三》摘要

晚近以來，人類對環境所造成的衝擊極爲巨大，人爲排放物質成爲環境問題的主要癥結，溫室氣體的排放始終在持續增加之中。地表的臭氧、煙霧與落塵，已經形成重大的健康危機，引發或加重呼吸與心臟的問題，對兒童、老人與氣喘病患者影響尤劇，不分開發中國家或已開發國家均蒙其害——農業灌溉與民生用水的主要來源，包括地表水資源與地下水層，由於大量開發，越來越多的國家面臨缺水或水荒。全球約有十二億人至今沒有清潔的飲用水，約二十四億人沒有衛生設備，結果導致每年三至五百萬人因水因性疾病死亡。

地球的生物多樣性也正面臨日益增加的威脅，物種滅絕的速度正不斷提高。生物多樣性流失的主因，是棲息地遭到破壞並受到限制，次要壓力則來自於外來物種的入侵。

野生魚類的密集開發與竭澤而漁，已經成爲全球性的趨勢，許多天然漁場已經瓦解，倖存的也面臨過度濫捕的威脅。

土地的惡化持續加重，尤其是在開發中國家，下層階級被逼退至生態系統的邊緣，

爲了應付食糧與農作的需求，又缺乏足夠的經濟與政治奧援，有效的農業措施付之闕如，土地開發的面積隨之大量增加，許多倖存的森林生態系統因而支離破碎。一九七二年以來，開發中國家雖然廣植單種樹林，但並不能取代自然森林的生態多樣性。穀物與牲畜的生產，導致地球生物圈內的活性氮大幅增加，結果導致生態系統的酸化與優氧化。

全世界將近一半的人口，居住在開發中國家、大都會地區以及人口超過一百萬的城市，基礎建設與城市設施已經不足以應付數以億計的都會貧民。都會空氣污染與水質惡化，對衛生、經濟與社會在在形成重大衝擊。

過去三十年中，自然災害的發生頻率與密度大幅增加，導致更多的人處於更大的危險之中，並成爲最貧窮社會的最沉重負擔。

所有這些環境資訊，經有心人士整理，提出極具說明性的具體指數，儘管在方法學上與可靠性上仍多爭議，但已指出了一個相當冷酷的現實。

世界自然基金會（World Wide Fund of Nature, WWF）的生命地球指數（Living Planet Index, LPI）即爲一例，其目的在於測算全球生物多樣性的狀況。世界自然基金會針對各類野生物種，經過科學的評估，計算出牠們在一九七〇年所佔的百分比，並以指數的平均值做爲所有物種的平均數量。此一指數包括三一九種溫帶與熱帶森林物種（大部分爲鳥類），二一七種海洋動物，一九四種內陸水生與濕地物種。二〇〇二年，生命地球指數顯示，一九七〇至二〇〇〇年之間，世界的生物多樣性流失達百分之三十五。⑨

環境永續指數則是利用生態足跡法（Ecological Footprinting）算出。所謂生態足跡，指的是人類活動所需的土地與水域面積，以及對廢棄物與污染物的容納能量（例如容納石化燃料產生二氧化碳所需要的森林面積）。一個城市、地區、國家甚至整個世界的生態足跡，與該地區可用的生態容納能力比較，即可看出現行的經濟活動水平是否能夠持續不斷。最近的研究發現，一九六一年，人類的活動僅需要用到地球百分之七十的生態容量，至一九八〇年代時，達到了百分之一百，到一九九九年，已經高達百分之一百二十（見圖三・一）。⑩人類的足跡如今已經超過他所依賴的這個星球，我們的「生態透支」正在蠶食未來子孫的自然本錢。

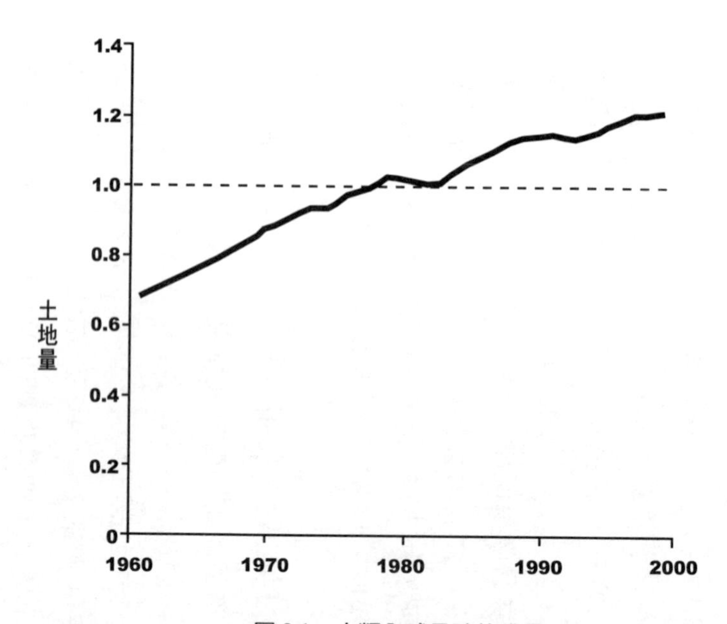

圖 3.1　人類全球足跡的成長

資料來源：Wackernagel, M.等人（2002）〈追蹤經濟的生態濫用〉（Tracking the ecological overshoot the economy），國家科學院（National Academy of Science）會議記錄（1999）pp.9266-71。

全球化正在摧毀環境？

兩件事情同時發生，並不一定表示二者之間必然有著因果關係。因此，將全球環境的迅速崩壞歸咎於經濟全球化，是否合理呢？聯合國環境署的答案顯然是肯定的。在《全球環境展望三》中，聯合國環境署預測，到二〇三二年，這個世界將呈現四個不同的腳本，其中之一是所謂的「市場第一」：

……世界大部分地區，全都採納了今天工業國家所流行的價值與期望。國家財富與市場運作的最適條件，成為主導社會與政治議題的力量。亦即進一步追求全球化與自由化，增加公司的財富，創造新的企業與生計，以提升個人與社會的能力，對抗（或付費修補）社會與環境的問題。道德家與公民、消費者共攜手，致力發揮正面的影響力，但卻不堪經濟不平等的一擊。政府與民間的力量，為了協調社會、經濟與環境，都因需求擴張的壓力而疲於奔命。

「市場第一」的腳本，也就是經濟照目前的趨勢持續下去，其結果當然不致陌生，到了二〇三二年，仍然是溫室氣體排放持續增加，全球平均溫度繼續上升，而在公路、採礦、城市、機場與其他基礎建設的衝擊下，地球百分之七十的土地受到重創。影響所及，野生生物的繁殖系統崩潰，野生物種滅絕，其中尤以人口集中的沿海地區爲最。森林則以驚人的速度消失，百分之十的可耕地也因土壤惡化而廢棄。同時，全世界超過一半的人，其中包括中東地區百分之九十五、亞太地區百分之六十五的人，都將生活在極度缺水地區。在「市場第一」賴以成立的利益擴散理論（the trickle-down theory）之下，赤貧的消除表面上頗具成效，吃不飽飯的人所佔百分比雖然降低，但隨著世界人口的增加，活在飢饉中的人數實際上並未減少。

《全球環境展望三》的另外兩個替代腳本（「政策第一」與「永續第一」），在處理貧窮與飢饉的減少上，其結果則是正面的。

聯合國環境署認爲，爲了推動經濟全球化，現行的政策與權力平衡必然導致「市場第一」，其結果必將造成環境惡化，而且證據已經十分明顯，再怎麼說，一切都已經出現一發難以收拾的趨勢。

全球化為什麼會摧毀環境？

全球化將導致環境日趨惡化的危機，理由何在？任何問題，只要問得好，都可以從不同的層面來做回答，這個問題也不例外。

牴觸典範

從最常見的觀點來看，例如第三世界網站（the Third World Network）的理事馬丁・高爾（Martin Khor）所說的，推動全球化的價値觀基本上是與「永續發展典範」互爲牴觸的。⑪高爾強調，一九九二年在里約（Rio）召開的聯合國環境與發展會議（UN-CED），就是一種以永續發展典範爲基礎的國際關係。他指出，其作法是：

……針對所有國家（大國與小國）的需求，整體考量並尋求共識，結成強者扶助弱者的夥伴關係，整合環境與發展的利弊，國家與國際組織應為公共利益介入市場力量的控制，以達到更大的社會公平，營造更永續的生產與消費模式。⑫

全球化正好反其道而行，主張自由市場的自由主義者，其典範完全不同，標榜的是市場力量徹底鬆綁。投資者享有自由，獲利的權利應受到保障。政府與國際組織不應爲環境或窮人介入市場，因爲市場自會爲這些問題提供最後的解決。如此一來，只有強者與「效率」才是贏家，失敗者將一無所依，必須自求多福，學會更有效率。

衆所周知，經濟全球化可說是問題重重，甚至連他們本身都不否認，如果任其發展下去，市場力量勢必成爲無堅不摧的怪獸。市場什麼時候尊重過環境，什麼時候對人類的福祉有過直接的貢獻，更不用說關心人類生存的天賦價值。市場一旦脫韁，沒有「人爲的力量」介入干預，自然資本（natural capital）的唯一價值就只剩下供人榨取，污染的代價將隱而不見，自然財的力量也將因此無由發揮。光是徵收環境稅，並不能彌補這些隱藏的代價，其他必要的規範絕對是刻不容緩的。但不論怎麼說，一個完全自由的市場，對環境財（environmental goods）只會予取予求，直到榨乾爲止。

里約會議以來的十年之間，高爾視爲兩種典範之間的「大衝撞」，永續發展典範節節敗退，約翰尼斯堡永續發展世界高峰會（World Summit on Sustainable Development, WSSD）的失敗就見證了這一切。布雷頓森林體系（Bretton Woods）與世貿組織可說是

把聯合國打得一敗塗地。或許有人會反駁，京都議定書豈不締造了永續發展典範的巔峰成就，在全球氣候變遷的環境問題上，達成了一致的共識，提出了解決方案，採取「共同分擔不同責任」的原則，對已開發國家的要求高於開發中國家。問題是，溫室氣體排放成長最快的航空業卻被排除在外，而且缺乏任何強制性的監督機制，對既定目標的達成，頂多只是表態充分支持，實際行動卻遠遠落後。尤有甚者的是，美國的溫室氣體排放量，佔全世界的百分之二十五，卻一味維護自己的競爭力，棄京都議定書如敝屣，視制裁如無物，如果再加上俄羅斯也不批准的話，京都議定書更將形同廢紙一張。相對地，自由貿易典範的捍衛者——國際貨幣基金會、世界銀行與世貿組織——卻掌握著生殺大權，可以動用貿易制裁推翻國內立法，實際操控一個國家的經濟運作，完全不去考慮永續發展之一去不回。

更值得憂慮的是，多邊環境協定（Multilateral Environmental Agreements, MEAs）有關臭氧層保護（蒙特婁議定書）、有毒廢棄物傾倒外海的管制（巴塞爾會議，Basle Convention），以及禁止瀕臨絕種動物買賣（瀕臨絕種野生動植物國際貿易公約，Convention on International Trade in Endangered Species of Wild Fauna and Flora, CITES）等相關貿易規定，也將在自由貿易兵團的大舉動員之下一一潰敗。⑬再怎麼說，在多邊環境協定新一回合的談判中，自由貿易的跋扈專斷已經發揮了「凍結」效應。

全球性的凍結

「凍結」或扼殺環境改革，自由市場典範可以說不遺餘力。對於環境與社會保護政策的推動，自由市場使出兩套殺手鐧，不是以轉移投資到管制較鬆的地區爲要脅，就是祭出世貿組織反對非關稅貿易壁壘的大旗，使各國政府投鼠忌器。

舉例來說，一家嬰兒食品公司就揮舞著世貿組織的這把巨斧，迫使瓜地馬拉政府大開倒車，棄世界衛生組織有關母乳替代食品的規定於不顧。同樣地，美國與加拿大也挾世貿組織的號令威脅歐盟，使禁止捕獸器捕捉動物毛皮產品進口的行動功敗垂成，儘管包括歐盟在內，全世界已有六十個國家實施這項禁令。像這種「凍結效應」，其衝擊力道之大，有時候甚至比具有爭議性的決議還來得猛烈。

在美國，有鑒於奈及利亞屠殺奧格尼族人（Ogoni），馬里蘭州根據該州一九八〇年代通過的反種族歧視法，禁止與奈及利亞進行貿易，但經國務院介入，認爲該法違反國際貿易規定，馬里蘭州州議會只得乖乖予以否決。[14]更爲司空見慣的是，在環境條約的談判中，包括持久性有機污染物質公約（Protocol on Persistent Organic Pollutants）在內，爲了確保貿易規則的遵守，多邊環境協定的任何條款與禁令，不論其遏阻環境破壞的正當性多強，一律都在禁止之列。[15]

破壞進步

多邊環境協定的目的就是要保護全球的環境，自由貿易典範卻避之唯恐不及，多邊環境協定任何與貿易相關的規定，無不千方百計予以癱瘓。之所以如此，癥結在於，自由貿易對環境所造成的威脅，正是多邊環境協定想要大力扭轉的趨勢。

以氣候變遷爲例。最主要的溫室氣體就是二氧化碳。在這方面，運輸佔全球排放量的百分之二十至二十五。全球化導致國際貿易快速增加，也全面提升了貨物運輸的水平，此一趨勢在歐盟尤其顯著，單一市場改革的結果，已將全球貿易自由化的時程大幅提前。以每公里噸爲單位計算，一九七〇至一九九九年之間，貨物運輸量大約成長二倍，公路運輸量則成長近三倍之多（見圖三・二）。⑯

航空貨運所造成的環境破壞最爲嚴重，成長也最快速。例如，英國一九八〇至一九九〇年之間，航空進口魚類產品，成長達百分之二百四十。同一時期，進口水果與蔬菜成長百分之九十。一九九〇年代，英國航空貨運（進出口）年成長約爲百分之七，預估到二〇一〇年，年增率將成爲百分之七點五。若以重量計，英國航空進口的最大宗則是水果與蔬菜。⑰

以航空從紐西蘭進口水果到歐洲，每運輸一公斤，排放進入大氣層的二氧化碳

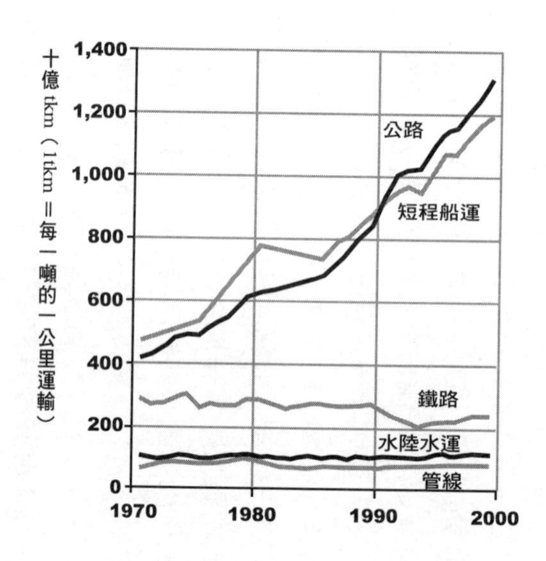

圖 3.2　1970-99 年歐盟貨物運輸（不含航空）

資料來源：歐盟執委會（2001）白皮書，2010 年歐洲運輸政策
Brussels: EC<http://europa. eu. int/comm/energy_transport/en/lib_en.html>.

多達五公斤。從南非進口蘋果至歐洲，相較於以三十公里半徑爲銷售範圍在本地生產，前者所製造的一氧化氮，是後者所產生的六百倍。⑱

貿易與投資自由化，也導致工業生產相關的運輸量快速增加。將產品的不同組件分散到世界不同的地方生產，可說是企業界今天普遍的傾向，例如歐提斯（Otis）電梯推出一項新電梯系統，馬達裝置是與日本簽約，進出系統由法國承包，電子部分交給德國，齒輪轉動裝置則在西班牙生產，所有這些再以船運送至美國組裝，然後出口到全世界。⑲

一九九七年，經濟合作暨開發組織（OECD）預測，以一九九二年的水準，到二〇〇四年時，全球貨物運輸量將增加百分之七十。⑳預測如果正確，單此一項發展所產生的二氧化碳排放量，大約就是京都議定書要求減量排放的兩倍。

里約高峰會之後，生物多樣性公約（Convention on Biological Diversity）於一九九三年生效，但全球的生物多樣性卻以驚人的速度衰退。之所以如此，國際貿易帶動世界需求量大增正是關鍵之所在。舉例來說，四十年來，魚類消耗量增加了百分之二百四十；全世界重要的魚場，百分之七十已經被列爲充分撈捕、過度開發或復育遲緩。㉑在過去二十年，全球木材消耗量則增加了三倍。㉒爲了因應國際貿易的需求，非永續性的現金作物，如黃豆、咖啡及香蕉，已經導致維護生物多樣化的原生森林

大面積流失。此外，採礦與其他基礎建設的開發，如公路及港口，也是生物棲息地遭到破壞的主因。所有這些，都有國際貨幣基金會、世界銀行與歐盟等國際組織在後面做推手，目的就是要讓國際貿易貨暢其流。

貿易規則，沒問題？

每項多邊貿易協定都有一堆規則，目的無非是要排除貿易障礙。但在這些規則當中，卻不乏用來推翻環境管理規則的。就以美國為例，世貿組織成立的最初五年之內，美國環境政策就出現了大開倒車的情形。㉓

一九九五年，委內瑞拉為了保護自己國內的石油工業，向世貿組織提出申訴，指控美國的清淨空氣條例（Clean Air Rule）違反貿易規則。世貿組織最後裁決，美國環保署實施該條例，對外國煉油公司構成歧視，清淨空氣條例的效力因而大減。

拖網捕鮪導致數百萬海豚死亡，美國海洋哺乳動物保護法（Marine Mammal Protection Act）定有明文禁止。關貿總協卻依據所謂「同類產品」規則，認為同屬鮪魚，便不應限制其撈捕方式；至於海豚保育，也不應自外於「同類產品」規則，因為禁止拖網捕鮪並非保護海豚的唯一途徑。關貿總協因此做成裁決，認為禁止拖網捕鮪並非「必要」。但是，關貿總協這項不具約束力的裁決，到了世貿組織的手上，卻

一變而為具有強制力的約束，美國前總統柯林頓為了避免造成困擾，居然也就主動廢止了相關條款。

同樣的情形，針對捕蝦對海龜造成的殺傷，美國瀕臨絕種動物法（Endangered Species Act）訂下保護規定，世貿組織也引用「同類產品」規則，做成不利的裁決。一九八九年之前，捕蝦每年造成五萬五千隻海龜死亡，該法要求業者在網中附裝廉價的「海龜脫網裝置」，因此降低了百分之九十七的死亡率。但根據世貿組織的裁決，該法的「規定」對貿易形成干預，片面限制美國的貿易夥伴，違反了世貿組織建立多邊貿易體制的「目標與宗旨」。但事實上，美國瀕臨絕種動物法的訴求既與貿易無關，對國內與國外的捕蝦業者也未採取差別待遇。㉔

得罪世貿組織的，還有歐盟的環境法令，其中最廣為人知的案子，莫過於歐盟禁止生長激素飼養之牛隻肉類進口。歐盟這項國內與進口一體適用的禁令，世貿組織照樣做出了不利的裁決。㉕一九九〇年代，美國百分之九十的牛隻均經過生長激素處理，以增加體型與成長速度。有鑑於牛肉中累積的生長激素可能致癌，對發育期兒童的影響尤大，歐盟乃於一九八九年立法予以禁止。在蒙森托生物科技公司的鼓動之下，生長激素主要製造廠商，包括生物科技與製藥業者，分別在大西洋兩岸展開遊說，企圖打消這項禁令而未果，美國遂轉而投訴於世貿組織。歐盟提出「動

植物衛生標準協定」（the Agreement on Sanitary and Phytosanitary Standards）作爲辯護。該項協定曾提出一份科學報告，預警生長激素的致癌風險，但也承認，「以現有的資料，無法對相關風險作出量化的評估」。㉖世貿組織抓住這一點，以歐盟的科學報告證據不足爲由，否決了這項預警的法令。歐盟拒絕接受世貿組織的裁決，其結果則是，世貿組織授權美國，針對歐盟的其他商品進行貿易制裁，價値高達一億一千六百四十萬美元。

北美自由貿易協定，在許多方面，也是世貿組織的馬前卒。關貿總協烏拉圭回合談判決定成立世貿組織，一九九四年美國國會批准美國加入，國內環保人士群起反對，但對北美自由貿易協定卻持支持的態度。一年下來，環保人士的立場一百八十度轉變。其中部分原因是，北美自由貿協第十一章賦予財團前所未有的權利，讓投資人可以直接挑戰國家的衛生與環境政策。舉例來說，墨西哥某一市政當局，不同意加州的麥特克雷廢棄物處理公司（Metalclad）公司在一處正式宣布爲「生態保護區」的區域內傾倒有毒廢棄物，該公司提出抗辯，竟因而獲得一千六百七十萬美元的賠償。另外還有一個案，加拿大立法禁止使用可能致癌的MMT。生產這種汽油添加物的美國廠商伊塞爾公司（Ethyl）公司訴諸北美自由貿協，加拿大不僅被迫取消該項立法，並付給伊塞爾公司一千三百萬美元的損失賠償。加拿大的麥森尼公司

（Methanex）公司有樣學樣，對加州政府提出類似指控。麥森尼公司生產的是另一種燃料添加物甲基三丁基醚（MTBE），對動物與人類均可能致癌。這種水溶性的化學物質，清除起來既費事又昂貴，已經污染加州一萬多處地下水源。㉗麥森尼公司的指控之所以成立，還有另一項主要因素：前加州州長戴維斯（Gray Davis）接受了另一家競爭公司的政治獻金，因而以行政命令禁止甲基三丁基醚。

例外或批准？

儘管證據確鑿，對於有系統破壞環境的指控，世貿組織強烈否認：「世貿組織捲入政府環境與衛生法令的爭端，顯然遭到了極大的誤解。」㉘它宣稱，它之所以對環境法令做出不利的裁決，是因為這些法令在保護環境以外，「偏袒國內廠商，對外商不公，要不然就是對不同的外商採取不同的標準，或是以達成環境目標的非必要要求加諸於外商」。㉙以世貿組織對美國清淨空氣法所做成的裁決為例，其理由就是，美國政府當然有保護環境的自由，但在作法上卻採取了雙重標準，世貿組織說：「世貿組織會員國可以自由訂定自己的環境目標，但在落實這些目標時，作法必須符合世貿組織的規定。」㉚

在世貿組織促進貿易的規則中，隨便都能舉出許多條款與協定，表面上都容許

「例外」，以保障人類與動植物的生命。例如動植物衛生標準協定，在食品與糧食安全的相關法律方面，就容許這一類的例外。關貿總協第二十條更盡可能擴大例外的範圍，任何法令，只要對人類與動植物生命與衛生的保障是「必要的」，或與「消耗性自然資源」的保護是「相關的」，都可以因此不致牴觸世貿組織的規則。的確，根據這些例外，難怪世貿組織會理直氣壯地宣稱：「政府保護環境或保障人民免於受到危害的立法自由，世貿組織從未做過任何裁決加以限制。」㉛

但是，第二十條也明白規定，任何例外措施均必須「遵守相關要求，亦即相同的條件必須所有國家一體適用，在執行上，不得任意偏袒，造成差別待遇，或變相限制國際貿易」。㉜

事實上，當環境政策與世貿組織的規定不相容時，世貿組織的一貫作風就是籠統與強勢，而唯一的條件則是，任何例外都必須是「必要的」。直到目前為止，獲得成功的「必要的」例子只有一次。加拿大企圖推翻法國的石棉禁令，法國為此提出強力辯護指出，對處理這種物質的人來說，任何方法都無法消除健康上所冒的風險，因此，禁止乃是「必要的」，並以此獲得勝訴。

正因為每次的抗辯都遭到駁回，世貿組織所謂保障衛生與環境的「例外」等於是名存實亡。表面上容許例外的規則，到頭來只是在維護世貿組織的權威，無異在

說：「所有這些（例如生長激素、空氣污染或屠殺數百萬海豚等竭澤而漁的行徑）要是眞的都是問題，我們當然會同意你們出面阻止。我們既然不同意，那顯然就不是問題了。」如此這般，自由市場對環境的侵犯也就更得寸進尺了。

4 貧窮、不均、失業與全球化
Globalising Poverty, Inequality and Unemployment

世貿組織推動自由貿易，常擺出一副「照章辦事」的架勢，像是在保護貧弱的國家免於強國的欺凌。事實正好相反：就和其他的多邊國際協定一樣，世貿組織存心要將不均予以制度化、合理化。

——華頓．貝婁（Waldan Bello）①

有關經濟全球化的爭論，正反兩極最尖銳的焦點就是，貿易與投資的自由化是否是化解不均、擴大就業與改善貧窮的不二法門？事實上，有些事情根本無需爭論。貧富差距所形成的不均，不論是國內的或國際的，都在日益擴大之中，②其嚴

重的程度，連國際貨幣基金都承認，全球化「進展得顯然不是很均衡」。③最新的調查顯示，最貧窮的與最富有的家庭（約佔世界總人口百分之八十四），二者的購買力，最貧窮的百分之十與最富有的百分之十相較，前者僅及後者的百分之一點六。家計單位最富有的百分之一的所得，相當於最貧窮的百分之五十七的總和。佔美國百分之十的最富有家庭（約二千五百萬人），其所得總加起來，大於佔世界百分之四十三最貧窮家庭（約二十億人）的總收入，佔全世界百分之二十五的最富有家庭，其所得總加起來，佔全世界總所得的百分之七十五。④

隨著經濟的快速全球化，不均的程度快速拉大。一九六〇年，世界最富有的五分之一的所得，是最貧窮的五分之一的三十倍，一九九〇年增加到六十倍，到一九九七年，更增加到七十四倍。一八二〇年，西歐的人均所得是非洲的三倍；到一九九〇年代，超出達十三倍之多。⑤國內的不均也在拉大，其中最嚴重的包括中國、東歐與前蘇聯，以及經濟合作暨開發組織國家，其中尤以瑞典、英國與美國爲甚。這種情形，一九八〇年之後更有變本加厲的趨勢。⑥

按照國際貨幣基金會的說法，不均的擴大罪不在經濟全球化，相反地，問題正是出在全球化的不足。國際貨幣基金會指出：「融入全球化越慢的國家，成長越慢也越貧窮。」⑦但事實上，幾乎所有實施貿易自由化的開發中國家，薪資所得的差

距都在擴大。之所以如此，以拉丁美洲爲例，主因在於非技術性勞工失業及其實質所得減少，其所佔的比例約爲百分之二十至三十。到一九九〇年初，全世界有一億五千萬人失業，將近十億人不充分就業，約佔全世界勞動人口的三分之一，是一九三〇年代大蕭條以來最嚴重的情況。國際勞工組織（International Labour Organisation, ILO）理事麥可・漢森（Michael Hansenne）如此說：「全球就業情況低迷，而且只會每下愈況。」[8]一點也不錯，到二〇〇三年時，全球失業人口的總數達到了一億八千萬。[9]情況最嚴重的，包括開發中國家與東歐。但是，即使是在已開發國家，實質薪資下降或縮水，以及僱用「短期」勞動力，一九七〇年代以來已經成爲企業經營的特徵。

一九九七年，聯合國貿易暨開發會議（UN Conference on Trade and Development, UNCTAD）總結了這種全球性不均的急遽擴大，認爲絕非出於偶然，而始作俑者正是經濟全球化。[10]按照聯合國貿易暨開發會議的看法，到二〇〇二年，即使全球化已經更進一步，仍然無助於這種情況的改善。「在過去的兩個十年中，追求貿易與投資快速自由化的國家，產業出口雖然大幅成長，但在世界整體的產業所得中，只有極少數國家分到一杯羹。」[11]其關鍵在於，在生產的流程中，開發中國家扮演的只是組裝的角色，絕大部分附加價值的所得都歸於控制產品行銷的跨國公司。

國與國之間被迫處於彼此的競爭之中，爲爭取並保住直接外人投資，而以低息、低稅、低環境標準迎合投資者的要求，以致製造就業機會的公共支出受到擠壓，對潛在投資者的鼓勵大於一切，在政府的政策項目中，財團的利益凌駕了人民的福祉。金融管制解除，公司合併與獲利的空間擴大，連帶而來的，卻是就業機會的流失。而投資者來既自由，去也自在，動輒撤資，將產業移往管制更少、工資更低的地方，對全球的工作與勞動標準江河日下，形成更大的壓力。

絕對貧窮值所展現的，也是一幅悽慘的畫面。在全世界六十億人口中，二十八億人——將近半數——每天賴以度日的生資不到二美元，⑫十二億人——約五分之一——更低於一美元。到一九九〇年代，除了印度與中國，在全世界大部分地區，情形仍在持續惡化當中。⑬目睹這些數字，前世界銀行副總裁約瑟·史蒂格勒（Joseph Stiglitz）在一九九九年宣布說：「對抗貧窮，我們眞是一敗塗地。」⑭對這個號稱「以世界免於貧窮爲己任」的組織來說，⑮眞可謂當頭棒喝！

無可諱言，貧窮有許多的面向。貧窮不只是所得的一種計量，更是一種生活條件的標準，衡量的指標包括衛生、教育、資源、資產與社會地位。這種基本條件上的貧窮，女性首當其衝，但政策制定者忽略這方面的種種證據，長久以來卻是一成不變，⑯而貿易與投資自由化的影響，對男性與女性顯然也大不相同。決定兩性所

得與資源的經濟與社會地位，不僅反映在現行的兩性不平等上，而且必將隨著自由化的趨勢更形惡化。全世界的女性所面對的勞動壓迫，一貫大於男性，在資產與資源的取得及控制上尤爲不足。這種情形不僅見於無形資源，如資訊與影響力，也存在於生產性的資源方面，包括土地、設備與財務信用上。全球化雖然有可能增加婦女的就業機會，但就業條件往往極度貧乏。越來越多的證據顯示，低收入的衝擊、危險的勞動環境與長久的工作時數，對女性所造成的傷害有增無減，而在非制度化的經濟活動與社會生產方面，女性無償勞動的情形更是未受到重視，甚至刻意予以否認。⑰

換湯不換藥？

貧窮依舊，證據確鑿，連世界銀行都不否認：「確實是一個存在於全球大部分地區的問題。」⑱而隨著經濟全球化的快速發展，不均的現象也持續擴大。聯合國貿易與開發會議，雖然強調這一切絕非偶然，卻仍然將全球化視爲濟世的良方，同樣的藥越下越重。英國首相布萊爾講的一段話，正可以做爲這種觀點的代表：

最貧窮的國家，只要能夠納入全球經濟體系，不斷取得現代化的知識與技術，不僅全球的貧窮將因而銳減，更將帶來新的貿易與投資機會。若捨此不為，那些最貧窮的國家只會更為邊緣化，動盪與分裂隨之增加，其後果則是我們大家一同承受。⑲

這種邏輯顯然太過於簡單，意思是說，只要經濟成長帶動所得，貧窮就可以迎刃而解；經濟全球化既是促進成長的不二法門，更是減少貧窮的唯一途徑。這種說法顯然有待證明，至於邏輯不足之處，自有世界銀行的學者專家們為之增益。二〇〇〇年，大衛・達勒（David Dollar）與亞特・柯瑞（Aart Kraay）聯合執筆的一篇論文《成長嘉惠窮人》（*Growth is Good for the Poor*），就是要證明這種邏輯的顛撲不破。⑳

在論文中，達勒與柯瑞就過去四個十年，對一百二十五個國家的平均所得與經濟成長，分析了三百七十五項觀察記錄。根據他們的發現，所得成長普遍增加；全世界最貧窮的五分之一人口，平均所得與全體人均所得以相同的比例增加。作者因而做成結論說：「一般而言，經濟成長確實嘉惠窮人，任何關心貧窮問題的人，都應該支持促進成長的政策，包括良好的法令、健全的財務以及國際貿易的開放。」如此一來，「全球化必將嘉惠窮人。」

達勒與柯瑞的大作一出，視全球化批評者為眼中釘的人如獲至寶。拜這篇研究之賜，《經濟學人》雜誌宣稱，只要降低通貨膨脹與減少公共支出，就可以嘉惠窮人，並斷言「全球化提升所得，窮人利益均霑」。㉑英國知名專欄作家馬丁・伍夫（Martin Wolf），支持全球化一向不遺餘力，熱烈回應達勒與柯瑞，說：「那些反對世界銀行與國際貨幣基金會的人，無異是在推開世界經濟自由化為窮人帶來的福祉。」㉒

成長嘉惠窮人？

達勒與柯瑞的研究只是表象，我們的看法剛好相反。全球化實際上只是問題的一部分，當然更非最終的解藥。更何況，他們的分析竟是敷在問題表面一層薄薄的裝飾，根本遮不住深層的癥結。

從技術面來看，研究結果的正確性就大有問題。無論在哪一個國家，最貧窮的五分之一人口，其所得非常不容易正確估算，這在開發中國家尤其是如此。正如綠黨經濟學家道斯惠特（Richard Douthwaite）所指出的，㉓最貧窮的五分之一人口，其所得僅為全國總所得的九牛一毛——以美國為例，約為百分之四點二——而且在所

得分布中的變化極為微小，很可能因抽樣誤差而漏失掉（達勒與柯瑞就承認，在大部分國家，可用樣本僅有一個或極少），以致嚴重扭曲了這篇研究最關切的這一部分人。更重要的是，在這最貧窮的五分之一人口中，其所得的分布如何，研究竟隻字未提。

達勒與柯瑞的大作所要面對的第二個挑戰更為棘手。事實上，在一個經濟體中，跟國民生產毛額與國民所得相關的，僅屬與貨幣有關的部分，而世界上為數極多的最貧窮人口，特別是女性，在正規經濟的家計經濟中只佔極小的一部分。當經濟開發展開時，所得也許提高了，但貨幣交易也隨之增加。再換個方式來看，貧民區的流動性勞動人口，很多是因為「開發」而放棄了農村的田地，一日三餐不再是自食其力，必須花錢購買，住的、用的也開始付租金、付費用，每日辛勞所得，雖然比他們在農村務農為高，但情況可能更糟。當然，未經過詳細調查，情況未必就是如此。但不可否認，做任何研究，如果僅以貨幣所得做為經濟福祉的唯一指標，這種態度就應該受到批評。

第三點要質疑的是，絕對貧窮根本不成問題的看法。達勒與柯瑞的主要訴求點是，成長一旦發生，窮人的所得與富人同時成長。姑且不論這種說法仍然有待商榷，接受這項研究的表面價值，但是，富人與窮人之間的所得，其絕對差距也一定大於

相對差距。對某些人來說，這一點或許並不重要，因爲當所得增加時，生活於絕對貧窮線以下的人數也會減少，用伍夫的話來說：「相對於世界大部分人都處於低生活標準，再怎麼哀嘆全球性的不均有多糟，都只是裝腔作勢的空話。」㉔包括我們在內，其他人的看法則是：「一個更爲平等的世界，基本上應該更穩定、更和平，可能的話，則是更富裕……絕對差距與相對差距，我們都應該付出關心，因爲二者都與重要的倫理價值有關，也都關係到被壓迫與被剝削的感受。」㉕一份「換湯不換藥」的全球化處方，相對於富人，只會加重窮人的被壓迫感與被剝削感，不論達勒與柯瑞的立論是否正確，降低**相對**貧窮乃是迫在眉睫的大事，如何能夠做到這一點，我們會在下一章再討論。

全球化是促進成長的不二法門？

前面我們扼要提到達勒與柯瑞的邏輯：經濟成長可以增加所得，包括窮人在內；經濟全球化既是促進成長的不二法門，全球化也就是減少貧窮的唯一途徑。

對於第一個命題，我們已經做過檢視，並指出了缺點；至於第二個命題及其結論，其支撐點又是什麼呢？針對經濟全球化可以促進成長的理由，達勒與柯瑞在研

究中並未提出任何證據加以說明，卻一口咬定「全球化有益於窮人」，他們的說法顯然只是**假設**而已。但證據卻另有說法。

劍橋經濟學家約翰・伊特威爾（John Eatwell），廣泛收集的資料顯示，隨著資本自由化的日趨擴大，傳統的經濟成長已經趨緩。在世界五十七個最富有的國家中，一九八二至九一年之間，四十七國的人均國民生產毛額成長率，低於一九六〇至七一年的平均數，而後者正是固定匯率與嚴格資本管制的時代，至於前者，另有一項特徵，亦即國民生產毛額中的投資部分呈現衰退，還要加上失業率的大幅上揚。[26]

把時間拉得更近一點，美國經濟與政策研究中心（Center for Economic and Policy Research）的魏斯布羅（Mark Weisbrot）、貝克（Dean Baker）與他們的團隊，排出了一套「全球化計分卡」，[27]針對一九八〇至二〇〇〇年與一九六〇至一九八〇年兩個時期，進行了比較。前者是所謂雷根新自由全球化時代（the era of Reaganite neoliberal globalisation），是追求資本鬆綁、民營化與消除國際投資壁壘的高峰時期；而後者則是開發中國家循著「進口替代模式」路線前進的時期，並在這段時期內，在政府的投資與關稅保護壁壘下，建立了在地自有的產業。

比較的結果發現，在一九六〇至八〇年之間，最貧窮的國家都有百分之一點九的成長率，但到了一九八〇至二〇〇〇年這一時期，成長率衰退爲百分之〇點五。

中等程度的國家更糟，成長率從百分之三點六掉落至一九八〇年之後的不到百分之一。至於世界上最富有的國家，成長也普遍趨緩。

魏斯布羅與貝克同時也觀察了人均所得率（per capita income rates）——一種測算個人貧窮更爲有效的方法。在前面的一個時期（一九六〇—八〇），國營與公營事業增加，拉丁美洲的人均所得成長百分之七十三，非洲成長百分之三十四。到了今天，情形正好相反，八十多個國家的人均所得遠遠低於前一個時期。在拉丁美洲，所得成長實際上等於停頓，二十幾年下來，增加不到百分之六，非洲人的所得則減少了百分之二十三。

根據聯合國發展計畫署的資料，魏斯布羅與其團隊也發現，一九八〇至二〇〇〇年間，「進步的情況明顯大幅倒退」。同樣的畫面出現在人均壽命上。在過去二十年中，只有最富有的國家，人均壽命比一九六〇至八〇年間略有增加，但在非洲的五十個國家，一九八五年之後，人均壽命普遍降低。中等所得與貧窮國家，在降低兒童夭折率與提高就學率方面，一九八〇年之前的進步也較爲快速。

二〇〇三年的〈人類發展報告〉（2003 Human Development Report）同樣強化了此一結論：

對許多國家而言，一九九〇年代是令人失望的十年。五十四個國家比十年前更為貧窮。二十一個國家，更有大部分的人民陷入飢饉。十四個國家，更多的兒童在十五歲之前已經奄奄一息。十二個國家，初級學校的就學率衰退。三十四個國家，人均壽命降低。這種生活素質的大倒退，在過去極為少見。另一項嚴重的發展危機信號則是，有二十一個國家，人類發展指數衰退……即使是在一九八〇年代末期之前，這也是極為少見的情形，因為人類發展指數所象徵的能力是很不容易喪失的。㉘

的確如此，整個一九八〇年代，嚐到衰退滋味的國家只有四個。連國際貨幣基金會都承認，「近幾十年中，全世界將近五分之一人口的生活品質退步了」，可說是「二十世紀最嚴重的一次經濟失敗」。㉙

儘管如此，捍衛世界銀行聯合陣線的重責大任，達勒與柯瑞卻一肩挑起，在另外一項研究中，將一群開發中國家的經濟成就視爲他們所謂的「全球化國家」，指出全球化與經濟成長之間的密切相關性：「從一九七〇年代到八〇年代，直到九〇年代，縱使富有國家與其他開發中世界都在衰退，這些全球化國家的成長率全都在快速增加。一九八〇年之後，全球化國家迎頭趕上富有國家，遙遙領先其他開發中

國家。」㉚

如同前一篇研究報告，達勒與柯瑞的結論已經流傳廣泛，被視爲全球化普惠天下蒼生的進一步證明。但哈佛經濟學家丹尼・洛迪克（Dani Rodrik）分析了他們的研究，卻對他們爲全球化國家所做的選樣提出了批評。㉛選樣的標準有二：其一，快速降低關稅；其二，對外貿易在國民生產毛額中佔極高比例。洛迪克強調，相對於國民生產毛額，大量的國際貿易並非決策者所能直接控制，而是一個國家的幅員與位置跟其他國家的相對關係，加強了它的全球化的傾向。因此國際貿易不能與關稅水平相提並論，拿來作爲全球化選樣的標準，因爲關稅的高低是決策者可以直接控制的。縱使如此，洛迪克發現，就算採用達勒與柯瑞的資料，用他們所提出的標準，卻可以選出另一批所謂的全球化國家。他的意思是說，達勒與柯瑞將他們的研究設定了結果，殊不知他所端出來的另一批「貨眞價實」的全球化國家，一九八〇年代與一九九〇年代的成長，均顯著低於一九六〇年代與一九七〇年代。對達勒與柯瑞、洛迪克的判決絲毫不假以辭色：「兩位作者」有關貿易自由化對貧窮國家大有助益的說詞，憑的只是一股信念，絕非有幾分證據說幾分話。㉜

在處理貧窮問題上，原來的進展出現了倒退，同一時期，也正是經濟全球化起飛的時代，我們當然不能因此就證明二者之間存在著因果關係。但是，幾乎所有的國家同時都經歷了成長減緩與人類發展倒退，這就難免不讓人認爲，期間必有某一共同的潛在因素。正如魏斯布羅所說：「再怎麼說，過去兩個十年的全球化實驗，那些號稱成功的國家，必須負起舉證的責任，拿出任何可以證明人類福祉的成績來。」㉝

根據研究，金融自由化與較高的投資及成長之間，其實並沒有任何關聯。如果有的話，證據顯示，資金管制與人均所得成長倒是呈現出正相關，㉞唯一清楚的模式是，只有到國家較爲富有時，貿易管制才予以解除。除了少數例外，許多今天富有的國家，過去都是利用保護壁壘做爲經濟成長策略，等到成熟了，才擺出貿易壁壘的低姿態。

所謂的東亞「老虎」，經常被拿來作爲模範，說明加入世界經濟行列便可以大展鴻圖，它們的起家正是如此。像台灣、南韓與馬來西亞等國家，其發展策略就跟

今天爲貧窮國家所開的處方大異其趣。一九六〇與一九七〇年代，正值這些國家打造自己的成長之際，很少被現行的這類規則綁住，所面對的資金開放壓力遠不如今天這樣大。這些國家採取進口替代策略，輸入跨國公司所製造的高科技產品，快速工業化，達成大幅降低貧窮的目的。爲了確保能夠從直接外人投資（FDI）上獲利，這些國家採取許多創新的措施，包括高關稅及非關稅壁壘、大規模的金融與企業公營、侵犯專利權與著作權、限制資本流出、設立貿易平衡條款——亦即投資者進口零組件與原物料，就必須出口等值的成品——以及「在地供應」條款，規定一定數量的零組件必須就地取材。所有這些措施加起來，有助於以密集出口增加所得，同時又發展在地的自有產業，一面引進新科技，一面保護在地企業家的國內市場優勢。例如馬來西亞，與三菱合作生產「國產汽車」，採取在地供應政策，零組件的百分之八十爲在地採購，汽車市場的佔有率則高達百分之七十。㉟類似的政策，若是在今天，就完全不可能，因爲根本違反了世貿組織與國際貨幣基金會的規則。㊱

印度與中國也是相同的情況。這兩個國家，近年來人均國民生產毛額增加得相當可觀，加起來足以抵銷世界其他地方絕對貧窮的增加。之所以如此，正是因爲這兩個國家完全不理會華盛頓共識（the Washington consensus）所訂的規矩。

正如洛迪克在別處所下的結論，㊲「全球化其實是製造了倒退；經濟與社會的

發展，整合，可能會是結果，但絕不會是原因。」

以窮人為抵押

正因爲「製造了倒退」，世貿組織與其他國際金融組織更加堅持，若要讓世界上最貧窮的國家得以發展，唯有更大規模地整合世界經濟，才是唯一的途徑。最近幾年，這種整合的信念急速擴散，全球政治領袖與決策者莫不奉爲圭臬。而所謂整合，還不僅止於降低貿易與投資壁壘，今天，國家更必須遵守一長串的進場條款，從新的專利規則到更爲嚴格的金融標準，還要承諾千頭萬緒的制度改革，而所有這些改革，今天的工業化國家卻是花了好幾個世代，在腳跟站穩了之後才做到的。

對貧窮國家來說，這可不是什麼好消息。今天，大約有五十幾個國家，人均所得低於過去十年或更久以前，而這些國家過去都是高度「整合」在全球經濟中，如今卻越來越邊緣化了。例如，在次撒哈拉非洲（Sub-Saharan Africa）地區，窮人的數量不斷增加，但該地區的出口卻佔人均國民生產毛額的百分之三十，相對地，經濟合作暨發展組織的工業化國家，出口在人均國民生產毛額中所佔比例，也不過百分之十九而已。㊳

經濟全球化這一劑猛藥所帶來的危險，最佳的例子，恐怕莫過於俄羅斯所遭到的重創。俄羅斯的經濟於一九八九年開始自由化，十年之後，聯合國發展計畫署的報告指出，貧富差距倍增，薪資所得減半，男性平均壽命下降四歲，只有六十歲而已。

盲目附和整合主義者（integrationist）的信念，貧窮國家政府徒然將人力資源、行政權力與政治資本轉移，導致更爲迫切的優先發展項目遭到荒廢，像教育、公共衛生與制度改革均無力推動。由於對國際市場寄予不切實際的幻想，其結果是，健全國內投資體質以追求更穩健經濟發展的空間卻越來越小。

服從全球化的教條，就得付出極高的代價，如今連世界銀行都承認，窮人所付出的尤其不成比例：

為了適應更大的開放，不論適應期多長，窮人付出的代價特別沉重。貿易條件改變的結果，對窮人的影響遠大於中等富有階級；對於相對國際價格的變動，窮人原本就比較脆弱，而國家對貿易的開放，這種脆弱性就變得更為嚴重。㊴

抑制公共支出

公共服務如教育、衛生保健、國民住宅、社會救濟及大衆運輸等，政府在這方面的支出乃是對抗貧窮的利器，也是主要的就業資源。但是，爲了配合全球市場與貨幣體系的規則，以吸引國外投資，不論富國或窮國，政府都不得不大幅削減公共支出。

國際貨幣基金會對債務國家所加諸的結構調整綱領，就提供了最極端的例子。一九七九年油價飆漲與一九八〇年代初美國利率上揚之後，許多債務國家發現自己根本無力償債，另一方面，除非國際貨幣基金會能夠證明借貸國的經濟「運作良好」，而且正在「復甦」，延長貸款期限的要求往往遭到拒絕。換句話說，債務國只有乖乖就範，聽任結構調整綱領新殖民主義的擺佈。

結構調整綱領對就業產生了巨大的影響。公部門的僱員遭到解雇，面對更有「效率」的進口商，國內製造業紛紛關門，而出口所帶來的所得與就業機會又不足以截長補短，因爲結構調整綱領鼓勵大部分國家生產同類農礦產品輸出，結果反而導致價格大跌。

塞內加爾的經濟成長率就備受肯定，國際貨幣基金會視為市場導向改革成功的明證。諷刺的是，一九九一至九六年之間，在國際貨幣基金會的監督之下，塞內加爾的失業率從百分之二十五增加為百分之四十四。一九九八年，南韓平均每天有八千人丟掉飯碗，其中的禍首則是五百八十億美元結構調整貸款的附加條件。㊵整個一九九○年代，阿根廷是國際貨幣基金會的另一個改革樣版。該國降低貿易與投資壁壘的速度快過任何其他拉丁美洲國家，將資本帳更徹底地自由化，又將所有腳跟還沒站穩的事業民營化，並將幣值盯緊美元，更進一步地綁住自己的雙手。但是，到了二○○一年，靠借貸點燃的消費景氣煙消雲散，只得賣盡資產以償還債務，更因披索盯緊美元價位，導致出口競爭力也為之喪失。國際貨幣基金會的回應是給予更進一步的「援助」，條件就是削減公共支出。到了二○○一年十二月，失業率飆到百分之二十五，全國人民公開反抗政府，十天之內，三個總統下台。到了二○○二年，第一季的工業生產下降百分之二十，失業率繼續攀升，前六個月中，平均每個月有八萬人丟掉工作。㊶

被結構調整綱領掐住脖子的，並不是只有開發中國家，自一九九○年代初期起，歐盟就活在馬斯垂克趨同規範（Maastricht convergence criteria）之下，如今則套上了歐洲貨幣聯盟穩定與成長協定（Stability and Growth Pact of European Monetary Union）。按照

趨同規範的規定，若要加入單一貨幣體系，國家的公債總額不得超過國民生產毛額的百分之六十，年度預算赤字必須低於國民生產毛額的百分之三，還要將通貨膨脹及利息計算在內。一九九〇年初，歐元上路，穩定與成長協定正式生效。按照協定規定，只要是歐元使用國家，年度預算赤字若超過國民生產毛額百分之三的上限，歐洲中央銀行（European Central Bank, ECB）即處以罰款（參閱第十章）。此一通貨緊縮的貨幣政策，旨在將本質上多元的國家經濟緊緊銬在一起，成爲一個統一的架構，使歐元成爲強勢貨幣。在我們看來，歐洲貨幣聯盟還有一個更大的野心，亦即將所有會員國的經濟「歐洲化」，使之成爲全球化的標竿，經過打造之後，更加符合國際投資人的需求。就算不談它的目的，其結果已在意料之中。爲了配合趨同規範，政府大砍預算，歐盟的失業率因而創下了新高，同一時期，美國的失業率卻大幅下降。一九八三年時，歐盟與美國的失業率實際上是相同的，但到一九九九年一月一日採行歐元之後，歐洲的失業率站上了百分之十一，美國則下降了一半，不到百分之五（見圖四・一）。[42]

國際貨幣基金會與歐洲中央銀行這類組織，不只是要限制政府的公共支出，按照全球經濟自由化的邏輯，根本就是要強迫影響力已經大不如前的政府俯首，不得不「選擇」自我限制一途。既要爭取直接外人投資，各國政府就必須競相降低公司

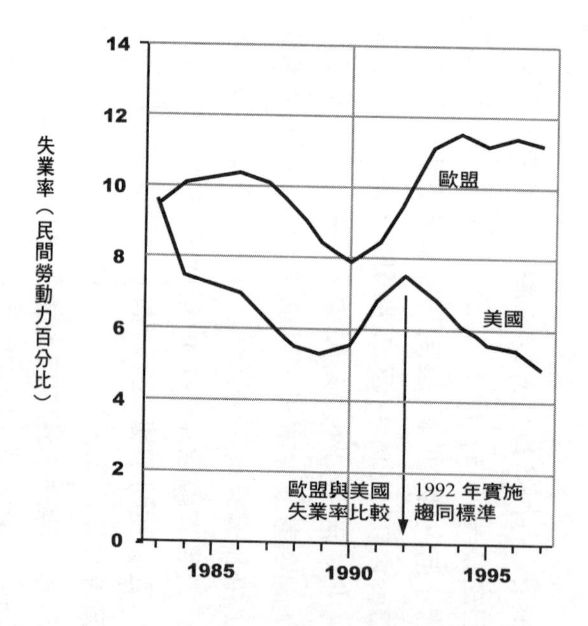

圖 4.1：歐盟與美國的失業比較

資料來源：Eurostat<http://europa.eu.int/comm/eurostat/>

稅，提供投資人前來投資的最大誘因；而既要擴大出口市場，卻又必須補貼出口業者。

舉例來說，英國國防工業以出口保證爲條件，據估計，每個工作每年接受政府一萬三千英鎊補貼，作爲研發與促銷之用。㊸加州州政府與安納翰（Anaheim）市政廳，爲了說服迪士尼樂園留下來，據說已經花掉了八億八千萬美元，興建公路與其他基礎建設。㊹英國政府爲了讓不列顛航太（British Aerospace）取得 A3XX 機型的機翼生產合約，不惜在原先投資的二十億英鎊之外，另外多砸下四分之一的金額，以促使歐洲空中巴士工業（European Airbus Industry）批准該種機型的生產。爲此一計畫所做的投資，相當於每十萬英鎊製造一個工作機會；相對地，一些不是那麼耀眼但卻更綠色的經濟活動，例如節省能源、生態保育、大眾運輸及資源回收等，每製造一個工作所需要的投資只要花一萬英鎊，極少會超過四萬英鎊。㊺唯財團之利益是從，導致有利於民生的投資減少，但實際上，每一塊錢稅金，如果投資於後者，所能製造的就業其實更多。

轉移投資

一旦踏上經濟自由化這條路，政府不旋踵就陷入企業利益導向而身不由己，理由其實很簡單。因爲，政府若不如此，財團就轉移投資。二〇〇二年二月，眞空吸塵器發明人詹姆斯・戴森（James Dyson）宣布，他的生產設備將從英國瑪爾麥斯伯里（Malmesbury）遷移至馬來西亞，其結果是英國損失了八百個工作。這位頗有膽識的英國發明家，跟毫無信心的銀行及投資者奮戰了十五年之久，三年前還大聲疾呼，要把英國建設成爲「一個製造優質產品的產業大國」。[46]因爲投資轉移造成工作損失的，還有另外一個具有象徵性的例子。英國北部勞工階層用了好幾個世代的布帽，最後一家生產廠商從里茲移往中國。道理很簡單，只要政府以世貿組織爲刀俎，以國內產業爲魚肉，這類投資轉移就很難避免，對失去工作的勞工而言，都是一場災難。

如今，在全球的舞台上，出現了一個巨大的世貿組織新會員，那就是中國。多達九億受過完整教育的勞工，時薪約二十五美分，相較於馬來西亞，時薪則爲二美元。廉價的勞工，加上技術轉移與自動化，中國絕對具有潛力，在多種產品的競爭

上，擊敗經濟合作暨發展組織國家，控制歐洲及其他北方國家的市場。舉例來說，生產技術已經高度電腦化的紹興鋼鐵，就贏得了美國一家鋼鐵廠控制系統的裝配合約。㊼

表面上來看，財團的轉移對接受的國家乃是「好事情」，事實上，所有權掌握在跨國公司手裡，獲利很少會投資在地主國的經濟上，開發中國家的勞工對全球化也沒有安全感，因爲更貧窮的國家還有更低條件的勞工在那兒虎視眈眈。通用電氣（General Electric）就是一個很好的例子。一九八六年以來，該公司透過自動化、裁員、外包與關廠，砍掉了將近半數的美國員工，並將生產線移往低工資國家，但這種全球化所帶來的工作未必就是保險的。最近，該公司就關掉了土耳其的一家工廠，移往工資更低的匈牙利；但隨之而來的卻是，匈牙利也受到關廠的威脅，下一個目標則是印度。㊽光是這種轉移的威脅，就足以埋葬掉待遇的改善、工作環境的期望，更不要說跟資方談判的籌碼了。正如英國商業總會（British Trades Union Congress）所說：「目前的全球化，在國際規則與政府政策的背書下，爲無數勞工帶來的卻是貧困，其中尤以處於過渡時期的開發中國家爲然。在一個財富與技術都達到空前的時代，勞工只能眼睜睜看著自己的工作條件、待遇及安全任人宰割。」㊾

更糟的是，直接外人投資引進高度自動化的產業，雖然製造了新的就業機會，

但工作所需人力不多，工作的穩定性也不高，再加上廉價進口商品湧入，這種雙重因素加起來，更將使地主國比較需要人力的「本土」產業崩盤。以中國爲例，加入世貿組織之後，廉價的進口食品蜂擁而至，其中尤以美國爲大宗，進一步對農村廣大的農民造成傷害，迫不得已，只有加入數以億計前往都市地區謀生的人潮。中國所端出來的這一道廉價工資大菜，進一步威脅到其他開發中世界的競爭者，一同捲入中國自我毀滅的漩渦之中，陷入全球經濟廉價商品部的泥淖而無法自拔。正如一位評論家所說：「在『破底競爭』中，中國正在界定新的底線。」㊿

從孟加拉之類更貧窮的競爭者那兒，中國已經奪取了北方國家的紡織品市場。看來，戴森從馬來西亞移往中國的日子也不遠了。

全球化徒勞無功

全球化不僅製造了全球性的低就業，而且在國家內部與國家之間大幅改變了就業的模式。在許多開發中國家，無數的農村勞力被迫拋棄土地，遷往都市經濟圈邊緣的貧民區。北方國家的傳統工業地區，不得不適應後工業時代的來臨，亞洲的奇蹟日本，也正在調適長期通貨緊縮揮之不去的陣痛，所有這些，其實都是過度密集

生產所帶來的後果。

拜全球化之賜，資訊傳得又快又遠，對於種種改變，各種回應中最令人感到無奈的是，成千上萬的勞工，單槍匹馬遠赴海外尋找活路。單以二〇〇〇年來說，終年或更長時間生活於外國或異邦的「外勞」，多達一億八千五百萬人，比一九九〇年足足多出六千五百萬。[51]但是，經濟全球化未免也太作弄人類了，一方面讓資本逍遙來去於這個星球，追逐最佳的投資報酬，另一方面送給勞工的特權，卻是離鄉背井獨走天涯。在工業化程度最高的國家，外來勞工已經形成重大的社會問題，反移民的情緒也隨之高漲。在歐洲，右翼政黨不斷坐大，武裝部隊與戰艦巡邏東地中海邊境，防堵非法移民的日子看來不遠了。

在好幾個外勞大量湧入的地區，由於公共服務如教育與醫療設施的投資不足，問題已經嚴重到一觸即發的程度，而外勞搶走了「我們的工作」以及吸掉了我們的福利，更是成為外來移民背負的原罪。研究一再顯示，外勞其實是財富的淨製造者。洛迪克就強調，「即使國際勞工潮只是小部分自由化，為世界經濟創造的利得」約在二千億英鎊之譜，遠大於貿易談判所預期的利得。[52]此外，任何勞工短缺之處，就是外勞進軍之所，包括合法的與非法的。倫敦與英國東南部的建築工地上，他們並不是在搶英國建築工人的飯碗；這些離鄉背景的人像是簽下賣身契，或像是來還

債似的，幫著在打一場勞工短缺的苦戰，為大家緩和通貨膨脹的壓力，維持較低的利率。這一點，政府私底下沒有不心知肚明的，只是公開不敢承認罷了。

在後面各章，正如我們所強調的，要為全球勞動市場解套，最理想的辦法就是扶植有活力的在地經濟，才能在世界各地提供充裕而報酬合理的就業。今天那些被迫離鄉背井、出外找生活的人，所要的也正是這樣的方案。總之，北方美其名追求商品與資本的自由，絕不能拿來做為藉口，否定南方勞工的自由。迫不得已的經濟移民是不均、貧窮與低就業的直接產品，是經濟全球化的苦果。北方國家的政治人物就算不喜歡，但最好不要怪在那些受害者身上，反而應該開始去正視癥結之所在。

窮者越窮，富者呢？

富有國家因推動全球化而受益，連帶地卻為貧窮國家帶來貧困、不均與低就業，雖然是不難想像到的事。但是，如果用國民生產毛額來估算的話，這種看法其實有待商榷。二十世紀後半葉，英國的國民生產毛額實際上增加了三倍，美國在一九四〇年代至九〇年代之間，稅後人均所得成長了四倍；然而，正如我們所見，當全球化邁步前進時，富有國家的經濟成長率卻遲緩了下來。更重要的是，財富的所得並未

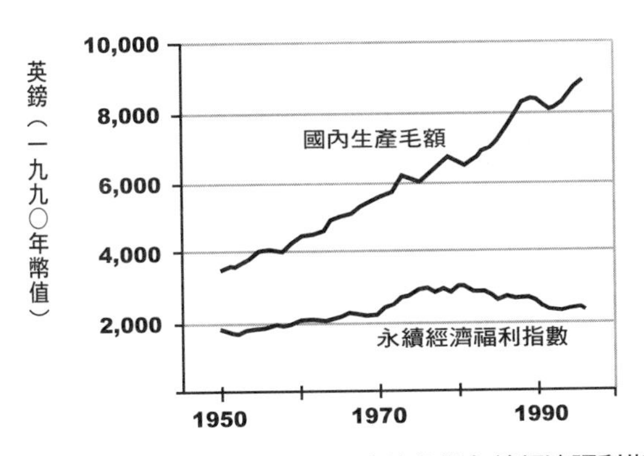

圖 4.2　英國人均國民生產總值與永續經濟福利指數

資料來源：Jackson, T., Marks, N., Ralls, J. and Stymme, S. （1997）, *Sustainable Economic Welfare in the UK*—a pilot index1950-1996, London: New Economics Foundation.

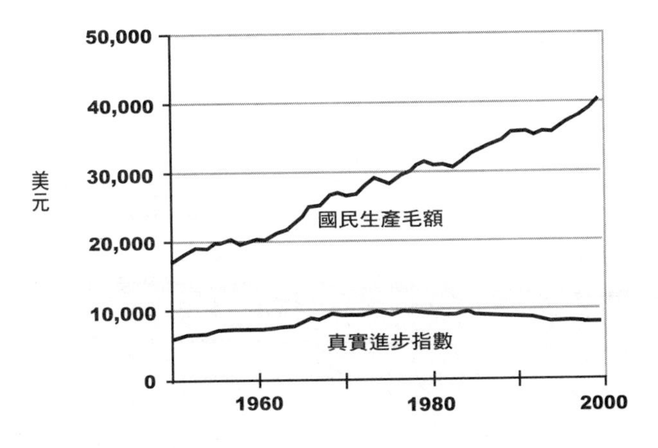

圖 4.3　美國人均國民生產總值與真實進步指數

資料來源：Redefining Progress <http://www.rprogress.org/projects/gpi>.

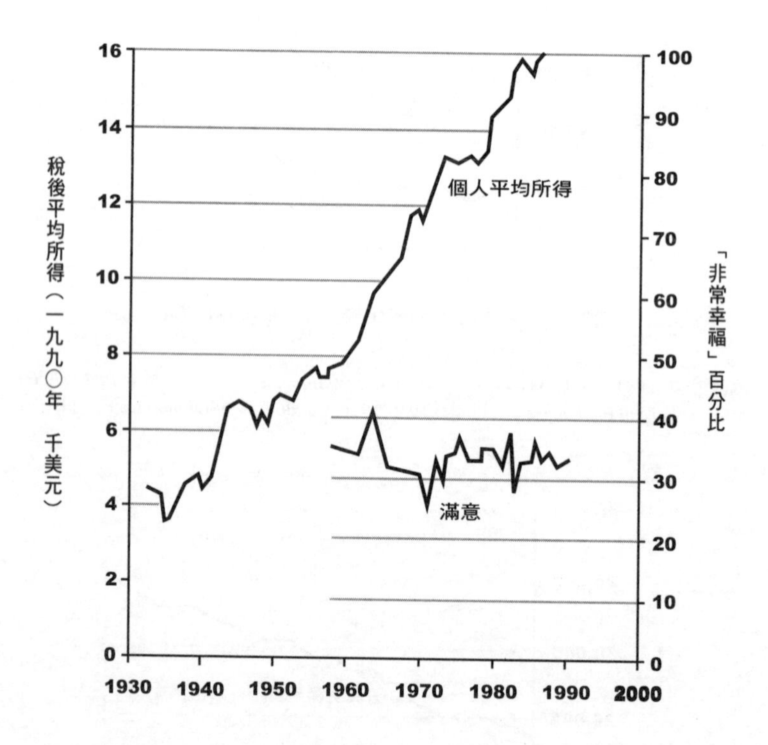

圖 4.4　個人所得與滿意度（美國）

資料來源： Myers, D.G. and Diener, E.（1996）, 'The pursuit of happiness', *Scientific American*, 274, 54-5.

相對提升生活的福祉。如圖四・二所示，英國的永續經濟福利指數（ISEW，參見專欄一・二）在一九八〇年代攀至高峰，此後就隨著經濟全球化的快速發展而逐步下滑。美國的眞實進步指標（GPI）也是一樣（見圖四・三）。令人震驚的是，美國的個人財富雖然大幅累積，認爲自己「非常幸福」的人，所佔百分比卻沒有增加（見圖四・四）。

拜經濟全球化之賜，富人以窮人爲芻狗而更富，但他們究竟得到了多少好處，卻又未必見得。

II

綠色替代方案

The Green Alternative

一邊是資源有限、社會需求日益難以滿足的地球，另一邊是財團利益掛帥、自由貿易橫行與國際競爭變本加厲的經濟體制，底線非常清楚，前者是經不起後者消耗的。現行的體制必須、也能夠用一個替代方案來取代。現行體制所堅持的是，所有的經濟體系都必須竭盡所能，追求國際競爭力，強調以鄰為壑的貿易與投資鬆綁。替代方案則對此提出挑戰，揭櫫的是經濟在地化。經濟在地化所懷抱的，是與鄰為善的互助國際主義，觀念、技術、資訊、文化、金錢與貨物的流通，其最終目的是要在全世界重建真正永續的國家經濟與在地經濟，其核心則是，不為追求最廉價的而競爭，而是為追求最優質的而合作。

5 經濟在地化 Economic Localisation

凡事都依賴外在的市場，而不是彼此互助，人決定自己生活的權利也將因此而喪失。

——海倫娜・諾伯—霍奇（Helena Norberg-Hodge）①

一九九九年，西雅圖的街頭抗議，將世貿組織部長級會議震得戛然而止，對那些自由貿易的世界領袖，可說前所未有地來了一次心靈的震撼。很明顯地，他們總算瞭解到，他們所面對的反對力量是不容小覷的。令他們大驚失色的是，反對他們的人，遠遠超過那些在街頭吶喊的群眾；千千萬萬走上街頭的人之外，世界上更有

數以百萬計的人，雖然從未想過跳上催淚瓦斯的火線，但卻靜靜地在一旁爲那些挺身而出的人喝采。

反應倒是有的，而且頗有低聲下氣的意思，想要安撫的對象，或許不是那些示威者，但至少是那些坐在搖椅中的同情者。對於反全球化運動所關切的問題，世界銀行與國際貨幣基金會發表了聲明，也多少做出了比較清楚的回應。杜哈（Duha）部長級會議的貿易談判，號稱是「發展的回合」，就反映世貿組織的不安，顯示貿易自由化確實對開發中國家有所虧待。到了二○○二年，約翰尼斯堡永續發展高峰會議，歐盟領袖並不諱言，在協助最貧窮國家達成基本發展目標上，若未能取得清楚的協議，恐將不利於未來的貿易談判。歐盟發展委員會委員保羅．尼爾森（Poul Nielson）的看法是：「約翰尼斯堡如果失敗，全球貿易的問題可能變得更爲棘手。老實說，當年如果也是在同樣的背景下，杜哈早就玩不下去了。」②

發現問題不難，難在知道如何解決問題。那些令人忍無可忍的縮寫字，好比說MAI、GATS或TRIPs之類的，光是加以譴責是不夠的。對全球化的批判，如今正面臨迫切而嚴厲的挑戰；抓住抗議動能，化反對爲主張，提出無懈可擊的政治方案，現在該是時候了。如果無法應付這項挑戰，抗議的動能也將散去，並消失在全球化擁護者虛有其表的改革之中。

夸言改革的人還不少，英國首相布萊爾的前國際開發大臣蕭特正是其中之一，在她的任內，該部發表白皮書《消除世界貧窮：讓全球化爲窮人造福》（*Eliminating World Poverty: Making Globalisation Work for the Poor*），其主要的政策承諾就是：「在已開發與開發中國家，促使貿易壁壘持續降低，協助開發中國家改善自身能力，並善加利用新的貿易機會。」③

她所謂的「人性的全球化」，對綠黨而言，無異披著羊皮的狼，只是「換湯不換藥，略施小惠」的作爲，對於現行全球貿易與投資體系所造成的不均，只是頭痛醫頭、腳痛醫腳的做法，絲毫動搖不了他們根深柢固具有毀滅性的基礎。放眼看去，在親全球化的陣營中，所謂的改革者，大多不過如此而已。

這裡加入一條環境條款，那裡添上一款社會規定，絕對改變不了野獸的本質。唯一的底線非常清楚，一邊是資源有限、社會需求日益難以滿足的地球，另一邊是財團利益掛帥、自由貿易橫行與國際競爭變本加厲的經濟體制，前者是經不起後者消耗的。的確，就我們所知道的，要成就更高的社會與環境標準，實現追求永續發展的政策，最大的障礙就是國際競爭。我們的方案越早提出，財團或能及時踩下煞車，不再唯競爭是求，也不再動輒威脅轉移投資。

因此，我們相信，與其讓損人利己的經濟自由化多一點善心，少一點無情，不

如拿出另一套方案取而代之，直接挑戰國際競爭，以及以鄰爲壑的貿易與投資鬆綁。

經濟在地化是站在經濟全球化的對立面，是懷抱與鄰爲善的互助國際主義，觀念、技術、資訊、文化、金錢與貨物的流通，最終的目的是要在全世界重建眞正永續的國家經濟與在地經濟，其核心是：不爲追求最廉價的而競爭，而是爲追求最優質的而合作。

在反全球化的理論家與倡導者中，提倡經濟在地化的大有人在，④但是，說到最基本的原理原則，首推二十世紀初的一位經濟學泰斗。一九三三年，彷彿預見了當前這一場論戰，凱因斯（John Maynard Keynes）在一次題爲《國家的自給自足》（*National Self-Sufficiency*）的著名演講中就說：「因此，國際間的經濟糾纏，我站在簡化派的一邊，而不支持那些擴張派的人。觀念、藝術、知識、熱情、交流，所有這些，本質上就是無國界的，是國際性的，至於財貨，但求其合理與儘可能的方便，不妨訴諸於己，尤其是金融，基本上是一國之事。」⑤

經濟在地化，正如凱因斯所說，「但求其合理與儘可能的方便」，特別著重於在地生產與投資。但是，正如凱因斯所指出的，「在地」並不一定就是「國家」。新經濟基金會（New Economics Foundation）爲「在地」所下的定義是：

……是一個相對的詞。意思是，不同的事情對不同的人應視其脈絡關係而定。例如，地方電視台顯然比街角小店離你較遠。對我們某些人來說，在地指的是街坊；對其他人而言，在地是我們的村莊、鄉鎮、城市或一個大區域。不論我們怎麼看待它，「在地」通常把一群人與一切他們所依賴的東西連接在一塊，無論是商店、醫療設施、學校或公園。說到在地，不外就是與我們的生活品質和福祉息息相關的周遭環境與設施網絡。⑥

因此，說起在地化，「在地」的構成要件因地而異，也因產品而異，這一點將會在本章稍後再加以說明。⑦總之，應該採取什麼樣的政策，可說都是因地制宜。有些國家夠大，目標就可放在加強本身的自給自足，較小的國家，首要之務則是與鄰近國家結合起來。有時候，「在地」甚至是一個大國之內的一個區域或一個生活圈。

對國際市場的依賴，經過了一段時間，國與國之間的競爭已經導致社會與環境標準的惡化，現在該是改弦更張的時候了，國家所提供的財貨與服務，在分配上應該盡量做到更合理、更公平。如此一來，遠距貿易將可回歸到最原始的目的，亦即供應一國或地理上一群國家本身無法取得的資源。

華盛頓政策研究所（Institute for Policy Studies）的麥可・蘇曼（Michael Shuman），

在他那本開創性的《前進在地》（*Going Local*）中，談到在地化時說：「並非築一道牆擋住外面的世界，而是扶植在地自有企業，永續利用在地資源，僱用在地勞工，給予合理的待遇，並以在地消費者爲服務的對象。也就是說，更爲自給自足，而比較少依賴進口。控制權從遠地財團的董事會回歸原來所屬的社會。」⑧

經濟在地化提供一個政治與經濟的架構，使人民、在地政府與企業能夠重新爲自己的經濟進行再多元化。其目的並不是要回到國家獨大的控制，政府只是提供政策架構，促成再多元化的實現。尤其關鍵的是，如此一來，將增加社會的凝聚力，減少貧窮與不均，改善生活品質，加強社會福利與環境保護，以及最重要的，提供整體的安全感。

在經濟發展方面，經濟在地化的優點是，貧窮國家能夠保護本身的初級產業，免於廉價進口商品無情競爭的蹂躪，因此能夠發展自己多元而具有彈性的經濟，以回應在地的需求。對環境方面來說，其優點是不再需要千里迢迢運送大量商品，減少能源的消耗與溫室氣體的排放。在民主政治方面，其優點則是，國家與在地對經濟的控制權不再旁落，使人民能夠決定自己想要的經濟發展方向，並增加經濟利得公平共享的可能。

經濟在地化是一項巨大的工程，正如經濟全球化一樣，從地方到國際，在每個

層面都需要時間與政治意志去貫徹。也如同經濟全球化，在地化也需要一系列相互關聯而又各自完備的政策，劍及履及地去予以落實。下面，讓我們更詳細地檢視這些政策。

經濟在地化的構成要件

金融在地化

快速的投資自由化是經濟全球化的關鍵，其結果則製造了一個全球性的賭博經濟，爲在地經濟帶來雙重打擊。一方面，爲了要符合全球金融的要求，在地經濟不得不自我扭曲。另一方面，國際金融市場並不是建立在實質的經濟活動上，時時刻刻都在變動，破壞了在地經濟的穩定性。有關國際金融市場的問題，用越界金融交易值的成長指數（exponential growth）來做說明，不難一窺其規模。一九八〇年，越界金融交易一年的總值才八百億美元，到一九九九年，每天的交易總值就達到一兆五千億美元，所有這些交易，百分之九十都是投機性的而非生產性的，目的全都是在炒作匯率與利率的差價。⑨

在地化所要求的投資目的，是要發展穩定的在地經濟，是以生產與消費的永續

模式爲基礎，而不是追求最快速的短期回收，更不是爲倫敦與紐約的交易商提供最豐厚的耶誕紅利。在地化要求管制資金的流動與逃漏稅，包括境外金融中心，並採取措施限制短期投機性貨幣交易，以免造成不穩定效應。

由於世貿組織所追求的是自由化的投資，對於對內投資，政府幾乎沒有插手的餘地。相對地，在地化所簽訂的國際協定則必須是另類的，是在地主義的投資與交易規範，使政府能夠拉拔在地投資，並按照社會與環境標準，爲對內投資做出區分。另一方面，政府必須堅持對內投資的利益極大化，例如禁止投資者獲利的過度回流，並在人力與採購方面規定最低限度的在地供應。

過去十年中，大部分的金融危機都是投機客一手造成。投機客利用在地投資人的信心動搖，並將之擴大成爲眞正的危機。面對投機客如狼似虎地拋售，中央銀行不得不大幅貶值，而爲了守住本國的貨幣，又不得不介入外匯市場，但結果往往是賠了夫人又折兵。

金融危機的代價極高。貶值會增加一國的債務負擔，不景氣則使資本投資望風而去，人民飽受失業與減薪之苦，民生物資價格上揚，公共服務品質下降，原本已經是經濟邊緣人的族群，包括窮人、婦女、兒童與老人，勢必成爲受害最深的一群。在東南亞的金融危機中，失業的人就有將近一千萬之多。

對投機性的貨幣交易課以托賓稅（Tobin-like tax），有助於減少外匯市場所受到的衝擊。⑩只要課以百分之○點○五的稅，每年就可以徵收到五百至一千億美元，金額超過目前的援助預算。這一筆稅收大可以成立一個多邊基金，交由聯合國管理，推動最貧窮國家的永續發展。但是，若照目前的情況發展下去，一旦有金融危機發生，即使托賓稅也難以遏阻瘋狂的賣壓。要克服這個問題，德國經濟學家史班（Paul Bernd Spahn）曾提出托賓稅的變體，亦即設置極低的滯納金（default rate），但當某一貨幣的幣值大幅變動時，交易則課以極高的附加稅，高到足以使投機客炒作該種貨幣無利可圖，其運作模式則類似紐約證券交易所的斷路（circuit-breaker）機制。⑪

管制國際貨幣交易與投資之外，還需要輔以相關的在地政策，以扶植規模較小的在地銀行與融資體系、信用合作社、在地公債的發行，以及在地的匯兌與交易體系。所有這些機制合起來，就是所謂的「社區發展金融機構」（Community Development Finance Institutions, CDFIs），藉以維持社會內部的財富與交易，一方面，將動盪的全球金融市場加以區隔開來，另一方面，以優惠條件提供可靠的資金來源，製造在地的就業與職訓機會，或充實社會基礎建設。以社會發展金融體制爲基礎的制度，鼓勵投資者、生產者與消費者的直接聯繫，其特色是相互間爲共同經營的社會提出長遠的承諾。在這種在地經濟體系內，透過夥伴關係增加相互的利益，不僅使社會

趨於健全與民主，同時對自己所製造的社會與環境影響負起各自的責任。在英國，社會發展金融體制所扮演的角色已經日趨重要，在沒落的傳統都會地區，比較保守的地主拒絕妥協，尤其如此。一九九八至二〇〇一年之間，英國由社區發展金融機構部門所管理的資產增加了百分之三十，達到五億英鎊。⑫

新經濟基金會最近提議，將社區發展金融機構的原則擴大，在退休基金投資於證券市場之外另闢蹊徑，亦即建立一個共管的「國民退休基金」，總收雇主與雇員的退休金分擔額，用之於發展在地公共基礎建設，如學校、醫院與公共運輸系統，所有這些設施完成之後，由政府長期承租，繳付合理的租金，一方面讓基金獲得必要的收入，另一方面也讓民間融資計畫有一個另類選擇。⑬

在地產在地銷

跨國公司所掌握的權利，與他們身為公司老闆所應享有的，可以說完全不成比例。全世界百分之七十的貿易，掌握在五百家公司的手裡。九個最大的國家不算，全球的經濟總值，還比不上全世界二百家最大跨國公司合起來的總銷售額。但是，這二百家公司所雇用的勞工，僅佔全球勞動力的千分之七十五，⑭其中有多家甚至

正忙著「精簡」裁員。⑮更何況，這些公司所屬的每家工廠，提供的工作均屬大量，動輒以轉移遷廠爲要脅，對政府構成極大的槓桿效應。

跨國公司必須嚴加管束，更可以從它們對環境所造成的衝擊上看出來。跨國公司所排放的溫室氣體，佔全球工業生產的一半以上，是全球暖化的頭號禍首。在含氯氟烴（CFCs）的管制與替代燃料的研發上，這些公司完全置身事外。尤有甚者，這些公司更掌握了自然資源的開採與貿易，對全球的森林、水源和海洋資源構成嚴重威脅，連帶受害的則是依賴這些資源生活的人民。舉例來說，全球百分之六十三的鋁礦開採，掌握在六家跨國公司的手裡；百分之九十的殺蟲劑，是由二十家跨國公司生產。而最耐久的污染物質——多氯聯苯、戴奧辛及DDT——絕大部分都是跨國公司製造出來的。⑯

老實說，爲了約束跨國公司，過去所有的國際努力全都一事無成。一九九三年，跨國公司行爲準則（Code of Conduct on Transnational Corporations）正式宣告胎死腹中，聯合國的跨國公司管制中心（UN Center on TNCs）也就隨之關門大吉。至於聯合國貿易與發展公約（UNCTAD）的技術轉移行爲準則（Code of Conduct on Technology Transfer）與限制性商業行爲原則（Set of Principles on Restrictive Business Practices），全都在已開發國家不樂見實施的情況下，百般阻撓，以致束諸高閣。

經濟在地化則大異其趣，政府握有對抗跨國公司的籌碼，亦即推動製造業與服務業「在地產在地銷」（site here to sell here）的政策，讓設在一國或一群國家之內的公司不需外求就有現成的市場。在此一政策下，進口的商品或服務自會斟酌在地市場本身的產量而駐足不前。在推動此一政策的過渡時期，政府則提供誘因，吸引廠商進入在地市場。誘因可以多管齊下，包括對特定產品給予補貼及課徵進口關稅，使在地廠商在過渡時期結束後，能夠掌控這些特定產品的在地市場。

貿易補貼原則（the principle of trade subsidiarity）說得很清楚，生產與消費之間的距離應該儘可能短到合理的程度。根據這個原則，很明顯地，特定產品採取「在地產在地銷」的原則，其「內部」市場的範圍，取決於產品種類的多寡與潛在市場的大小。因此，較爲容易生產的商品與服務，例如基本穀類食品，其市場範圍就應該是最爲在地化的。高度資本密集生產的商品，例如汽車與電腦晶片，原則上雖然也可能以高度在地化的基礎生產，但在實務上，其效率顯然不高，因此這類商品的「內部」市場範圍有必要更大一些，其大小甚至可能有如歐盟。

在市場需求量相當低的地區，例如電腦之於非洲，這類產品的市場範圍在初期也必須較大。但是，生產的標準則必須獲得保證，包括維修與回收，以及某些產品的零組件，大部分必須能夠在地化。

至於某些在地無法生產的商品，例如熱帶穀類食品之於溫帶地區，就必須從進口替代名單中予以排除，並根據公平貿易原則交易。另外還要考慮的是，某些礦物資源只能從極少數地區取得，而其生產者又散居世界各地，以致終端產品的市場極為遙遠，例如鋁土與鋁即屬此類。在運輸上，這類產品的交易不符能源效益，產製自以接近產地為最佳選擇，並必須將運輸的環境成本予以內部化。

按照這個方式，設定較高的社會或環境標準，要求較合理的工作條件、生態環境與稅賦制度，跨國公司便再也不能拿國際競爭力作為王牌，動輒威脅遷廠的槓桿也就無力可施，政府也才有更大的權力節制跨國公司，並確保其投資確實有利於在地經濟。同時，政府也更能夠堅持，公司必須符合更高的工作標準，並提高透明化的程度，例如就生產活動對社會與環境所造成的衝擊，提出嚴謹的年度報告。二〇〇一年十月，英國首相布萊爾在英國工業總會（Confederation of British Industry, CBI）發表演說，要求英國最大的公司，在二〇〇一年底之前，自動公布公司的社會與倫理成績。結果在名列前茅的三百五十家公司中，只有七十五家在要求期限內做到。⑰很明顯地，要求「自動」其實無濟於事。除了少數的例外，對於公司所造成的社會與環境衝擊，跨國公司極少負起責任，除非政府組織公開給予羞辱。但是，在地化之後，例外將會成為常態。

如果推行的方式不當，或在地化的配套措施不足，「在地產在地銷」也有可能造成開倒車的情況，生產者可能會相對地失去競爭力，價格有可能上漲，選擇與創新的動能有可能下降。但這種情形正可以說明，在地化的互動與互補特質。從另一方面來看，在經濟在地化之後，在地競爭的政策仍必須維持，以避免獨佔與寡頭的形成；削弱智慧財產權以刺激創新；徵收環境稅以消除目前許多產品變相享受的補貼，至於賦稅與福利救濟的新措施，則有助於抵銷任何價格波動所產生的效應。

稅賦在地化

根據以上所勾勒出來的政策，削弱跨國公司的力量，讓投資者、生產者與消費者更能夠各安其位，有助於建立永續的在地經濟。但是，此一轉型仍有賴於另一項動力的介入，亦即稅制全面翻修，以解決現行生產與分配體系中隱藏成本的內部化。

化石燃料所製造的能源，應以其含碳量按比例課稅，航空燃料免徵貨物稅則應予以終止。其他污染性燃料之使用也應課稅，並以「生態稅」取代加值稅與營業稅。產品生態稅的課徵，應能反映該項產品對衛生與環境的衝擊。這類稅賦在引進初期，稅率可以相對較低，但正如馮・威塞克（von Weizsäcker）「生態稅改革」（Ecological

Tax Reform）的建議，應按照進程訂出時間表，逐步予以調高。⑱如此一來，將可提供強烈誘因，鼓勵研究發展以提高能源使用效能。很關鍵的一點是，運輸對環境的影響也將因此直接反映到成本上，可以減少不必要的商品運輸，並鼓勵接近消費點的生產，有助於生產與消費的在地化。目前以稀有金屬爲主要出口的開發中國家也將因此受惠，因爲一般來說，產地所能獲得的，僅爲原料那一小部分的價值，絕大部分的利益都歸於製造附加價值的工業化國家了。但是，當運輸價格納入環境成本後，原產地或鄰近地區則是更有利的加工位置，如此一來，原料的身價也就超出其加工製品。

生態稅雖然有大幅增加稅收的潛力，但其主要目的是遏阻污染，因此生態稅基本上將會與時俱減。換句話說，推行在地化所衍生的過渡時期成本，生態稅可以做爲支應的來源。此外研究也預測，除了明顯的環境效果外，生態稅還可以產生長期的經濟利益，尤其是在生態稅實施時，若搭配提供就業減稅制度，效果就更顯著。英國自一九九七年至二〇〇五年推出整套生態稅制，並以這筆稅收對雇主給予減稅優惠（亦即所謂的國家保險分擔額，National Insurance Contributions），一項研究爲這項政策的效果做成評估，結果不僅將減少百分之十至二十的垃圾與污染源，同時將製造七十萬個新工作機會。⑲

實施生態稅時，有兩個陷阱必須避開。其一，間接稅對比較貧窮的人所造成的衝擊較大。舉例來說，家用能源稅的徵收，稅率如果一視同仁，貧窮家庭的稅負比例顯然高於富有家庭。任何間接稅，如加值稅與營業稅，都會導致同樣的情形，但生態稅的問題尤其特別，例如對基本民生用品如家用暖器裝置徵收這類稅賦。要避免這個問題，不乏可行之道。例如家計單位基本家用能源給予免稅，或進行清寒調查給予優惠，財源則以生態稅收來支應，以抵銷生態稅制改革所造成的退步效應。當化石燃料的替代能源發展成功之後，問題消失，稅負也將因此減輕。要做到這一點，政府大可將為節約化石燃料的補貼轉移，用來發展新的環境產業，應可收事半功倍之效。

其二，生態稅稅率較低的國家進口商品，對國內產品將會形成不公平的低價競爭。下面我們將會討論到，為了避免這種不公，國際貿易規則應予修改，容許對某一個國家或某一區域的一組國家課徵進口關稅，除非這些國家接受下一節所談到的綠色馬歇爾計畫（Green Marshall Plan）。

改寫規則

在在地化的新制之下，國際貿易仍將繼續，並在所有外部成本內部化之後，無損在地經濟的多元與彈性，提供最有效的財貨分配。同樣地，在某些地方，直接外人投資也可以在過渡時期扮演一個角色，促成永續並自足的在地經濟。換句話說，貨物與金錢照樣在世界流通。因此，規範貿易活動的國際協定與執行仍然不可或缺，只不過，爲了重建各地多元而永續的國家與地區經濟，現行的規則必須改寫。現行的世貿組織規則有必要大幅翻修，使新的規則能夠配合經濟在地化的宗旨，進而使本章列舉的各項政策得以落實。針對一九九四年版的關稅暨貿易總協定關鍵條款，以及構成世貿組織規則的其他國際協定，在地化的主要倡導者柯林・海因斯（Colin Hines）曾提出一套改革方案。⑳這些方案予以彙整之後，大可產生一個「永續貿易總協定」（General Agreement of Sustainable Trade, GAST），相關摘要請參見表五・一。

表 5.1　永續貿易總協定的誕生

	現行規則	永續貿易總協定 修訂方向
關貿總協第一條　最惠國待遇	世貿組織會員必須以同等優惠對待所有其他會員之產品，不可對外商有差別待遇。此一規則主要針對與貿易相關的環境公約而訂定。貿易相關環境公約，如蒙特婁議定書、瀕臨滅絕物種國際貿易公約與巴賽爾公約等，對未能守公約的國家均採取較低優惠。對較貧窮國家給予援助而採取的特殊貿易關係，如歐盟過去對非洲、加勒比海、太平洋國家所產香蕉給予優惠關稅。最惠國待遇規則均在禁止之列。	在不妨害國內商品與勞務的情況下，其他尊重人權、善待勞工、保護動物與環境的國家所提供的商品與勞務，政府均給予相同的優惠待遇。
關貿總協第二條　國民待遇	世貿組織規定，進口貨與在地貨必須一視同仁。政府偏袒在地產品，視同歧視進口產品，違反世貿組織規則。	以合理薪資增加在地就業、加強環境保護，以及因此而改善在地生活品質的貿易行爲，均在鼓勵之列。對於有效促進上述目標之國內產品，政府也給予優惠。

	現行規則	永續貿易總協定 修訂方向
關貿總協第三條　加工與生產方式	對於加工或生產有造成損害或非人道之虞的產品，若給予差別待遇，世貿組織視同違規。如此一來，國內採取高環境、高動物保護標準的廠商（例如放養生產雞蛋），將面對低標準進口貨（如籠養所產雞蛋）的不公平競爭，但政府卻無法予以保護。	生產過程是否促進永續發展，相關產品之進口，可視情況給予差別待遇。
關貿總協第十一條　取消數量限制	這一條禁止配額或進出口管制。例如某一國禁止未經加工之資源如木材出口，或逢食糧短缺時禁止農產品出口，或禁止瀕臨滅絕物種交易，或禁止有毒廢棄物出口低度開發國家等，均屬違規。如此一來，可能造成嚴重的環境或社會問題。	准許數量的限制。對於他國生產、加工或行銷進口之商品與勞務凡尊重人權、善待勞工、保護動物與環境者，給予優惠數量。
關貿總協第二十條　世貿組織一般性例外	理論上，凡是爲保護公共道德、保護人類及動植物生命健康，或保護有限自然資源等，所採取或加強的措施，只要不是片面或不合理的限制，這一條同意，視同並未違反世貿組織規則。且世貿組織對這一條的解釋極度偏狹，根本不足以對其所做承諾提供保障。反倒是任何環境、衛生或安全的國內法令，一旦被裁定爲非法貿易壁壘時，世貿組織一概予以否定。	第二十條的免責條款容許貿易干預，以多方面促進永續發展，例如對違反人權國家施以貿易制裁，爲維護環境、食品衛生及保障動物福利而課徵關稅，並針對環境權與勞動權訂定相關協定。

	現行規則	永續貿易總協定修訂方向
技術性貿易壁壘協定 (the Agreement on Technical Barriers to Trade, TBT)	所有的國際貿易規則，均視環境標準與相關法令為技術性貿易壁壘。此一相關的協定相當複雜，經簡化後其骨幹有二： ・此協定為一項環境標準一致化的國際規則，為各國的環境設定一個最高標準，卻不設定最低標準。 ・為一項程序繁瑣的法規，所訂定的新規則與條例，即使最富有國家也動輒得咎。 技術性貿易壁壘協定已成為世貿組織挑戰政府管制的新利器。	所有的國際環境標準與法令，均應視為約束雙方貿易條件的最低標準。 任何國家所設的較高標準，在貿易上應予以尊重。較貧窮國家實施這類標準，負擔極為沉重，應給予財務上的支援，協助提升標準。一旦標準提升，在貿易上即視同有作為差別待遇（positive discrimination）。

	現行規則	永續貿易總協定 修訂方向
衛生與植物檢疫協定(SPS)	動植物衛生標準協定與技術性貿易壁壘協定極爲類似，只不過所處理的是食品與食品安全問題，包括農藥與生物科技。如同TBT，本協定的作用是在壓制大財團所忌憚的法令。表面上，本協定准許使用預警原則，但世貿組織卻具有否決權，援用此一協定，可以反制國家或政府的法令規範（例如否決歐盟禁止生長激素飼養之牛肉進口）。同時，本協定委託訂定國際標準的機構，如Codex Alimentarius 就衛生、食品與安全，對十九項國家標準進行審查。Codex Alimentarius 的總部設在日內瓦，爲一由科學家組成之機構，僅有少數跨國公司及商會可派駐代表。該機構實質上並無任何管轄的公權力，對於消費與衛生公益團體的利益與觀點，一向置若罔聞。總部設在日內瓦，爲一由科學家組成之機構，僅有少數跨國公司及商會可派駐代表。該機構實質上並無任何管轄的公權力，對於消費與衛生公益團體的利益與觀點，一向置若罔聞。	所有由國家所訂定的食品及食品安全法令，包括農藥管制與生物科技，均應有效列入雙邊貿易之管理。任何國家的較高標準均應視同有作爲差別待遇。較貧窮國家在過渡時期的作爲，如同 TBT，應給予財務上的支援，協助提升標準，一旦標準提升，即應視同貿易上的有作爲差別待遇。根據「預警原則」所建立的貿易管制均屬正當，即使潛在風險在科學上仍屬不完全確定，預警行動仍屬有效。

	現行規則	永續貿易總協定 修訂方向
智慧財產權貿易相關協定（TRIPs）	本協定將國內法完全納入世貿組織的法規架構，強迫所有的世貿組織會員接受並實施專利保護的壟斷。實際上等於在世貿組織的背書下，讓美國與歐洲的跨國公司擁有全球性的專利權。本土社會對遺傳與生物資源所擁有的共有權利完全遭到忽視。對這些資源眞正擁有「所有權」的人，在使用這類資產時，反而必須向財團付費。	全球性的專利權不可凌駕本土社會對遺傳與生物資源所擁有的權利。專利產品與收費應予課稅，以支應開發的成本，但享有合理的利潤。專利權必須有時間限制，並必須使有貢獻於某項專利者獲得充分報酬。有關生命之事物禁止授予專利。
投資貿易相關協定（the Agreement on Trade-Related Investment Measures）（TRIMs）	本協定爲全球商品及勞務的生產投資訂定規則。爲保障投資者的權利，本協定的基本原則與世貿組織各項協定所引用的「國民待遇」及「最惠國待遇」完全相同。但在另外兩個方面則尤有過之。其一，給予投資者等同於國家的權利，使投資者具有對抗國家的實力。其二，任何國內投資均不得受到管制，即使本國投資者也不例外。	任何個別的投資者，不得引用國際規範機制對抗國家的投資法令。國內投資法令旨在促進社會與環境之管制，國際貿易規範不得予以限制。

	現行規則	永續貿易總協定修訂方向
農業協定（the Agreement on Agriculture, AOA）	本協定整合全球之農業經濟。依此協定，所有國家皆生產其專業之農產品，其糧食需求之供應則購買自全球市場。本協定規定，不得爲扶植本土農業而設置保護壁壘，也不得補貼貧窮農民。	國家爲在糧食供應上達到自給自足，容許設置保護壁壘。任何國家或地區，不限制遠距糧食貿易者，均適用上述原則。
服務業貿易總協定	參閱專欄 2.1	參閱專欄 2.1

永續貿易總協定的基本精神是：接受公平貿易規則的管制，以保證合理的工資、勞動條件、環境標準，以及對生產者與消費者均屬合理的價格。爲落實這些規則，途徑之一則是沿用世貿組織的模式（參見第八章），發現規則遭到破壞時，即予以撤銷國際貿易之許可。㉑

綠色馬歇爾計畫

許多服膺利益擴散理論（trickle-down economics）的貿易理論家強調，國際貿易是國與國之間財富重分配的最佳途徑，甚至是不二法門，㉒並將在地化視爲不公平的政策，只會減少貧窮國家出口至富有國家的機會，其結果是富國恆富，窮國恆窮。爲了要打破這種在地化不公平的妄言，我們必須昭告天下，將資源從富國轉移至窮國，貿易絕非唯一的手段，換句話說，只要已開發國家調整其開發援助與貸款的方式，使足夠的資源得以轉移至南方國家，協助其創造有活力且自足的在地經濟，同樣可以拯其人民於貧困與缺乏。

一九八〇年代中期以來，南方國家所接受的援助，相對於爲債務所付出的成本，可以說完全不成比例，一九九九年年底，大赦二〇〇〇（Jubilee 2000）運動登場，情況更是達到高峰，南方國家每接受一英鎊的援助，需要償還的債務高達九英鎊。即

使是對最貧窮國家的援助，每接受一英鎊，債務也隨之增加一英鎊。北方國家信誓旦旦，保證增加援助，尤其是一九九二年的里約高峰會，但真正做到的卻是鳳毛麟角。經濟合作暨發展組織一九九二年的援助，總額爲六百一十億美元，一九九三年降爲五百六十億美元，此後更是節節下降。㉓二〇〇〇年，開發援助的金額僅及捐贈國國民生產毛額的百分之〇點三九，只有丹麥、荷蘭、瑞典與盧森堡超過聯合國要求的百分之〇・七。㉔在隨後的國際會議中，例如同在二〇〇二年的蒙特婁金援開發會議（Monterrey Conference on Financing for Development）與約翰尼斯堡高峰會，在掃除世界貧窮上，國際的努力需要大力予以提升云云，話都說得好聽，但具體方案卻付之闕如。

債務方面的承諾同樣是空口白話。五十二個最貧窮國家，無力償還的債務超過三千億美元。但進入千禧年之際，在大赦二〇〇〇運動的大旗下，儘管抗議聲浪空前高漲，獲得取消的債務僅及三百億美元，其中，高度負債貧窮國家僅佔半數，而這還是一九九六年國際貨幣基金與世界銀行爲最貧窮國家所提供的一個「永久出口」（lasting exit），使其免於承受無力負擔的債務。七大工業國（G7）雖然承諾進一步取消三百三十億美元的債務，但條件是，債務國必須遵守世界銀行與國際貨幣基金所訂的「去貧與成長計畫」（Poverty Reduction and Growth Facility, PRGF），達到所謂的

「成就點」（completion point）。以去貧與成長計畫取代結構調整綱領（SAPs），雖然只要求小幅改革，並承認減輕負債確實可以消除貧窮，但仍與結構調整綱領如出一轍，要求債務國通貨緊縮，進行緊縮式的經濟改革，並將經濟政策導向出口市場。按照此一條件，在高度負債貧窮國家中，排名前二十二個國家，可望在二〇〇一至二〇〇五年之間達到「成就點」，並因而減少債務負擔。但在二十二個最貧窮國家中，仍有百分之五十二無法獲得豁免。據大赦二〇〇〇運動的調查，所有這些國家仍將債務纏身，無力自拔。㉕

最令人義憤塡膺的是，這種情況不僅剝奪了千千萬萬人的基本需求，如清潔的用水、最低的衛生與起碼的教育，而且相對於北方的「債權」，背「債務」的南方根本沒有翻身的機會。好幾個世紀以來，北方從南方掠奪資源與勞力不說，並繼續不斷累積巨額的「生態債務」。北方所消耗的地球資源，遠遠超過他們份內所應該享有的那一份，北方的人民，每個人對污染與環境惡化所應負的責任，更遠遠超過南方的人民。

地球的環境財本是無價的，很難賦予一個限定的價值，但是，某些事實卻是再清楚不過的。根據保險業巨人慕尼黑再保險公司（Munich Re）的報告，相較於一九六〇年代，一九九〇年代與氣候有關的水災增加了四倍，同一時期，這類災害所造

成的損失增加了八倍。聯合國環境署的財務援助部門估計，每年因氣候變遷所導致的額外經濟成本超過三千億美元，未來二十年，開發中國家更將爲此付出六點五兆美元。㉖氣候變遷最大的禍首就是工業化國家，但是，全球暖化導致災害所造成的死亡，百分之九十六是發生在開發中國家。㉗北方欠南方的債務，再換一個方式來評估。地球對溫室氣體排放的承受度是有限的，如果以人均排放量來看，工業化國家人民合起來的人均排放量，是低度開發國家人民的六十二倍之多。以一九九〇年代的一年爲例，七大工業國輸出的這種「碳債」，算起來約在十三到十五兆美元之譜，相對地，負債累累的貧窮國家卻成了貸方，其所貸出的碳，換算起來，價值約爲他們所欠外債的三倍。㉘

因此，說「第三世界」負債，可說是大錯特錯了。北方國家才必須盡快償付他們的債務，出資成立一個交由聯合國管理的綠色馬歇爾計畫，對他們爲開發中國家所帶來的經濟與生態災難做出補償。

綠色馬歇爾計畫的第一步，就是要減免傳統「第三世界」的債務。債務一旦免除，這些國家才能將更多的資源投注在基本的公共福利上，更重要的是，能使他們不再唯賺取外匯是求，擺脫對出口市場的依賴，從而使在地的經濟得以多元化。在過渡時期，若是貧窮的負債國，只要傳統的債務仍在，年輸出額百分之十償還債務

的限制就應予以取消，並給予固定的利率，延長其償還期限。至於聯合國定位爲「中等所得」的國家，不符合高度負債貧窮國家的減免條件，則應同意以本國貨幣償付債務，減少他們對出口市場的依賴。

破產則可做爲一種補強措施。負債如果已經失控，債務國可藉此擺脫債權國的追討。對債權國來說，債務國破產的風險，可以促使他們自我約束。在過去，富國勸誘窮國漫無節制地借貸，從事不適當的開發計畫，可說不乏其例。典型的情形是，這類貸款若不是爲了政治目的，如冷戰時期西方國家藉此收買盟國的忠誠，要不然就是貸款國急欲處理本身無力控制的衝擊，如外部的經濟震盪或大規模的天災。還有一種情況則是，統治者貪污腐敗，縱使沒有任何必要接受勸誘，但卻爲了個人的私利而欣然接受貸款。

傳統上，對於主權國家的破產，總是期期以爲不可。債務國一旦債信掃地，借貸國往往避之唯恐不及，債務國無異自絕於全球金融體系。但是，最近的證據顯然不支持這種觀點。一九九八年，俄羅斯賴債，遭到舉世撻伐，警告莫斯科將成爲全球市場的棄民。然而，一旦少了債務的負擔，貨幣貶值反而使它的出口具有競爭力，加上油價上漲爲國庫賺進了可觀的歲入。不到三年，俄羅斯不僅能夠再度借貸，而且資金開始回流。只要有利可圖，市場很快就忘掉了過去，有機會分一杯羹，他們

當然是不會放過的。

對於所謂破產的問題，縱使國際貨幣基金會也已經開始在當一回事，但它如果仍然是起訴、審判、執行一把抓，破產與否的決定權全都操在它的手上，構成要件也都由它一手設定，貧窮國家只有唯命是從。在這種情形下，身爲主要的債權人，國際貨幣基金會球員兼裁判，債務國只剩下任人宰割一途。

因此，破產程序的進行必須在聯合國的主持下，成立特別小組進行審查。㉙小組成員必須包括債權國與債務國代表各一，外加一名由雙方共同提名的獨立「法官」。訴訟的程序應比照美國刑法第九章，亦即將國家視同州、市及其他公共團體，而不應以適用於公司的刑法第十一章爲範本。根據第九章，關於破產的安排，納稅人與受雇者不僅有權表示意見，而且有權否決任何處置計畫。按照第九章的規定，債務人經過重整之後，確有可能達到財務穩定與經濟自足，債務清償計畫才可行。此外，美國的法律禁止債權人要求市政當局交出攸關民生的事業，但在國際上，債務國被逼出此下策，以致造成嚴重後果的例子時有所聞。

債務的解除，只能暫時止住南方國家繼續被榨取，卻無法補償北方國家過去長期以來的剝削。因此，綠色馬歇爾計畫的第二要項是大幅增加開發援助，協助貧窮國家在過渡時期的經濟轉型，啓動未來的永續發展。關於這一點，一定有人會說，

富有國家的援助「徒然使貧窮國家淪爲救濟、附庸、勒索的羔羊」，以致「人民既不知自尊也得不到外人的尊敬」，㉚反倒讓北方國家能夠振振有詞地爲自己脫罪。因此，綠色馬歇爾計畫強調的宗旨是，北方對南方的援助是資源轉移，絕非慈善救濟，而是基於北方對南方的道義責任，對貧窮國家所做的正當補償。

但是，救濟與附庸總是難免的後遺症，有必要設置一些關卡。在聯合國的綠色馬歇爾計畫之下，援助應由雙方協議一個有期限的時間表，轉移的資源只用於減少貧窮，充分建立在地的自給自足，並逐漸減少未來的援助。重建計畫應由在地社會設計並主導，目標則是增加在地糧食生產，確保在地能源需求，以及充實在地衛生保健、教育與家庭計畫的設施。至於以援助做爲交換條件，或興建具有破壞性的建設，如大型水壩或核能電廠，皆在禁止之列。

計畫的第三要項是，在知識、智慧財產與改善環境的技術上，北方應免費或僅以成本價格轉移給開發中國家，以利其創造永續的在地、國家與地區經濟。

最後，則是提出一項強硬的廢氣排放與貿易計畫，以「縮減與趨同」（Contraction& Convergence, C & C）模式爲基礎，簽署降低溫室氣體排放的新國際條約。按照縮減與趨同模式，每個國家分配相同的人均溫室氣體排放量。人均排放量隨時間遞減，使全球的總排放量縮減到一個環境永續的水準。一開始，工業化國家免不了會超過

本身的配額，例如美國，人口約佔世界的百分之四，卻製造全球四分之一的溫室氣體。根據縮減與趨同原則，在一定時間內，各國的人均排放量必須趨同，但在能源科技與能源節約尚未達到趨同程度時，工業化國家可向其他國家購買排放配額。如此一來，以一九九〇年代工業化國家的年排放量來估算，超過配額的排放量約值十三至十五兆美元，而這些錢則應該流向總排放量低於配額的低度開發國家，做為改善社會與環境的基金。

可以想像得到，要叫北方國家自動自發接受綠色馬歇爾計畫，可說是難如登天。有鑑於此，已開發國家接受在地化投資與貿易規定的程度，例如落實「在地產在地銷」或實施進口關稅及配額，都必須受到綠色馬歇爾計畫的節制。同樣地，南方所接受的援助，也必須在綠色馬歇爾計畫的監督之下，視其遵守國際協定、保障人權、保護環境與消除貪瀆的情況而定。

在地化的民主

經濟全球化之所以缺失重重，關鍵之一在於，全球化市場完全不受民主制度的節制。關於這個問題，各方的看法不一。在批判全球化的改革者中，呈現兩極化，其中一派認為，經濟全球化已經是大勢所趨，與其逆勢而為以致徒勞無功，不如亦

步亦趨，推動民主的全球化，唯有管理全球經濟的體制充分民主化，改革才有可能。光譜的另一端則強調，萬物皆自足，唯有退回到絕對的自給自足，才能對抗存在於全球層次的民主赤字。喬治・蒙畢歐特（George Monbiot）在新著《同意的年代》（*The Age of Consent*）中，對後者的立場做了以下的評論：

缺乏有效的全球性政策……在地的問題也會因利益著眼各不相同而窒礙難行。舉例來說，為了氣候變遷，我們想要說服街坊不要使用汽車；但是，除非整個社區支持我們的觀點，一體遵行相同的規則，否則我們所挪出來的空間只會讓鄰街的人開得更爽。㉜

蒙畢歐特有鑑於此，提出政治全球化的主張，其結論是：「重建全球的政治，要先從打造自己的空間著手，讓我們的在地方案開花結果。」因此，對於經濟全球化所造成的民主赤字，他建議成立一個新的、由民主產生的世界議會，擔負起「道德權威」的角色。根據相同的原則，貿易與私人企業，則在「公平貿易組織」（Fair Trade Organisation）的監督下，力求公平與良善。

說到世界貿易必須公平，全球性的組織必須做到真正的民主，這些都是老生常

談了。但是，如果認爲全球性的努力很快就能在這方面獲致成功，在地的努力大可延到那時候再來進行，在我們看來，既屬自我設限也未免失之於天眞。

在地的努力如果有全球一致的支持，當然能夠事半功倍。但是，任何事，從自身做起常是最有意義的一小步。回到前面所提到的無車街道，如果在地方上獲得了充分的民主授權，一條無車街道就不致成爲鄰街居民佔用的新空間。居民只要能說服地方議會，將街道予以封閉，成爲一處純居家的街區，就能把空間留給孩子遊戲，留給樹木生長。當然，一條無車街道並不能阻止氣候變遷，但生活於其間的兒童可以多得歡樂，少罹患氣喘，居民多得一個自在的空間，增加相互往來的機會，在地的商店與公共汽車也可因而獲利。更重要的是，這可以成爲一個示範，引起爭相模仿，甚至產生連鎖反應，大到足以減緩因交通運輸所造成的溫室氣體排放，又何必等到最後，靠全球性的公約來對抗氣候變遷。總之，居民從街坊做起，是在地民主的第一步。

同樣地，對抗經濟全球化的不公不義，只能期待全球性組織的民主化，而且前景看起來相當樂觀。之所以如此，主張之一是，國際性的談判，到目前爲止雖然表現得唯利是圖，但本質上卻非如此，未來改弦易轍是有可能的。這種主張或許言之成理，但卻不是我們所要的。人類社會與國際環境之多元，姑且不論參與者各有盤

算，而代議式的民主本來就難以在全球性的層次有效運作。舉例來說，國際貨幣基金會與世貿組織的那些規則，哪一條不是以一概全，粗暴對待世界上各種不同的文化與經濟，其推動的經濟活動，又有哪一項不是在踐踏脆弱的生態系統。

蒙畢歐特的全球議會，想要在全球的層次有效運作，其難度顯而易見。沒錯，照他的構想，全球議會的代表是人民而非國家，議會的規模也不至於大到無法運作。按照他的設計，全球分成六百個選區，每個選區一千萬選民選出一名議員。有兩個問題馬上來了。其一，一名議員不可能完全代表一千萬人不同的意見與利益；其二，全球議會的六百名議員，很快就會被財團的遊說團體所包圍。當然，這些問題並不能一概而論，但不能寄望太深卻也是不爭的事實。

儘管如此，蒙畢歐特相信，全球議會到時候自然會對全球組織與世界領袖產生影響力。他強調：「我們有充分的理由相信，如果組成健全，做爲唯一代表全世界人民的團體，議會有權力強制他們負起責任。」㉝遺憾的是，近史昭昭在目，事情並沒有那麼樂觀。歐洲議會就是一個現成的例子。這個唯一代表歐洲聯盟全體人民的團體，在事關歐盟地方性的政策上，何曾「強制」歐洲的領袖負起過責任，歐洲議會除了道德權威，其他什麼都沒有。

綜上所述，只有經濟在地化是取其兩端的構想。自給自足，很少人眞的當成一

回事，好幾個世紀之前就已經出局了。但是，不依賴自己掌握不了的市場，盡量達成更大的自主，卻是經濟在地化的核心目標。同樣地，與其寄望全球民主時代的來臨，全球性體制的民主化固然刻不容緩，但在地化要求的是從在地做起，才能徹底矯正經濟全球化的弊病。

在地化的主張並非反對多邊國際貿易的維持，或放棄全球社會民主化的追求（相關議題在第八章與第十一章討論）。經濟在地化絕非主張退出國際舞台，只不過是要申明，國家或在地充分反映其多元性，而這種特性是國際社會再怎麼努力都無法做到的。因此，全球民主的功能只在於解決在地力所不及的問題，例如公平分配溫室氣體排放的權利。除了少數的個案，產品的公平分配並不屬於這類問題。因爲，僅有極少數的產品，如特定氣候條件的農產品或稀有礦物資源，才有其特定地理位置的限制。至於經濟在地化的最大優點，則是將經濟的管制移轉到在地的層面，並在攸關社會與環境的問題上，讓民主機制享有更大的空間，對市場加以規範。在地化也容許歐洲聯盟這一類的國際性組織存在，不僅要使這類集團強大到足以對抗推動全球化的財團利益，並倡導在地化的規範，促成全球的共識。

但是，要使多元的在地經濟趨於有效與公平，在恢復在地經濟力量的同時，在地民主的配合也必須亦步亦趨。經濟全球化所造成的民主赤字，在地化千萬不可重

蹈覆轍。提升民主的參與，並沒有固定的良方。每個社會與團體都各有不同的起點，何者優先，端視其需求而定。倒是在民主方面，英國與美國有兩個顯而易見的毛病，值得攻錯。

其一，在這兩個「民主大國」，選舉結果並不能反映眞實的民意。二〇〇〇年的美國總統選舉，喬治・布希的得票數比民主黨候選人高爾少五十萬票，但布希卻勝出。在英國，一九五一年與一九七四年二月的大選，同樣是得票次多的卻在國會取得較多席次。「輸家」贏得選舉，在英美儘管並非常態，但勝者全拿顯然極不公平。英國二〇〇一年的大選提供了另一個典型的例子。布萊爾的工黨得票居於少數（百分之四〇點七），卻贏得下議院多數席次（百分之六二點五）。

拜得票多者當選的投票制度之賜，民意遭到制度扭曲的情形，在英美的地方選舉中也同樣發生。

得票多者當選，除了例行性地將遭到稀釋的行政權交給僅獲少數支持的政黨外，同時也逼使各主要政黨競相爭取爲數不多的中間選民。在某一個地區內，當一個政黨贏得的選票多於任何其他政黨時，政治表達的少數聲音實際上就等於遭到了封殺。所有這些問題加起來，所謂的政治共識既顯得空洞也缺乏代表性，批評也成爲馬耳東風，面對新的挑戰時，反應往往不是慢半拍就是束手無策。其結果則是降低了選

民的投票意願，讓盎格魯．薩克遜式的新自由主義蓬勃發展起來，逼得他們放棄議會路線走上街頭。如果要讓經濟在地化成爲主流的政治議題，並取得一系列共識，成爲完備的政策方案，選舉就必須採取比例代表制。

英美民主政治運作的第二個問題是，政黨嚴重依賴私人財團的捐贈。前面就曾經大略提到，巨額的政治獻金，往往都與政策的改變脫不了關係。在地經濟政策的形成，如果是以民意而非以財團爲依歸，政黨的財務來源就必須以公款爲主，並按得票比例分配。

除了政治制度上的改革外，在地經濟的運作還必須採取一些其他步驟，讓個人與在地的團體擁有更直接的參與權。關於這一點，其中一項就是公民給付（Citizen's Income, CI）。所謂公民給付，是一種不限資格的收入，每個公民，無論工作與否，均可領到一份固定的給付，支應基本生活所需，但其金額不致讓人失去就業賺取更多收入的動機，並以此取代國家退休俸、各種津貼及其他福利。公民給付使人民在生活環境發生變動時不致陷入困境，並可自由選擇工作與工時。如此一來，在勞動市場上，個人的權力得以提升，此外，目前無酬的社會志工也將因此而有所得，有助於增加社會的凝聚力與活力。

以公民給付取代所有的社會福利，整個落實下來，所需金額極爲龐大，因此必

將形成極大的爭議。不過，就在數年前，傑出的經濟學家麥格納德・德塞（Maghnad Desai）提出一項局部公民給付計畫。[34]他以英國一九九七年的所得與福利水準，提出一個模型，今天看起來雖然有所低估，但仍足以清楚說明公民給付的原則。根據德塞的計畫，每個公民的公民給付爲每週五十英鎊，年滿六十五歲以上，給付提高到中等收入的底限（每週六二點五英鎊）。公民給付一旦實施，失業津貼、收入保障津貼（income support）、家庭社會保險津貼（family credit）與國家退休俸均予廢止。但直接與個人條件相關的福利，如住居、殘障與地方稅補貼（council tax benefit）則仍予保留。德塞指出，按照他的計畫，如果將所得稅稅基從百分之二十三提高至三十五，增加的稅收就足以支應有工作公民的給付，只有全國最富有的百分之三十五的家計單位，所得將因此減少，但平均起來，減少不到百分之四，而貧窮的家計單位則將因此大爲受惠（見圖五・一）。德塞的計畫將可扭轉目前所得不均擴大的趨勢，如果再將公民給付的財務來源——所得稅基只做小幅提高，但提高所得稅的稅率，就更能產生重分配的效果。

在地經濟最基本的商品就是土地，爲加強在地經濟的民主控制，另一個方法就是對土地的價值徵稅。地價稅（land value tax）以某一地段土地價值的固定百分比徵收。一項研究顯示，如果美國以百分之四爲地價稅，每年所收的稅款，相當於其他

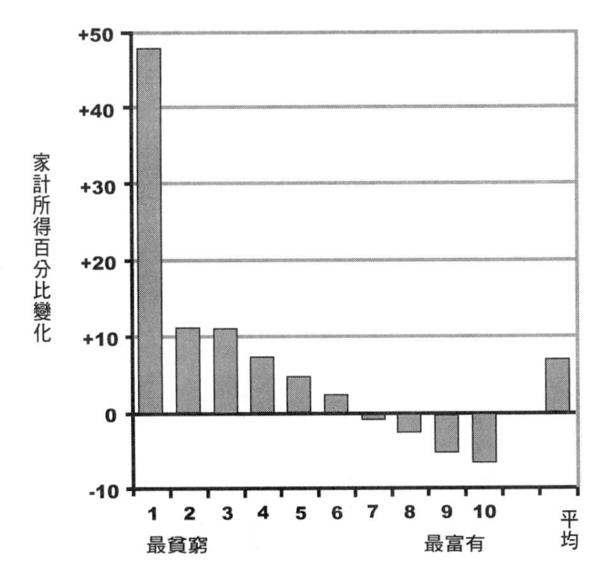

圖 5.1　德塞公民給付加計單位所得的百分比變化

資料來源：Desai, M.（1998）, ' A basic income proposal', Paper 4 in *The State of Feture*, London: Social Market Foundation.

各種稅賦的總額。㉟按照土地在經濟、社會與環境方面的使用區分，訂定地價稅率，這項權力若操之於地方議會與人民團體，人民對在地經濟的影響力便將大爲提升。

保護創新

在地化所營造的保護環境，如果不加以管制，很容易使生產者形成獨佔、寡佔或墮落，生產與分配變成一個特權網絡，結果將導致產品的選擇減少、品質下降、物價上揚，並在生產上形成嚴重的浪費。在蘇維埃式經濟與某些新興工業化國家（NICs）的「權貴資本主義」（crony capitalism）中，這種情形就尋常可見。爲了避免這種弊病，在地化經濟仍須在政策上營造激烈的競爭，並提供誘因吸引新的競爭者進入市場。

由於國際條約將放寬技術與資訊的轉移，在地化的國際競爭壓力將因而減輕，但並不致因此失去創新的能力。不可諱言的，在地化將使營利的公司無法再利用智慧財產權吃遍全球，大賺其錢，其結果將產生兩個重大的效應。其一，公司將不再大力投入研究與發展。乍看起來，這顯然「不是好現象」，但如此一來，研發的責任就將落到政府身上，其結果是，研發的動力是公益而非私利，成果也將歸諸於公共。

其二，跨國公司將不再拚命把持智慧財產，在地化之後，他們在這上面顯然比較無利可圖。目前，跨國公司卯足了勁防堵智慧財產權的侵犯，並採取智慧財產貿易相關協定做爲制裁手段。但衆所周知的是，智財貿易相關協定嚴重妨礙有益的技術——如愛滋病治療藥物及氯氟烴替代品——轉移至開發中國家，以致其國內產業無力開發生產。不可否認的是，某些智慧財產的保護的確是刺激創新的誘因，但以目前的情形來說，一面倒偏向財團而忽略公益，乃是最令人詬病的地方。

進出口管制

在這一章裡面，我們已經概略提出一些策略，目的無非是要回復國際貿易的本來面貌，亦即提供公平的「異國」產品交易，而非埋葬在地經濟，傷害窮人並破壞環境。舉例來說，生態稅就可以減少浪費的遠程貿易，「在地產在地銷」則可刺激在地經濟的多樣化。但是，國家若爲了取得競爭優勢，採取較低的社會與環境標準，所有這些策略都會無疾而終。關於這個問題，有兩條路可以走。第一條，就是大家都按兵不動，等到全球達到共識，訂定並採行較高的標準。第二條則是從局部做起，在世界不同地區或由某些國家組合率先施行，依意願儘早邁向經濟在地化。如果走的是第二條路，就需要透過國際談判，同意在地經濟採取保護措施，如進口關稅與

配額，以維護國內所訂定的社會與環境高標準，防堵出口國以低標準生產的產品。當關稅無法充分反映不同廠商產品的外部成本時，配額的重要性就相對提高。同樣地，過分依賴出口市場，在地經濟多樣化的努力也會功虧一簣；爲了避免這種情形，在地化經濟就必須停止出口補貼，並採取出口關稅與配額的措施。

在今天這個以自由貿易爲正統的時代，所有這些構想當然會被視爲異端邪說，並被貼上「反貿易」或「保護主義」的標籤，只會使國際貿易關係退回到一九三〇年代導致經濟大蕭條的狀態。此外，批評者還會振振有辭地說，配額與關稅只會使開發中國家更難打入北方市場，出口無路，這些窮國就更難翻身。關於這類說詞，本章結束時我們再來處理，現在先就進出口管制的問題，提出三點討論。

其一，推動經濟在地化，實施關稅與配額將是漸進的，並且儘可能透過國際談判，一如世貿組織目前爲取消關稅與配額所採取的作法。漸進之所以重要，不僅是要讓「國內」生產者有時間調整內銷市場，更是要建立國際的信心，接受在地化合作而非競爭的本質。今天，社會與環境資源飽受全球化外部成本的侵蝕，在地化的目的就是要保護這些嚴重流失的人類資產，絕不是傳統保護主義的借屍還魂。

其二，在整個經濟在地化的要務當中，進口關稅與配額並非任意而爲，而是要受到聯合國綠色馬歇爾計畫的節制，詳情已如上述。此舉不僅有助南方對抗貧窮，

改善經濟安定，而因此建立一個安和樂利的世界，同樣有利於富有國家。

其三，已開發國家一方面大力推銷自由貿易，另一方面卻維持大幅度的出口補貼政策，並選擇性地限制南方的進口，這種僞善，只有祭出公平貿易原則來予以對抗。但是，公平貿易並不會自動發生。國際貿易規則當然至關緊要，而且必須絕對公正，但我們也必須將它們攤開來，絕不可鄉愿地認爲，規則就只有一個目標：貿易自由化。要創造既有活力而又永續的在地經濟，其規則應該是將國際貿易回歸到一種公平的貿易行爲，也就是說，所有交易的產品，其外部成本都已經內部化。

在世貿組織農業協定中，「開發專章」的提案即屬此類規則。這項由低度開發國家（least development countries, LDCs）所提出來的構想，容許貧窮國家限制某些產品進口，以免因爲不公平競爭毀掉在地的基本農作生產。唯有如此，以增加國內農產達到滿足在地需求的目的，才能保護小農的生計，並改善在地糧食的穩定供應（參閱第九章）。

在經濟在地化的架構中，以關稅與配額對貿易進行管制，不應狹義地貶之爲保護主義，相反地，應視爲國際主義（internationism，譯註：指各國互相依賴乃世界和平基礎的理論）不可或缺的要素，其目的在於促進全世界糧食供應的穩定與自給自足，並以回應社會需求的在地經濟取代對市場的依賴。

經濟在地化才是眞正的改革。迫於形勢，西雅圖部長級會議雖然將改革列入了議程，在地化卻遙不可及，整體而言，甚至被視爲異端邪說。但是，爲了回應全球化的種種弊端，頭痛醫頭、腳痛醫腳的改革，對大局的改善是無濟於事的。唯有將各種改革整合起來，高舉一個名號，才能推動改革並賦予三重意義：其一，「經濟在地化」這個名稱本身就具有改革的象徵意義，強調經濟與在地之間的相互加強。其二，經濟在地化使反全球化運動有所依歸，並使其多元訴求得到一個不可或缺的焦點。其三，許多以改革者自居的人，雖然嚴厲批判全球化，但卻也視之爲大勢所趨，只要求全球化多一點「人性」而已；經濟在地化對這種態度提出適時的挑戰，驅策他們對自己的主張進行反思，「脫胎換骨」成爲一個十足反經濟全球化的鬥士。

總而言之，經濟在地化爲反全球化的堅強陣營提供一個集結點與基地。全球化的種種設計與作爲，既是財團一手所包，也都是在爲財團的利益服務，而這些既得利益者反過來又扮演和事佬，鼓動全球化有如地心引力的迷思，強化其無可逆轉的印象。我們深信，民主與財團勢力之間的鬥爭，將是二十世紀決定性的一戰。獲勝

的一方如果是財團，自由民主即將隨之終結。姑息絕非選項，經濟全球化必須改弦易轍，而在地化正是一項無懈可擊的替代方案。

反對者最後的說辭

理論上，在地化最難纏的對手其實是經濟全球化的改革派。這些人恨鐵不成鋼，他們認定國際貿易是拯救開發中國家脫離貧窮的不二法門，最後甚至是「國家之間財富重分配」「唯一可行的途徑」。㊱他們所持的論點是，貧窮國家之所以未能受惠於國際貿易，癥結在於北方國家所設定的條件不公平。因此，撤除北方的關稅壁壘與出口補貼，使南方的出口能夠得到公平的市場通路，乃成爲首要的議題。關於這個問題，最近一篇重要的統計報告顯示，貧窮世界每年靠出口所獲得的收入，是每年所獲援助的三十二倍，開發中國家的市場佔有率成長了百分之五，每年多增加三千五百億美元，七倍於每年的援助預算。㊲報告強調：「世界貿易的能量有如強勁的馬達，足可改善貧窮，促進經濟成長，但這股能量卻流失掉了。問題並不在於國際貿易的本質不利於窮人的需求與利益，而是國際貿易的遊戲規則一面倒地有利於富人。」㊳

如果從這個角度來看，在地化既然是要縮小國際貿易，也就無異於拒貧窮國家的出口於市場之外，只會更讓他們陷於潦倒而無法脫身。正因爲這樣，在地化遭到了強烈的批判。蒙畢歐特譴責在地化根本就是「強人所難、倒行逆施、不公不義」。㊴他的看法是，所有的國家，發展初期可以受到貿易壁壘的保護，一旦達到一定的開發程度，就必須面對全球市場的競爭，不過必須是在公平而且自由的貿易規則之下。

對於在地化的批評，還有另一種說法：

……「極端」在地主義者將貿易視為致貧之路。他們的處方是：退回到自給自足，國家把自己的市場關起門來，從國際貿易轉成為在地交易……讓保護主義與右翼民粹得勢，以「自力更生」之名，窮國自外於富國的市場，這帖藥方徒然造成嚴重的貧窮與不均……只有出口可以讓窮國與廠商進入更大的市場，創造所得、就業與投資的機會。一九七〇年代中期以來，在東亞地區，出口的活力已經讓四億人脫離了貧窮。㊵

所有這類批評，其實都沒有觸及核心。國際貿易對貧窮如果眞的有百利而無一害，

爲什麼會遭到那麼多的責難？在回答這個問題之前，不妨先釐清議題的輪廓。對於在地化，批評儘管不少，但在某些訴求上，全球化改革派與在地化是不謀而合的。他們也強調環境成本應該內部化，因此並不贊成遠程貿易，也認同貧窮國家有權保護本身的初級產業。在地化的公平貿易原則，他們也同聲呼應，並譴責北方的貿易壁壘比開發中國家還要森嚴。因此，說到進入市場的原則，南方與北方必須一樣公平，在地化的支持者與全球化的改革派可說是殊途同歸，只不過，彼此追求公平與自由的目的各異，兩者之間主要論點的最大差異，則在國家之間財富分配所採用的方法上，一方強調出口成長有利於貧窮國家，另一方則主張，保護在地生產與投資。現在且讓我們一一予以分析。

我們的替代方案

首先，正如我們早先所指出的，國家之間的財富分配，貿易並非唯一途徑。按照我們的構想，在聯合國的主持之下，只要富有國家認同綠色馬歇爾計畫，同意採納在地化的保護措施，就可以使北方的財富轉移到南方，而不是只有靠貿易才能賺取得到。單是因爲這一點，便指責在地化不公不義，即使並非全部，大體上來說就是站不住腳的。

寄望出口，緣木求魚

只要深一層去思考，就不難發現，出口成長的「獲利」其實皆屬泡沫。拿第一件事情來說。開發中國家爲了發展而忽略掉的隱藏成本，只要攤開來一比，實質出口所得也就黯然失色了。絕大部分的開發中國家，生產的目的大都是爲了出口而非爲了在地的消費，結果徒然肥了大型代理商與跨國公司，小型的在地廠商卻所得無幾；更嚴重的是，只有後者才比較有可能將獲利回饋給在地經濟，前者卻很少考慮在地需求，並將大部分獲利轉移了出去。產品出口的隱藏成本，最觸目的例子之一，就是原木出口導致野生動物棲息地遭到嚴重破壞。印度反全球化健將芬答娜・希瓦（Vandana Shiva），舉了另外一個例子。根據她的研究，肉類出口每賺一美元，印度因而毀掉的生態功能，換算起來，價値卻達十五美元。在印度，牛隻的糞便一向用來做爲有機肥料與再生能源，一旦爲了肉類出口而宰殺牛隻，所有這些功能也就付諸東流。爲了另尋替代資源，農人只得進口化學肥料與化石燃料，因此不僅增加了外匯的流出，而且製造了氣候的變遷。㊶

更重要的是，開發中國家對出口的依賴越大，爲了打入北方市場，便不可避免地要和其他南方出口國競爭。過去，國際貨幣基金會與世界銀行一直將開發中國家

的出口限制在小範圍的產品上，這種情形已經成為慣性，生產技術也更為成熟，彼此間今天的競爭乃更為激烈。不難想像的是，收入菲薄的南方廉價勞工，既然只能巴望著出口，當然拼命爭取出口的機會，但那些在競爭中敗下陣來的其他勞工，下場又是如何呢？

以紡織品來說，中國可望佔有全世界百分之五十至百分之一百的出口市場，孟加拉成衣廠那些收入原本就已經不堪的女工，又將何去何從呢？一九九七年，加拿大取消棉T恤的配額限制，百分之九十六的市場落入中國之手，其結果就是毀掉了孟加拉與其他開發中國家的紡織業。㊷如今，中國的威脅已危及印度的軟體輸出，以及斯里蘭卡的有機茶葉。所有這些，對中國的勞工雖然是福音，但他們一天平均二美元的所得，卻不知是付出多少隱藏成本才保住的！

一九七〇年代末期，中國開始在農村推動市場經濟，但到了一九九〇年代，農村的所得停滯，三分之一的農村勞力陷入失業與不充分就業。農村勞動人口移往城市找活路的，估計已經高達一億。這些流動人口飽受資方苛刻的對待，還要面對隨時可能遷廠的威脅。農村勞動人口的大舉入侵，又在城市地區造成緊張，導致至少二千萬都市勞工遭到國營事業裁員。㊸中國的情形清楚說明了一切，更多的南方出口國加入全球的廉價競爭，就算贏得了市場，所得的報償也縮水了。即使公平貿易

規則得以落實，全球自由貿易的獲利水平得以提高，但可以想像得到，生產還是會往那些低於水平的地方集中。

對出口導向成長的依賴越大，一個國家也就越將自己的經濟命脈交給了跨國公司、外資以及變化莫測的市場，所有這些變數，全都不是國家所能掌控，危險之大，自不待言。亞洲金融危機期間，著名的全球化評論家華頓・貝婁精確而扼要地勾勒了這種危險：

出口市場雖然重要，但也因為變化莫測，在扮演成長引擎的角色上，絕不足以信賴。唯有以在地市場為成長的主要發動機，發展才是可靠的。除了過度依賴外資這顆不定時炸彈外，這次危機的另一個教訓是，此一地區的經濟對出口市場大幅依賴，使得原本就變化莫測的全球市場更為脆弱，而為了競爭貶值貨幣，不惜血本地拼出口，終於引爆了這次危機。將出口導向當成發展的萬靈丹，孤注一擲，這正是最鮮明的寫照。㊹

保護初級產業發展

對於初級產業的保護，蒙畢歐特倒是提出了一套強而有力的辯護：

為了刺激國內產業，這項政策……可以降低吸引外資的需求。對於一個國家的發展，外國公司之所以被視為不可或缺，主因之一是自己的初級產業根本無力跟跨國公司競爭；另一個因素則是受限於智慧財產權，為了獲得外國公司所掌控的技術，不得不引進外國投資。貧窮國家如果能透過保護主義與技術轉移，培植自己的產業，使其具有競爭力，也就大可不必開放門戶，放任外國公司進口多出口少，佔盡低勞動、低環境標準的便宜，中飽私囊而去。如果不需要吸引外國公司，好多國家也就可以將禁止組織工會、放棄污染管制、外商不必繳稅的「加工出口區」關門大吉了。㊺

但是，比較富有的國家則不應該比照這種優惠。蒙畢歐特主張，富有國家「有義務將自己的經濟體系自由化，自由化的程度，應該比照他們曾經予取予求過的那些國家」，以此「逐漸推動世界朝向自由貿易」。㊻換句話說，爲配合在地需求，貧窮國家有權保護並調整本身，但已經富有或開始變成富有的國家則應該有所讓步。不過，這種片面的保護主義看似有其正當性，其前提其實大錯特錯。其一是，錯將貿易當成對抗貧窮唯一的途徑；其二，誤以爲出口導向成長的發展策略優於經濟在地

化。殊不知一個國家一旦富裕到「有義務」自由化的程度時，先前因爲受到保護而獲得的成果，很快又會被自由貿易無情的狂風掃盡吹光，其中包括雇主遷廠以致勞工失業，以及廉價進口商品佔有市場以致在地產業減產。

我們所要建立的，是一個一視同仁的全球貿易體系，同時兼顧富國與窮國人民的福祉，是更能兩全其美的。辦法很簡單：以簽署綠色馬歇爾計畫取代出口成長，每個地方的人民都保護各自的在地經濟，以滿足在地需求爲目標，從經濟在地化中得到安和樂利。國際貿易則回歸原始的角色，交易「異國」或在地生產意義不大的產品，並規範所有的外部成本，包括喪失經濟主導權所要付出的代價。

在地化即保護主義？

就傳統的意義來說，保護主義就是建立貿易壁壘，讓某種產業或國家免於競爭，同時又不失其在經濟上開疆闢土的雄心。對於保護主義的疑慮，總不外保護主義會給受到保護的產業帶來優勢，造成不公平競爭，並可能因此導致其他國家採取報復，造成壁壘增加、貿易減少的惡性循環。

根據傳統的觀點，一九三〇年代經濟大蕭條就是保護主義一發不可收拾的惡果。但近年來的研究顯示，相關檔案與外交文件卻都質疑這種看法，研究發現，一九三〇

年代的關稅提升——並非極高——並未在國際間造成太大的報復效應。不景氣之所以深化，癥結在於**自由放任**思想蔚為當時主流，而政府昧於情勢，未能及時採取逆景氣循環操作，投入足夠的公共支出以提振消費支出銳減的景氣。研究結論顯示，最後將世界經濟拉出大蕭條谷底的，反而是第二次世界大戰所提供的大量需求。

但是，話說回來，各種疑懼都難免。保護主義有可能激發民族主義，使相互的報復一發不可收拾，進而引發貿易關係的廣泛衝突。因此，預防的機制絕不可少。透過一致的共識，制訂一套公平的國際貿易規則，也就益發突顯出其重要，只不過目的並非擴大貿易罷了。㊼

在地化的保護主義之所以會被視為老式保護主義的借屍還魂，另一個原因是，今天的富有國家，一手拿的是自由貿易的聖經，另一手卻在操弄保護主義。工業化國家對貧窮國家產品所課徵的關稅，是對富有國家所徵收的四倍；西方輸出的農產品接受政府補貼，在開發中國家大肆傾銷已經是家常便飯，使開發中國家的農業一蹶不振。像這類既不公平又不厚生的作法，在我們的方案中必將徹底排除。

凱文・華金斯（Kevin Watkins）指控「在地化」為保護主義，然而他卻以在地化的口吻主張：「禁止破壞環境的產品出口，課徵航空及公路貨運燃料稅，鼓勵能源技術開發，所有這些……才真正能夠使市場價格反映實質的環境成本。」㊽

這正是重點所在。他強調，許多貿易的非關稅壁壘，雖然不是要使貿易在地化，卻還是違反了世貿組織的規則，但關鍵是，其主要目的是要保護環境。正是這一觀點，爲保護主義賦予了新的意義，亦即針對有害的貿易所設的保護壁壘。

在新自由派的想法中，有許多值得保護的資產，今天卻被視爲毫無價值，其中包括：不理會世貿組織，營造獨特在地經濟的權利；最低工資、假日支薪、退休年金等被視爲勞動市場「缺乏彈性」的優點；以及在多元的在地經濟中，得之不易的環境與衛生法令，和充滿活力的經濟與社會。總之，在一個國際性的大架構中，在地化只是要恢復世人的權利，使自己有權去追求這些資產，並爲此而對貿易加以規範。在地化爲「保護」一詞賦予新的定義，正如赫曼・達利（Herman Daly）所說：

> 保護主義所要保護的，如果是指國家的政策成本有效地內部化、是指衛生保障與安全標準、是指人民合理的最低生活水準，那麼我們樂於接受保護主義的標籤。所有這些福祉，一向都是國家所嚮往的政策，從來不是全球經濟整合所追求的目標。我們所關切的是，保護這些得來不易的社會資產，免於在全球市場中盲目降低標準的競爭，而不是保護那些想要在瑞典種芒果的大亨們。㊾

III

力挽狂瀾

Turning the Tide

經濟全球化每一波衝擊的所到之處，緊接而來的問題與造成問題的癥結，都有一群人將其間的因果分析得一清二楚，並在令人意想不到的場合引爆改弦易轍的呼籲。我們要讓人們看清楚，即使他們素昧平生的另一群人，也同他們一樣身受其害，而且問題的癥結正是同一個，如此一來，我們就可以著手組成一個強大的聯盟，進行全面的改革。

按照過去的經驗，世貿組織與布雷頓森林體系，如果繼續放任下去，指望它們從內部做出任何有意義的改革既然只是緣木求魚，那就只有從外面去發動一場革命了。我們的革命策略必須不斷地發展，以因應其間所產生的問題；我們也應該未雨綢繆，為後革命的安排設計好藍圖，但我們還是要用一句西班牙諺語來提醒大家：「旅人呀，此去無路；路是走出來的。」

6 心手相連
Connecting Hearts and Minds

全球市場如果崩潰，那將會是一場後果難以想像的重創，但我發現，今天這種局面如果再繼續下去，後果才更難令人想像。

——索羅斯（George Soros）①

選購政治策略

正當全球化澎湃洶湧之際，我們卻頂著浪頭高唱在地化，未免讓人有螳臂擋車之慨，因此不免要問，在地化到底能成什麼氣候？有人綜觀全局，其實已經下了結論，說全球化早已把其他的政治選項給三振出局了。在《寂靜接管》（*The Silent Tak-*

eover）這本獨排衆議的新著中，諾莉娜・赫茲（Noreena Hertz）總結說：「身爲公民，我們必須讓政府搞清楚，除非政治像關注企業那樣關注百姓，除非政府結束跟大財團的戀情，除非政治人物拿得出一樣值得我們下單的產品，否則我們就將繼續不屑代議制民主，寧願去購物、去示威而不會去投票。」②

她講得對極了。老百姓對選舉政治已經倒盡了胃口——二〇〇一年，英國大選投票率創下百分之五十九的新低，相較於一九九七年，還有百分之七十一。在布希對高爾的那場美國總統選舉中，儘管選情緊繃，還是只有不到一半的選民出來投票。今天，流行的是示威抗議。西雅圖部長級會議之後的兩年中，全世界走上街頭抗議全球化的人估計高達三百萬，反對伊拉克戰爭的人也超過一百萬。購物倒是更受到青睞，零售量創下了新高，老百姓在結帳櫃枱做成「政治」抉擇的行動有增無減，未來幾年中，有機食品在歐洲與美國的銷售量可望成長百分之十至二十，③在一九九六年至二〇〇一年之間，英國的公平交易產品銷售量增加了九倍。④

面對財團力量的不斷擴增，爲了說服企業界採納更公平、更乾淨的生產措施，消費者的壓力所扮演的角色益顯重要。在更有力規範財團方面，消費者的壓力雖然能夠補政治運作的不足，但前者絕不能取代後者。

此外，一向很少受到媒體重視的反全球化運動，由於大規模的抗議風起雲湧，

陸續在西雅圖、布拉格、尼斯、戈登堡（Gothenburg）與日內瓦上演，已經成功地將全球化議題送進全世界無數家庭的客廳。但同樣地，光是抗議絕不足夠；示威雖然不可或缺，也漂亮地展現了反對的力量，卻難以有效地表達具體可行的作法，這也正是目前迫在眉睫的挑戰。

選舉已經發生不了作用，政府又無能回應老百姓的憂心，對這些現象，跟著大家一起冷漠、憤怒、不耐，可說是輕而易舉，但若說僅以購物與抗議表達不滿就足夠了，我們卻絕不苟同。權力已經前所未有地從政治人物手上轉移給跨國公司，財團的勢力與影響力正如日中天，有時候甚至凌駕政府之上，因而產生的政治信心危機，眼看就要敲響民主政治的喪鐘，又豈容我們坐視。相反地，信心危機應該成爲一座熔爐，冶鍛出新的政治、新的領導人與新的願景。面對日益升高的社會與環境挑戰，可以確定的是，今天，我們比過去任何時候都更需要強大的在地政府與國家政府，以及民主的區域與全球運作。

抗議歸抗議，一般人還是寄望於政府能夠拿回關鍵決策的槓桿，但證諸以往的紀錄，大概也都死了這條心。在世貿組織、世界銀行、八大工業國那些政客們集會的場所外面，大規模的示威活動一波接著一波，原因正在這裡。抗議人士明白，經濟全球化那股「莫之能禦」的力量，根本就是在一系列的政治決策中，處心積慮談

妥之後，肆無忌憚任其脫韁而出的結果。但是，權力的轉移絕對沒有擋不住的；要有，那也是出於蓄意的選擇，因此，是能夠予以扭轉的。今天這一群新自由派的政治人物，沆瀣一氣，當然死也不會承認這一點；但也正是他們的死不承認，創造了一個政治的眞空，就讓我們來將它塡滿吧！

功德還是造孽

經濟全球化危機重重，行政當局豈有不知道的道理，問題是唯財團之命是從——特別是在安隆（Enron）及其相關的弊案上——其懦弱顢頇倒是衆所周知的。至於其種種作爲之乖離常軌，無非是面對財團勢力時，自我矮化以致荒腔走板的窘態。這時候所需要的，正是以經濟在地化從根本上去調整這個世界的貿易、投資與金融規則，透過更多的高峰會議與宣言，發揮無形的感召力與影響力。也正是這個時候，就如京都的例子，眼看著大家都當回事了，美國卻一走了之。

儘管有人抱怨，改革太過於漸進、太過於軟弱，但主張穩紮穩打的人卻報之以同情的一笑，這一派人強調，與其不切實際地從外部要求根本改革，不如從內部著手可以實現的改變。當然，這種兩極的態度自古已然；歷史上，只要是激進派，就

不免要面對。但在今天的這場辯論中，破壞現狀派的立場顯然站得更穩。其一，內部改革派是在做功德還是在造成傷害，結果還很難說。進一步推動世貿組織新一回合的談判，可能只會導致更爲明目張膽的不公不義，例如改革派以爲爭取到的承諾，結果卻都成了空頭，反而使開發中國家陷入更爲不利的自由化圈套，世貿組織對許多貧窮國家所承諾的減讓或特許，下場往往如此。⑤其二，今天所需要的是大幅度的改變，體制內的改革派本就不多，能夠有所成就的，那就更是少之又少了。如果體制內的人全都唯唯諾諾，柏林圍牆就不會倒塌，種族隔離就不會取消，國家社會主義也就不致失敗了。積極而果決的外部反對運動才是最至關緊要的，縱使這種反對總是啓步維艱，彷彿注定是要失敗的。

帝國塌陷

塌陷一旦發生，變化就是驚天動地的。一度無可撼動的帝國，當統治者再也無法對子民發揮心理上的控制力量，幾無例外的，都會迅速地崩解。全球化的心理控制力量就已經在失控。對東亞危機所做出的回應，許多在地的學者與社會運動者就主張，拒絕進一步的貿易與投資自由化。他們反其道而行，建議在「區域化」（regi-

onalised）的經濟規模內發展永續開發，立基於進口替代與國內公共投資，並提高累進稅率，而非不斷加深對出口市場的依賴。⑥

另外還有兩波更大的貿易衝擊即將來臨，二者均源於亞洲，也都更將有助於解除全球化的控制。

其一，中國最近成爲世貿組織的一員，此舉勢必加速其貿易擴張，進入開發中世界其他競爭國的國內外市場，並將導致難以收拾的後果。一九九〇年代中期美國總統候選人培洛（Ross Parot）曾經警告，美國人的工作流往墨西哥，正發出「吞吸的巨響」。美國經濟學家威廉・葛瑞德（William Greider）將之加以引申，語重心長地指出，今天輪到中國吸走墨西哥的工作了，另外還要加上台灣、泰國與其他國家。相較於墨西哥人的時薪一點五美元，中國人的時薪只有二十至二十五美分，難怪美國三大汽車廠商不僅要將汽車零件生產從美國移往中國，也將從墨西哥出走。⑦

全球化的第二波衝擊則是直衝著世界人口最多的民主國家印度。二〇〇〇年，世貿組織就美國提出的一樁「數量限制」（Quantitative Restriction）案做成裁決，迫使印度撤除進口壁壘。進口自由化的結果，導致農產價格與農村收入銳減，椰子價格暴跌百分之八十，咖啡下跌超過百分之六十，胡椒則掉了百分之四十五，影響最大的是食用油。拜低關稅之賜，高額補貼的美國沙拉油與馬來西亞棕櫚油潮湧進入市

場，印度的國內產品實際上等於全軍覆沒，進口貨佔有市場高達百分之七十。⑧進口競爭不僅壓垮了印度的家庭工業，中、大型的產業也難以倖免。最糟的是農業，印度國家經濟的最後據點與絕大多數老百姓生計之所繫，正面臨空前的威脅。為此，印度學界與社運團體大聲疾呼，回復進口管制，挑戰全球化的要害。二〇〇一年九月，兩位前任印度總理加入政黨、商會、農民團體及其他社運團體的行列，發起印度人民運動（Indian People's Movement），對抗世貿組織。關於印度，大英帝國是再也留不住了；專橫霸道的華盛頓共識未來能否遂行所願，也將因此成為嚴厲的考驗。

降低損害

塌陷達到臨界點時，混沌與痛苦的亂象往往不可避免。正如華頓・貝婁所說：「新的經濟秩序不太可能以凱因斯式的技術官僚由上而下推動，而是在社會與政治的鬥爭中打造成型。由下而燒的火一旦點燃，一小撮精英自會東修西補全球的金融秩序，並號稱是在改革，想要保住越來越不穩固的自由市場，但不論拿出多好的計畫，可能都擋不住了。」⑨

但是，星星之火雖可燎原，卻也會造成損害。為了將損害降到最小，取代舊秩

序的安排就必須妥善完備，得到廣泛支持，並配以達成目標的路線圖。現在，替代方案已經有了，那就是經濟在地化；但問題仍在，它能夠贏得廣泛的支持嗎？路線圖已經準備好了嗎？且讓我們從後面的問題談起。

走向在地

在地化是一個整體，但卻由多個部分組成。部分雖小於整體，本身卻自成一體，可以分別實現。這樣一來反而有利，也就是說，在地化可以分頭進行，在每個部分已經醞釀成形時，掌握契機，乘勢而爲。嚴格說來，今天在世界上的某些地方，經濟在地化所有的核心策略都已經在運作，或正在醞釀當中。

根據一九九六年的一項調查，新經濟基金會估計，英國大約有一百五十萬人固定加入「社區經濟活動」，種類極爲多樣，包括開發信託、在地社區企業、有機蔬菜運銷、信用合作社、地方交換貿易方案（Local Exchange Trading Schemes, LETS），以及自建住宅計畫。⑩所有這些都是永續在地經濟的基本構成要件，並在某些地區已經發揮重要功能。新經濟基金會的調查指出，蘇格蘭一百七十個社區企業，合起來的營業額達到一千八百萬英鎊，提供三千三百個工作與就業訓練。在英國，互助公

司重見生機，單單二〇〇一年，就出現百分之九的成長；⑪同年，全世界有一億一千二百萬人是信用合作社的成員，可用資產高達六千零六十億美元。⑫一九九九年，雪菲爾（Sheffield）發行地方公債，從在地企業與個人集款七十八萬六千英鎊，加上歐盟的同額相對基金，全數提供在地的新企業與建設，做爲低利貸款。紐約都會運輸處（New York Metropolitan Transportation Authority）發行的公債，所得款項大幅改善了紐約地鐵與公車系統。這些創舉在在顯示，大可不必訴諸國際投資的「破底競爭」，照樣能夠取得資金。

某些地區已經認清，有必要對財團施以嚴格管制。針對將總公司移往海外郵政信箱以利逃稅的公司，負責監督州與地方基金高達四百五十億美元的加州財政廳，就公布了一份名單，列出二十三家拒絕往來的公司，並要求加州兩大退休基金撤回對這些公司的投資，金額多達七億五千萬美元。⑬繼安隆案醜聞之後，美國訂定了更嚴厲的會計與防詐欺法令，甚至採取某些步驟，規範政黨競選獻金的捐贈。

環境成本的內部化也開始受到重視。德國政府著手生態稅的改革，以及英國徵收氣候變遷捐（Climate Change Levy），都算是朝此一方向邁進了一小步。二〇〇三年三月，經過多年談判之後，歐盟終於實施一項綜合能源稅制，可惜的是，稅基訂得太低，而且要到二〇一三年才能修訂。

高負債貧窮國家（Highly Indebted Poor Countries, HIPC）主動出擊，雖然力道還差得遠，工業化世界總算承諾，給予貧窮國家更多的援助乃屬份內之事。二〇〇一年，美國也做出了類似的讓步，對南非取得廉價愛滋病藥物的立法，同意放棄其控訴。美國曾經指控，南非侵犯了美國境內製藥跨國公司的智慧財產權，並一再在智慧財產貿易相關協定的談判重提此一立場。

相對於經濟全球化壓倒性的聲勢，這些成果雖然微不足道，畢竟已在通往在地化的路線圖上立下了里程碑——出發點。

意外的助力

改革所需的路線圖已經在手，不斷高漲的合音也在升起，催促我們踏上征途。英國左傾報紙《衛報》（*Guardian*）的某些經濟記者，爲在地化標出了幾條路徑，或許還不致讓人驚訝，倒是另有一些人，頗令人感到意外：一個是世界頂尖的投機性投資人，一個是前世界銀行首席經濟學家，還有一個則是英國財政大臣的高級顧問。但是，眞正該感到驚訝的，可能還是他們自己。他們全都支持經濟全球化，也都有過不同程度的貢獻。索羅斯・史蒂格勒與艾德・鮑爾斯（Ed Balls）的表現卻告訴世人，在夙著聲望的人士當中，他們支持經濟在地化的言論，難免會遭到批評，甚至

還不免有點緊張，但他們還是認同在地化的核心信念，儘管說不上與《衛報》的萊里・艾略特（Larry Elliott）與丹・艾金森（Dan Atkinson）是同路人。

索羅斯在新著中如此寫道：「經濟理論告訴我們——如果其他條件相同——國際貿易對所有各方面都有好處。但事實上，其他條件很少是相同的。」⑭接著，他提出一套在地化式的改革方案，好讓「條件」更爲相同些。此議一出，在地化的志士們同聲呼應，一致支持進行改革與干預，以減少國際貨幣市場的不穩定性，包括從嚴管制資金的流動。對於貨幣投資課徵托賓稅的構想，史蒂格勒態度審愼，⑮鮑爾斯則傾向排斥，⑯索羅斯卻主張擴大範圍，涵蓋所有形式的國際貨幣交易。艾略特與艾金森更進一步，主張提高商業銀行的儲備金額，以緩和私人資金的流動。⑰

史蒂格勒與索羅斯都呼籲，國際援助應予提高，破產程序與延期償債的標準則予放寬，使無力償債的國家得以卸除重擔。對於世貿組織的規則，他們尤其不以爲然。索羅斯建議修訂投資貿易相關措施協定（TRIMs），容許對國內中小企業（SMEs）施以在地化式的保護，特別是在開發中國家。此外，他更進一步主張，其他多邊組織——如國際勞工組織——的條款應與世貿組織平起平坐，如此才能對違反勞工與環境義務的國家施以貿易制裁。⑱史蒂格勒則認爲，貿易相關投資協定太過於偏袒商業生產者，已開發國家大可不必等到杜哈回合達成結論，應主動與開發

中國家合作，建立更公平的貿易關係。

這些意義重大的改革建言，縱使其本意是要支撐全球化於不倒，但其效應卻是在推動全球經濟穩步邁向在地化。

加入色點

一切似乎都已就緒，替代方案、路線圖已經在握，具有影響力的言論也在催我們上路；但是，能夠看得到在地化的遠景的，彷彿寥寥無幾，爲什麼？問題出在理論的吉光片羽還未能眞正打動人心。全球化的不公不義，儘管罄竹難書，改革的建議也提出來了，大家卻都不能退到遠處，好看清楚畫布上的那些色點，看似玷污了全球化的畫面，實際上卻是勾勒出一幅新景象的輪廓，只要彩筆繼續揮動，新畫便將取代舊圖。我們必須讓大家都加入色點，或者用佛斯特（E. M. Forster）的名言來說：「連成一氣。」⑲

在今天這個全球化的世界，綠黨有責任幫助人們，看清楚自己在全球脈絡中的位置，並將他們連成一氣，看看各個環節將會如何地改變。例如二〇〇〇年的秋天，我們就將肯特郡的洪災與英國其他地方連起來，然後連到全球暖化所造成的氣候變

遷，再連到一個月前所進行的燃料示威。那一場示威，抗議漲得離譜的油價。群衆阻止油罐車駛離煉油廠，不出一個禮拜，燃料供應便出現不足。在那一個禮拜，人們放慢了行車速度以節省燃料，甚至仔細計畫行程，盡量使用大衆運輸工具，非不得已才開車。正是這樣的行爲，足以阻洪水之危害於未發，並突顯其間的重大關聯，而那也正是大多數人民以及政府所忽略的。一旦連結了起來，連結的行動就會形成強大的改變動力。

當前因後果了然於胸之後，人們自然會結合成爲最堅強的連體。全球化造成衝擊的例子，或許沒有比全球食品貿易更大的了。舉例來說，許多人發現，在蘋果與梨的種類上，越來越沒得選擇；這可以連到果園的陸續剷除，對進口的依賴不斷增加，還可以再連到農業工業化的與日俱增。這還只是一小步，再下去，還可以連到食品毒性程度的增加，如狂牛症所引起的農業危機，以及傳統食品零售商之死於少數超級市場的悲劇。所有這些趨勢都指出，食品生產系統工業化的與日俱增，以及在國際食品市場追求更大的國際競爭力，其結果都是一樣，不論已開發國家或開發中國家，農村注定走向沒落。總之一句話，所有的問題都可以連起來，而其癥結正是強調經濟全球化所造成的。

多國化的超級市場封殺了在地小店，貧窮國家的廉價勞工讓我們失掉了工作，

而更貧窮地區又搶走了他們的飯碗，約克夏的布帽工廠遷往中國，全球化對「升斗小民」的衝擊是多方面的。小農之死，無論已開發或開發中國家，是拜全球化的全球競爭之賜；全世界的勞動、環境、衛生與安全急轉直下，全球化也是始作俑者；開發中國家的窮人生產食品是爲了輸出到富有國家，而非爲了自己的同胞，無非還是全球化在作祟。而英國輸出二十六萬三千噸的牛奶與奶油，同一年又從別處進口二十萬三千噸的牛奶與奶油，還是因爲全球化（第九章將詳論國際食品貿易）。

經濟全球化每一波衝擊的所到之處，緊接而來的問題與造成問題的癥結，都有一群人將其間的因果分析得一清二楚，並在令人意想不到的場合引爆改弦易轍的呼聲。我們要讓人們看清楚，即使他們素昧平生的另一群人，也同他們一樣身受其害，而且問題的癥結正是同一個，如此一來，我們就可以著手組成一個強大的聯盟，進行全面的改革。我們相信，每個人從自身做出貢獻，可以創造歷史。

一九六六年，美國參議員羅伯・甘迺迪（Robert Kennedy）在南非會晤學生，當時看起來，種族隔離政策似乎永無打破之日，他說：

> 你們可以創造歷史。每個時代，不論男女，為一個理想站出來，為改善別人的命運展開行動，對抗不公不義，都會激起小小的希望漣漪。這些漣

漪，從數以百萬計的中心向外擴散，能量與勇氣交會重疊，就能產生潮流，衝決最堅固的壓迫高牆。⑳

歷史證明羅伯・甘迺迪是對的，只要連成一氣，從自己的投入中，每個人都會明白，自己的力量可以創造歷史，明白有必要向政策發出挑戰，在投票箱與街頭，製造另一波歷史性的潮流，將方向扭轉，直奔經濟在地化。

7 向歷史學習 Learning From History

自由貿易的權勢……與世貿組織生殺予奪的權威正不斷擴大，對永續發展、社會正義與平等以及環境，都是致命的威脅。我們必須不惜一切代價使其無法得逞，如果再任大貿易商與財團的精英繼續橫行，在二〇〇三年墨西哥舉行的第五屆世貿組織部長級會議，發動新一回合的自由化攻勢，那麼我們就只有向永續發展、社會正義與平等以及環境吻別了。

——華頓．貝婁教授①

制度改革：煙幕還是正經的？

西雅圖部長級會議的兵荒馬亂，在那些位高權重的人當中，造成一次心靈震撼之風，一時之間，改革之聲四起。西雅圖的美國貿易代表查林•巴希夫斯基（Charlene Barshefsky）說：「世貿組織發展得過了頭了。」②歐盟貿易委員的評語則是，世貿組織的行事作風還停留在「中世紀」。③時任英國貿易與產業部長史蒂芬•拜爾（Stephen Byers），向大英國協貿易部長發表演說，說得更露骨。他的評語是：「世貿組織絕不能再這個樣子下去了，爲了因應一三四個會員的需求與希望，非得徹底改頭換面不可。」④西雅圖部長級會議之前沒多久，同樣的信心危機也給了國際貨幣基金會一記重擊。一九九九年九月，在世界銀行與國際貨幣基金會的年會上，事先毫無徵兆，基金會發表聲明說，「減少貧窮」將是它今後處理開發中國家的核心要務。

改革的呼聲激起了一些改變，但都只是門面上的。西雅圖部長級會議之後，世貿組織在卡達首度召開杜哈部長級會議，冠上了「發展回合」之名，承認窮會員國正等著看它拿出善意的行動。如今，世界銀行與國際貨幣基金口口聲聲去除貧窮與

減免債務，基金會的結構調整綱領（SAPs）也被去貧與成長計畫（PRGFs）取代，但擺在眼前的是，改變云云，皮毛而已。國際貨幣基金會念茲在茲的還是財政緊縮，甚至對身陷危機之中的阿根廷，立場依然絲毫不改。世界銀行則繼續對開發中國家施壓，要求開放退休年金計畫。聯合國發展計畫署（UNDP）的凱末爾・穆哈特（Kamal Malhotra）曾指出，杜哈部長級會議「搖擺於現實與想像之間」，宣稱會議結果是以開發爲當務之急。⑤等到二〇〇三年九月坎肯（Cancun）部長級會議開完，世貿組織一事無成，絕大多數開發中國家想必對穆哈特的先見之明心有戚戚。要求做到的改革與官樣文章的現實之間，相去有如天壤，只要提起，總不外是巧言敷衍。因此，對於現行制度是否眞能夠做出必要的變革，不免讓人心存疑慮，「究竟是等待由內部改革還是乾脆從外部革命」的老問題，也不得不去面對了。對於這個令人舉棋不定的問題，我們倒是成竹在胸，但是，最好還是讓我們回顧一下戰後國際貿易與開發的歷史脈絡。

歷史話從頭——輪廓

一般來說，正如黎明之於黑夜，世貿組織、國際貨幣基金會、世界銀行的鐵三

角架構或華盛頓共識之冉冉升起，一向都被視為自由貿易規則擊敗保護主義的勝利，並一致認為，說到這番創舉的貢獻，莫過於終結了無政府狀態與一九三〇年代式的全球不景氣。但是，拜華頓・貝婁的大作之賜⑥，我們看到的卻是另一幅景象。華盛頓共識之升起，與其說是北方急欲恢復無政府狀態的世界秩序，倒不如說，它只是在利用開發中國家的正當期望而已。

戰後的國際貿易與開發史，粗略一點說，情節相當簡單。戰爭將殖民主的國力消耗殆盡，加速了帝國的退卻。在聯合國裡面，開發中的新獨立國家結合起來，破天荒地掌握了多數票的優勢，要求更為公平的對待。以美國為首的北方進行反制，在貿易與開發上，將聯合國的角色予以排除，代之以他們所能掌控的布雷頓森林體系。冷戰結束，美國更是無所顧忌，雷厲風行地在南方推動市場自由化，如此這般，世貿組織乃從關貿總協中脫胎而出。

解讀戰後的這段歷史，最能說明布雷頓森林體系變臉的原因。布雷頓森林體系原來的功能，是扮演全球債務清償的保證人角色，以確保凱因斯式的逆循環景氣復甦，但卻搖身一變，成為新帝國主義通貨緊縮與討債集團的代理人。這段歷史的回顧，同時也說明了聯合國逐漸遭到去勢的前因後果。但是，這樣粗枝大葉的交代，難免予人囫圇吞棗之嫌，下一節，就讓我們詳細一點來談。

一九五〇及六〇年代，去殖民化快速發展，新獨立的開發中國家如雨後春筍般出現，經過冷戰的意識形態切割，這些國家逐漸形成共識，要求全球性的快速發展與財富重分配。在這方面，最具有影響力的論述，首推阿根廷經濟學家勞爾・普萊畢奇（Raul Prebisch）於一九五〇年代末期、一九六〇年代初期推出的大作。以「結構主義」（Structuralism）著稱，普萊畢奇的理論醞釀了許多個一九六〇及七〇年代冒出頭的開發中國家集團，如不結盟運動，石油輸出國家組織（OPEC）、七七集團（the Group of 77），以及國際新經濟秩序（New International Economic Order, NIEO）。後來更成爲一九六四年聯合國貿易暨發展組織成立的主要動能，而普萊畢奇本人即出任首任秘書長，並在接下來的十年，在南方重建世界經濟幾次重大的成就中扮演關鍵角色。

結構主義率先發現，當商品價格下跌時，工業化與非工業化世界之間的貿易條件會惡化，如果不予以遏止，南方必須輸出越來越多未加工的原料與農產品，以換取北方相同數量的加工品，如此一來，套用一位作者的話，對開發中國家而言，無

異於「殺人不見血的剝削」。⑦

在聯合國的許多單位中，結構主義逐漸成爲主流觀點。透過聯合國，特別是貿易與發展會議，開發中國家提出一項結構主義計畫，針對他們所面對的貿易條件，發動一次全球性的改革。計畫包括三大要點：其一，對南方的加工產品輸出給予優惠關稅，藉以鼓勵南方進行工業化，相對降低對農產與商品市場的依賴。其二，透過談判，設定價格的底限，以穩定商品的價格。其三，要求外國擴大援助南方，但此舉並非慈善性質，而是「補償，是對第三世界多年來商品購買力衰退所給予的一種折扣」。⑧聯合國貿易暨發展會議同時主張，推動南方的工業化，必須雙管齊下：其一，北方加速技術轉移；其二，同意南方國家採取選擇性保護措施，以對抗北方國家的輸出。

冷戰期間，北方爲了收買開發中國家的效忠，不得不對結構主義的要求做出某些讓步。附庸國採取保護主義的貿易政策，政府對投資進行管制與干預，甚至要求公司入股，美國均多方予以容忍。正是在這種情況下，亞洲「老虎」才得以快速地工業化。另一方面，北方也以開發援助的方式，進行了有限度的財富重分配。儘管如此，對於南方在聯合國內的影響力逐漸壯大，北方也處心積慮予以破壞，拉出布雷頓森林體系，好讓他們自己掌控國際貿易與開發。

布雷頓森林體系成立於一九四四年，原始宗旨並不涉及北方與南方的關係。國際貨幣基金會的作用則是提供貸款給收支不平衡的國家，以維持穩定的貨幣滙率。但是，當美元取代金本位制時，這種功能乃成爲多餘，國際貨幣基金會的焦點遂轉移到負債國家的結構調整上。

世界銀行有兩個主要的單位，其中之一爲國際復興開發銀行（International Bank for Reconstruction and Development, IBRD），主要目的在於協助西歐的戰後重建，而不在於貸款給開發中世界。但是，眼看南方堅持在聯合國成立開發基金的來勢洶洶，世界銀行乃成立了國際開發總署（International Development Agency, IDA），爲自己創造了一個開發的角色。對於南方的同一個要求，北方所做出的讓步，則是成立聯合國特別基金（UN Special Fund），對開發中國家提供建議與小額技術援助。透過這種交換，北方成功地穩住自己的領導角色，掌握住開發援助的機制，但在經濟權力的重分配上，仍然無法滿足開發中國家不斷提高的要求。在這種情況下，聯合國貿易暨發展組織於一九六四年成立，石油輸出國家組織也在一九七〇年代早期與中期蠢蠢欲動，企圖操控石油價格。而南方的最高目標，則是要一九七四年聯合國大會特別會期中通過新國際經濟秩序綱領。

南方的步步進逼雖然只是改革而非革命，雖然只是肥了第三世界的精英階層而

非造福廣大人民，但其進展仍然令華盛頓方面憂心忡忡。當各種革命性的運動在南方大躍進時，北方尋思反制的行動也得到了動能。

對於銳氣日增的南方，一九七〇年代期間，北方的回應是攏絡其統治精英。世界銀行的貸款金額，一九六八年為二十七億美元，一九八一年暴增至一百二十億美元。但是，這種突發慈悲的大手筆，擺明了是分化與收買的兩手策略，「向心力強的國家」所接受的遠大於援助的平均值。出乎意料的是，世界銀行的策略卻因石油輸出國家組織強勢提高油價而大打折扣。一九七〇年代中期，石油生產國的銀行存款暴增，成為其他開發中國家借貸的新寵，對世界銀行的依賴相對大幅降低。同時，聯合國貿易與開發會議達成某些溫和的讓步，南方國家政府為保護國內的自有產業，開始嚴格管制外人投資。

一九七九年，石油輸出國家組織發動第二回合攻勢，自由派企圖收編、攏絡南方的策略失敗，激起了美國右派的強烈不滿。在他們看來，這種情形充分證明，南方挾近乎獨佔的石油供應為武器，企圖要脅工業化國家，長此以往，或許還有更多的基本物資也將淪為籌碼。

在北方世界的眼裡，聯合國的行動，無論是對製藥的管制、對跨國公司的約束，乃至主導海床、太空或南極等開發的條約簽訂，一律都被視為是南方向北方奪回資

源的計畫。主張採取強烈行動遏阻南方的野心，右派所抬出來的罪證，直指一九七三年不結盟運動的阿爾及爾聲明（Algiers Declaration）。該聲明說：「各國家或政府的領導人呼籲，建立有效團結的組織，如石油輸出國家組織，防衛原料生產國家……收復自然資源，並確保持續不斷的輸出利得。」⑨

一九八一年雷根入主白宮之前，如果說對南方的攻勢已經萬事俱備，那麼，一九八二年爆發的債務危機，就可以說美國發動經濟再殖民的「東風」了。危機拖到一九八〇年代末期，無力償還商業銀行貸款的國家已經多達七十餘國；這些國家不得不轉而求助於國際貨幣基金會與世界銀行。當時，二者所堅持的貸款條件就是接受結構調整綱領。表面上，結構調整綱領是在創造某種條件，使債務國有能力償還負債，實際上卻是新自由派設計好的陷阱，一旦接受，債務國就必須削減公共支出，公營事業民營化、通貨緊縮，以及貿易、投資與勞務市場自由化。可以看得到的，掉入其中的國家，不僅絕大多數的百姓將身受其害，整個國家對國內經濟的主控權也等於轉手讓給了以美國為首的布雷頓森林體系，從此，投資與進口的門戶為北方大開。

東南亞與南亞少數幾個新興工業化國家（NICs），儘管在經濟上已經出現許多特徵，類似接受調整國家的症候，但卻逃過了結構調整的第一波。主因在於這些國

家的政府較爲健全，腐化較低，所追求的開發目標也較爲全面，其共同的特點則是，在貿易與投資壁壘的保護之下，國內工業化獲得成效，同時又在海外分佔了北方的市場，特別是在美國。

但換個角度來看，新興工業化國家之所以能成爲例外，基本上，在於這些國家都位居冷戰的最前線，美國在姿態上不免較低，在手段上也較軟。此外，債務危機發生時，日本的資金在此一地區發揮了絕緣體的作用，使國際貨幣基金會的狼群不得其門而入。儘管如此，在瞄準新興工業化國家的自由化上，美國自有其驃悍的手段，一名美國官員總結說：「新興工業化國家雖然被視爲老虎，全都是夠猛夠強的貿易高手，但什麼事都有另外黑暗的一面。老虎既是活在叢林，自有叢林法則來治牠們已經是稀有動物了。」⑩

到了一九九〇年代中期，美國連哄帶騙，讓幾個新興工業化國家進入資本帳自由化的圈套，金融部門也做了某種程度的開放。自由化的結果，加上在地財金當局維持的高利率與固定幣值，吸引大量直接外人投資進入，並在一九九七年亞洲危機時，洩洪般吸走了一千億美元。華盛頓方面終於逮到機會，利用國際貨幣基金會援助受害國家，將新興工業化國家納入完全結構調整的行列。在國際貨幣基金會嚴苛的條件下，新興工業化國家俯首屈膝，許多對直接外人投資的限制撤除了，保護國

內產業的壁壘也瓦解了。

對於泰國的「處罰」，美國貿易代表的裁決是，該國「承諾整頓公營事業，加速某些關鍵部門的民營化——包括能源、運輸、公用事業及電訊，藉以提升市場導向的競爭並解除管制，（可望）爲美國公司創造新的商業機會」。⑪

談到印尼接受國際貨幣基金會的援助條件，美國貿易代表的得意，盡見於言談之間：

長久以來，這始終都是美國（柯林頓）政府的雙邊貿易主題……在這方面，最值得一提的是，提供給國民車計畫的稅賦、關稅與信用優惠，印尼政府已經承諾取消。此外，國際貨幣基金會的計畫也將協助印尼，設法對貿易與投資進行更大的改革，譬如說，航空器計畫、獨佔企業以及國內貿易限制等等，這些約束外國商品與勞務通路以致扼殺競爭的措施，都將獲得改善。⑫

長期以來，令美國汽車廠商與波音公司寢食難安的，正是印尼的國民車方案與噴射客機生產計畫。

因應亞洲的危機，華盛頓所採取的策略，當時擔任柯林頓商務部副部長的傑夫・加爾敦（Jeff Garten）講得最直截了當：「大部分這些國家都是走在一條又暗又深的隧道中……但在另一頭，會有一個完全不同的亞洲，在那裡，美國公司已經鑽了一條更深的市場管道，一條大得多的通路。」⑬

破壞進步

美國的策略是，一手部署國際貨幣基金會與世界銀行，掌握南方的經濟控制權，另一手則在聯合國內利用本身的大國力量，將南方在聯合國各組織中奮鬥得來的成果予以沒收。在聯合國處理南北關係的主要組織，如聯合國經濟暨社會委員會（EC-OSOC）、聯合國發展計畫署（UNDP）與聯合國大會中，爲新國際經濟秩序辯護的聲音全都銷聲匿跡。傷害最大的，則莫過於聯合國跨國公司管理中心（UN Centre on Transnational Corporations）的慘遭封殺。一九九二年，關貿總協舉行烏拉圭回合談判，此一立場中立，監督跨國公司在南方國家運作的組織被拒於門外，也正是這次談判，關貿總協催生了一九九五年元旦誕生的世貿組織。跨國公司管理中心至今雖仍一息尚存，但功能已經大不如前，僅止於提供研究調查與諮詢顧問而已，其地位完全爲

世貿組織所篡奪。

世貿組織之成立，論其動機，如果完全歸諸於北方企圖奪回對南方的主導權，或許失之於過簡，但這絕對是重要因素之一。按照布雷頓森林體系的安排，原本要在一九九四年成立一個類似世貿組織的機構——國際貿易組織（International Trade Organisation, ITO），但是當時美國參議院內的單邊主義（unilateralist）得勢，揚言否決該案，而關貿總協當時又呈現一盤散沙，順手推舟也就打消了原訂計畫。然而，時至一九八〇年代中期，面對主要競爭對手，包括工業化的歐洲與日本，以及東亞新興工業化國家，美國的競爭壓力倍增；此外，南方對美國市場進口大增，逐漸超過美國對南方的出口。儘管在關貿總協的運作下，國際貿易欣欣向榮，在一九四八至一九九七年之間增加了十七倍，⑭約束工業化國家的競爭對手，以及防堵新的競爭者在全球經濟中出頭，已經成了美國的兩大要務，關貿總協退場的時候也到了。美國國內的利益團體要求一個長有利齒的組織，於是在美國帶頭之下，烏拉圭回合談判誕生了世貿組織。世貿組織雷厲風行的，正如拉弗・納德（Ralph Nader）所形容的：「自由貿易至上」，⑮從此以後，在聯合國貿易暨開發組織翼護之下，南方所成就的一切均付諸東流。

杜哈，有什麼不一樣嗎？

如果名稱可以相信的話，對南方與北方的貿易關係而言，世貿組織在杜哈啟動的「發展回合」應該是一個轉捩點。但對我們來說，在第一手觀察過二〇〇一年的部長級會議之後，杜哈仍然只是「又一個南柯大夢」。⑯此外。二〇〇三年坎肯部長級會議破裂，充分顯示杜哈所達成的共識，正如我們當時所說的，只不過是心不甘情不願的勉強湊合，脆弱得不得了。

的確，不要說推出進一步的發展方案，杜哈聲明的許多要點根本就有害於開發中國家的利益。舉例來說，七七集團要求檢討的一〇四項特別議程，全部關係到烏拉圭回合協定的落實，但杜哈聲明卻只是輕描淡寫帶過。北方承諾取消國內農業補貼，在歐盟會員國的遊說之下，也成了空口白話。另外，要求在農業協定（AOA）中設立「發展專章」（Development Box），免除某些自由化規則的約束，以確保開發中國家的糧食安全，結果也遭到忽視，而其他的發展標的同樣三振出局（「發展專章」詳情參閱第九章專欄九．二）。更重要的是，歐盟最後成功地將競爭與投資自由化的議題列入聲明，而這正是絕大多數開發中國家亟欲從談判議程予以排除的。

除了建立新「發展進程」的理想遭到嚴重質疑，杜哈回合的談判程序同樣大有問題。甚至在政府元首尚未會面之前，攸關南方利益的議題未能充分反映在部長會議的議程中，就已經引發許多詬病。一如往常，儘管按照制度，世貿組織理論上是一會員一票，但事實上，絕大部分議程的結果早已在場外的非正式會談中敲定，而一手導演的則是所謂的「四集團」（the Quad）：歐盟、美國、日本與加拿大。當時在現場目睹的我方人員表示，已開發國家運用高壓談判策略，貧窮國家只能「俯首就範，被押著進入賽場」，然後「屈服於貿易強國威脅撤回援助等等的巨大壓力之下……正是這些見不得人的手段，迫使開發中國家代表心不甘情不願地默認一切」。⑰華頓・貝婁說得好，杜哈不僅是一次發展的「重挫」，對民主政治亦然。⑱

杜哈所達成的協議，脆弱得不得了，到了坎肯，發揮不了一點作用，開發中國家前所未有地團結起來，寧願什麼協議都不簽，也不願再弄一個不利的協議套住自己。

在談判時間仍然大有餘裕的時刻，大會主席墨西哥外交部長德比茲（Derbez）突然宣布散會，原因何在迄今不明，但很明顯的是，坎肯的整個氣氛顯然找不出任何妥協的空間。歐盟不顧開發中國家的強烈反對，堅持先談判所謂的「新議題」，包括投資、競爭、政府採購與貿易便利。尤其過分的是，歐盟與美國雙雙拒絕在農業

方面充分讓步，加上美國蠻橫地退回西非棉農的申訴，在在引發了強烈的憤怒與挫折。

坎肯談判失敗之後，驗屍的結果，分析家分成兩派。一派認爲，這一次的破裂可說是坐失良機；另一派則視之爲開發中國家新集體力量的崛起，顯示已有足夠力量保護本身的利益，應屬一次民主的勝利。還有一些人則是憂心忡忡，世貿組織的貿易談判如果停擺，歐盟與美國勢將弄出更爲貪婪的雙邊交易，小國將因此更無力抗衡，殊不知這些年來，它們利用世貿組織，早已經在這樣做了，其要命的後果也都在意料之中。就拿歐盟與孟加拉的協定爲例，這個雙邊貿易合作條約，完完全全一面倒，這個世界上最貧窮的國家爲此所付出的，遠遠超過從世貿組織得到的。

事情再清楚不過了，我們需要一套經過各方同意的規則，公平地監督、規範國際貿易，以利貧窮的消除與開發的永續。但是，若說世貿組織能夠做到這一點，顯然很難教人相信。世貿組織的那套規則既不中立，又怎麼可能拿來保護貧弱的國家呢？規則云云，只不過是用來將現行不平等的全球經濟體系予以制度而已。

就拿世貿組織的「國民待遇」原則來說好了。這條霸道的原則規定，外國公司享有的權利與待遇應與本國公司相同。這條規則無異於剝奪了貧窮國家促進本國產業與經濟的權利，而此一權利，大部分的工業化國家都視之爲不可分割的一部分，

並且毫無忌憚地用之於本身的發展。更根本的問題是，世貿組織將自由貿易置於一切之上，它的作用就是拿掉貿易「壁壘」，卻從來不去思考，在某些情況下，壁壘反而可能是好事情。

世貿組織一九九五年成立時，柬埔寨立即加入。但在世貿組織冷酷的規則之下，這個低度開發全球排第一的國家卻嚐盡了辛酸。在坎肯會議的開幕大會中，柬埔寨外交部長查普納希（Cham Prasidh）發表了一席超乎尋常的火爆談話，說他的國家為了世界的整合付出了沉重的代價。查普納希的抱怨絕非無的放矢：柬埔寨剛加入世貿組織，立即被迫停止使用未經專利許可的新藥，雖然杜哈聲明容許低度開發國家可以延至二〇一六年再實施此一規定。另一方面，柬埔寨的農業極為脆弱，世貿組織卻要求該國降低對農業的保護，其條件甚至低於美國、歐盟與加拿大，完全無視柬埔寨百分之八十的人口是依賴農業維生。

歷史的教訓

歷史的轉折提供了清楚的教訓：不論其最初的宗旨為何，布雷頓森林體系與世貿組織已經成為北方精選的利器，為其以財團為首的經濟權力進行全球性的開疆闢

土。在北方代理組織的控制之下，南方的聲音已經有系統地遭到邊緣化，其他的體系，即使還有，也只能從外面對它提出挑戰。轉捩點出現在一九八〇年代初期，當時，整個均勢開始失衡，一面倒地傾向北方及其掌控的體系。從此以後，結構調整綱領與關貿總協、世貿組織的規則開鍘，加寬加大了富國與貧國之間的差距，加速了全球環境的惡化，減緩了開發中國家進步的速度，遠遠落後於之前二十年在聯合國協助下所創造的成績。

歷史的教訓再清楚不過了。就整體來說，世貿組織與布雷頓體系是有系統地反對在地化的進程，就個別來說，則是剝削南方的利益。對於自己內部的異議，事實證明，它們是罩得住的；只有在外部強大的壓力下，它們才會做出讓步，但絕大部分也只是虛應故事而已。如果任其運作下去，期待它們從內部發動任何有意義的改革，那只是與虎謀皮。我們唯一要做的，就是從外面發起一次革命。

8 衝決固壘：掃蕩布雷頓森林與世貿組織

Storming the Citadels: Sacking Bretton Woods and the WTO

國際貨幣基金會所打造的政策，對於他們想要解決的問題，除了變本加厲地惡化外，還任其一再重演。

——史蒂格勒，前世界銀行首席經濟學家①

體制革命的策略

革命如何才能獲得成功呢？西雅圖以來的歷次事件告訴我們，光是街頭抗議是不夠的，那就好像在不斷的敘述中間加入大大的驚嘆號，反對的聲浪是出來了，但

體制本身卻也產生了抗體。世貿組織選擇杜哈做爲二〇〇一年部長級會議的舞台，就顯示它學會了躲到更高更大的寨壘後面，繼續肆無忌憚。在坎肯，則是出動大批警察與安全部隊，將數萬名抗議者隔開，距離會場十數哩之遙。革命不僅需要反對，還需要拿出主張。如果沒有一套迴不相同的體制號召，標舉出經濟在地化的願景，革命將會失去方向與動力。如果願景沒有挑戰現行體制的具體計畫，能夠將理想化爲行動，將抗議化爲說明，革命也將無法匯集足夠的支持力量終底於成。

新世界秩序的願景

在新的體制之下，國際貿易與開發組織鼓勵的是國家的與在地的經濟，追求的是更大的自給自足與永續環境，促進富國與窮國之間平等的經濟與貿易關係，並提供全球性的論壇，將社會與環境標準的守護力量結合起來，對任何追求國際貿易與投資極大化的規則，形成一道自動的反制機制。管制機構則負責監督綠色馬歇爾計畫的落實，包括迅速取消開發中國家的負債，「賠償」的撥付以及知識與技術的轉移。全球的金融市場、跨國公司的活動，也都予以納入控管，並透過專賣與競爭的嚴格立法削弱其力量。

對於現行體制完全不考慮在地的社會、環境與經濟條件，強制採行近乎普世一體適用的僵硬政策與措施，我們毫不猶疑地予以反對。開發中國家在履行國際義務的同時，應保證給予更多的援助與更大的彈性；在權力結構上則採取分權，讓區域經濟協定與體系擁有更大的彈性，以因應在地的需求。

至於國際貿易，旨在提供平等的貿易機會，交易之商品則以外部成本均已納入而且比較不適宜在地生產者爲主。所有相關的貿易規則，均應以上述要件爲依歸，並尊重貿易發生地的社會與環境要求。爲減少貧窮，促進基本人權與永續發展，聯合國貿易暨發展組織、聯合國環境署、聯合國發展計畫署、國際勞工組織及其他多邊組織，已經訂定了許多標準。所有這些標準均應予以加強，使其位階高於貿易規則。最近，蘇帕查・潘尼克帕迪（Supachai Panitchpakdi）博士誓言，「繼續努力尋求途徑，使聯合國貿易暨發展組織成爲世貿組織內部的監督單位」。②但若按照我們的規劃，顯然已超越了蘇帕查的理想。至於個別的貿易裁判權，必須回歸立法主體，以配合在地的情況保障這些標準的效力，爲達到此一目的，甚至可以對國際貿易施以關稅或非關稅的管制。

爲了已開發國家的利益，無所不用其極地介入開發中國家的經濟，這種情形不容許再度發生，因此，布雷頓森林體系必經重新定位，回到創建者的原始初衷，否

則乾脆予以廢除。世界上最貧窮的國家不再需要借貸，現有的債務應該予以取消，並大幅增加過渡時期的援助，對抗貧窮，建立自足的在地與國家經濟，同時進行技能與技術的轉移，確保未來的開發能夠做到環境的永續。所有這一切，其實都是南方所應得的，是北方爲過去剝削南方及所積欠的氣候債必須付出的補償。至於結構調整的機制與理念，以及一體適用的條件論，當然必須予以廢除，開發中國家大可按照本身經濟、社會與環境的需求，自主進行適合在地的開發，必要時，由國際社會伸出援手，對於接受援助的國家，北方不得再派遣國際貨幣基金會的人員進駐，更不可強制接管經濟。相反地，國際貨幣基金會應該讓出位子，由一個新的機構取代，負責監督國際金融體系與資本市場以增加其穩定性，並回歸到凱因斯最初所賦予的角色，定位爲一個國際淸償組織，避免巨額貿易盈餘與赤字的累積，打破債務的循環。③

這個願景，截然不同於布雷頓森林體系加世貿組織所追求的遠景。這個不神聖的三位一體，到時候就得讓路，取而代之的是一種新的體制，爲世界眞正的需求服務，而非受一小撮最富有的人所驅使。

這場革命必須建立在共同的願景上。換句話說，世界的各個角落必須有足夠數量的人與組織，以這個願景的實現爲己任，革命才有成功的希望。爲使希望不致落空，今天我們所需要的不只是夢想家與抗議者，更需要實踐者、行動家——投入論戰，擴展地盤，爭取志同道合的人，贏得他們的尊敬與愛戴，抗爭當然是重要的，但必須輔以清晰的訴求，在革命之前與之後中間那一塊艱難重重的險地上，標示一條路徑出來。

在這條路徑上，擋在中間的最大障礙，莫過於反對經濟全球化的目標莫衷一是；究竟是只求改革現狀還是徹底廢除現行體制，至今沒有明確的定論。觀照上一章的歷史教訓，證諸現行體制令人不敢恭維的改革紀錄，我們深信，訴諸改革派的標準，革命就毫無成功的機會。因此，綠黨及其追隨者的當務之急，是要爭取最大多數的支持，以廢除並取代現行體制爲終極目標。欲達成此一目標，最佳的方法是厲行一項所謂的「妨害與解構綱領」（Programme of Obstruction and Deconstruction, POD），亦即盡一切可能挫敗、閹割、邊緣化現行體制，使其存在價值降低到非予取代不可的地

步。

弔詭的是，爲了遂行妨害與解構綱領，主要的手段之一卻是以改革派爲先發，亦即以體制內的改革呼應體制外的革命，利用可望達成的正面變革，使現行體制逐步朝向新安排的方向轉移。最重要的是，如此一來可以使現狀不致惡化，在前革命時期，現行體制不致造成更多的危害。此外，改革更可以造成「激化」效應，促成更多的基本改變。在某些特定的議題上，個別的改革派人士與我們聯繫，邀請共同推動改革，也將使他們比較能夠認同我們的觀點，對於較爲激進的主張，不再視爲不切實際或空中樓閣而加以排斥，最後甚至可能受到激化而加入革命的行列。至於比較溫和的改革方案，在現行體制可望予以達成，也可以激化論辯朝正確的方向開展。

舉例來說，在世貿組織談判中曾經提出來的農業「發展專章」就屬此例。農業「發展專章」旨在容許開發中國家保護國內農業，使少數關鍵性的作物生產能夠達到自給自足。由於牽涉不廣，這個案子通過的可能性極大，雖然距離在地糧食安定的終極目標仍然遙遠，但卻也是向前邁出重要的一步。此外，推動發展專章也爲「貿易革命」提供難得的機會，可以藉此將支持這項提案的非政府組織（NGOs）與南方國家政府結合起來，另一方面，由於發展專章將爲保護主義的辯護開一個先例，也

將有利於拓寬經濟在地化的論辯空間。

我們的主張是，體制外革命比體制改革更爲可信；當然，歷史有可能證明我們的判斷是錯誤的。果眞如此的話，卻也充分說明，廢除派的妨害與解構綱領與改革派的結合，遠比唯改革是求更爲有利。現行體制只有在面對廢除派無可妥協的壓力時，才更有可能進行改革。如果他們因爲迅速採取實質的改革，而逃過了廢除的命運，妨害與解構綱領的主要訴求雖然落空，但也可說是成功不必在我了。

但是，全球性的正義運動越是擴大範圍，在改革對革命的這場論戰中，不同的方面自會有不同的觀點與立場，更何況，誘惑總是難免，有時候爲了替自身辯護，甚至造成不必要的敵對。總而言之，「改革對革命」是策略性的問題，並不是基本原則，何況預做結論也未免太早了，什麼策略最有效，我們也還不能就此定論。因此，花太多時間在問題的辯論上並沒多大好處。這項運動乃是一個整體，其間必然會有不同的意見，求同存異，在行動上儘可能全力以赴，協調合作，才是最重要的關鍵。

對不同的體系，妨害與解構綱領的主要目標是一致的，亦即革命性的改變，但細部的內涵卻各不相同。下面的兩節，先探討對付世貿組織的細節，再及於布雷頓森林體系，爲「激化」改革與策略運用勾勒一個清楚的輪廓。

取代世貿組織

激化改革

對於世貿組織，心存改革的人淨說些好聽的話，說什麼，任何變革都只能在新一回合的談判中產生。他們辯稱，世貿組織的政策與規則已經在留心某些問題，例如環境與勞動標準之類的，因此，世貿組織當局一定會在這些地方做出正式的規範，譬如說在世貿組織的規則中納入一項社會條款。乍聽起來，頗值得肯定，也令人鼓舞，但過去的經驗卻完全是另一回事。不論怎麼說，寄望於世貿組織痛改前非，其結果總是爲害更深的自由化，而「前非」卻紋風未動。最現成的例子就是杜哈回合的挫敗，納入發展專章的努力落空，要求北方降低農產品出口補貼也毫無結果。我們必須抗拒這種透過世貿組織改革的魔音，堅持以一個促進經濟在地化的新貿易組織取而代之。

取代世貿組織的新組織，基本上的做法完全不同於它的前身，因此，必須眞正做到民主化、透明化，是對公民社會負責的。在這一方面，非政府組織、各國政府、歐盟執委會，以及其他團體，都曾提出過方案，而在聯合國的條約與經濟合作暨發

展組織中，也已經有許多有用的先例可循。世貿組織的後繼者固然要按部就班去落實，在過渡時期，也可以據以督促世貿組織進行改革。

世貿組織現行的文件解密制度必須更爲開放，包括即時接觸作業文件在內，唯有如此，在貿易政策的形成過程中，議會代表與民間團體才能實質參與。開發中國家應該享有更大的自主性，在政策形成中擁有更大的發言權，並在貿易協定中的「特殊與差別待遇」上扮演更重要的角色。談判新的貿易協定，程序必須重新訂定，嚴格限制財團的影響，過去世貿組織由「四集團」掌控議程，先做成決策再以「一致通過」之名強加於其他會員國的做法，絕不容許重演。如此才能眞正回到世貿組織一會員一票的制度。

有人建議，在世貿組織內成立代表大會，由會員國派代表組成。大會有權向世貿組織總務委員會及其他單位提案，並責成世貿組織提出書面及口頭報告，以推動貿易政策更民主、更多元的決策模式，並接受更有效的監督與審查。大會同時可以督促各會員國政府，要求政府爲他們在貿易談判中的作爲向自己的人民負責。最後，代表大會將在世貿組織後繼者的誕生上扮演重要的角色。

世貿組織處理爭議的體制使世貿組織身兼法官與陪審團。其結果是，所做成的裁決總是有利於自由化，至於應可視爲例外的個案，反而動輒得咎。這樣的體制應

該予以廢止，而由聯合國設立一個仲裁機構取代，廣泛聽取民間意見，解決貿易相關的衝突。同時，凡是支持妨害與解構綱領的各國政府，大可以搬出衛生與植物檢疫標準協定、關貿總協第二十條，這類協定的規則，至少在表面上強調糧食安全、公共道德、衛生健康與有限自然資源的對話是重於自由貿易的，並據此向世貿組織處理爭議的機制提出大量申訴，以癱瘓其運作與功能。

所有這些改革如果都能夠落實，新的貿易管理機制就會是一個更為民主的組織，所有的會員國就可以平等參與管理，也更能代表本國人民負起責任。聯合國則成為最後拍板的機構，在全球性與區域性多邊體系所建立的標準與規範架構內，衡酌各國國內的特殊條件，負起管理國際貿易的責任。但話又說回來，如果世貿組織的現行規則不動如山，那就只有改變它的決策與審查程序，才有可能達到效果了。

世貿組織落馬

儘管架勢十足，世貿組織其實是個非常脆弱的結構。有如一輛自行車，它的穩定是靠本身的前進動能在維持，只要緊急煞車，必倒無疑。④西雅圖的情形就是如此，但在杜哈，這輛自行車總算沒倒下去，車頭還是撐住了，雖然搖搖晃晃，卻也仍在行進。之所以能夠如此，一則是因為南方再度屈服於北方的要脅，其次則是一

部分最具爭議性的問題僅止於討論，杜哈聲明將問題的解決留給了二〇〇三年的坎肯部長級會議。坎肯的談判失敗，徒然暴露這輛自行車的維修是何等草率，而其下場又是何等不堪。的確，坎肯的決策過程暴露出許多弱點，世貿組織所謂的共識，大可成爲妨害與解構綱領的活靶子。

其一，世貿組織的會員國，即使是最貧窮國家，以其會員身分的資格，在必要的時候，仍可發揮作用，導致貿易談判的破局。任誰都得承認，會員資格是不能予以否定的，世貿組織也不例外。在杜哈部長級會議的聲明中，四十二段的文字裡面，十八次提及會員國資格的權利。換句話說，按照世貿組織的體制，一會員國一票，任何議案都必須一致通過才能成立，如此一來，任何一個會員國都有資格卡住自由化前進的動能。問題是關貿總協與世貿組織成立以來，只動用過兩次正式的全體表決，一般都是在「四集團」私下協議做成決策後，再來「說服」其他國家跟進（其實不是強迫就是賄賂），其程序完全剝奪了多數會員國的資格。

世貿組織會員國的身分其實是可以大有作爲的，做爲妨害與解構綱領的一項利器，北方的鼓吹者大可結合南方民間團體的力量，鼓勵他們的政府在世貿組織的談判中採取更強硬的立場。當富有國家在重要談判中一意孤行，在各項協定中訂定不公平待遇，或口說一套、做是一套地採取出口補貼政策，以致毀掉南方農民的生計

時，開發中國家至少可以祭出會員資格，以妨害任何協定的通過爲要脅，確保更有利的談判結果。的確，新的聯盟已經在坎肯形成——由巴西、中國與印度所領導的二二集團（G22）、由低度開發國家組成的九〇集團（G90）、非洲聯盟（African Union）以及非洲、加勒比海和太平洋國家組成的非加太集團（ACP Group）。所有這些集團都使開發中國家的談判地位大幅增強，在面對美國與歐盟的要求時，更能夠站穩他們的立場。

最要緊的是，南方與北方的鼓吹者一定要通力合作。南方已經有好幾個組織，例如全南焦點（Focus on the Global South）與第三世界網絡（Third World Network），還有一些個人，例如印度科學家鼓吹者芬答娜・希瓦，在全球正義運動中都已經具有相當的影勢力。然而，北方反世貿組織的抗議人士卻經常遭到誤解，總有人認爲，他們要求嚴格的社會與環境管制，目的只是要限制進口與保住工作。某些南方政府以及北方反動的評論家，持這種觀點的或許大有人在，但在開發中國家，數以百萬計的勞工與社運人士加入反世貿組織的行列，絕不會認同這種看法。

在世貿組織中，關係緊張的，絕不只是富有國家與貧窮國家之間；在歐盟與美國的聯盟中，同樣存在著極深的裂痕。四集團內部擺不平的爭議，世貿組織早已撒手不管，雖然不難理解，但杜哈部長級會議卻一致同意，有三個問題是非處理不可

的，那就是：農業、工業關稅與勞務。歐盟與美國之間在這些問題上的許多摩擦，妨害與解構綱領應該也可以善加利用，讓貿易談判胎死腹中。這也正是妨害與解構綱領瞄準的第二個活靶。

最後，要動搖世貿組織主要會員國政府的決心，和平的抗議大有揮灑的空間。選擇難以接近的地點召開部長級或其他的會議，雖然躲得掉街頭示威，卻躲不掉虛擬的抗議。一九九八年，在個人自動加入與組織的鼓吹之下，掀起一波史無前例的網路抗議浪潮，迫使經濟合作暨發展組織不得不放棄擬議中的多邊投資協定（Multilateral Agreement on Investment, MAI），此舉讓幾個爲首的政府爲之氣奪，特別是法國，因爲它正急著要保護自己那極具特色的電影產業。同樣地，反對服務業貿易總協定，也掀起了一波自發性的網路運動。其結果是，英國許多地方當局紛紛通過反服貿總協定的議案，地方政府協會（Local Government Association）的理事長憂心地表示，服貿總協定的影響將會波及地方政府的權力，「特別是在採購、法令與環境保護方面」。⑤在反全球化運動中，英國地方政府協會從來沒有表態過，如今，不僅向英國政府，而且透過管道，向歐盟及國際組織表達了他們的關切。

激化改革

布雷頓森林體系一向高高在上，既不理會外界的批評，也容不下內部的異議。他們最大的毛病就是不負責任以及黑箱作業。事實上，他們只對美國財政部負責，而且認定黑箱作業是講求效率的先決條件。最令人百思莫解的是，國際貨幣基金會硬塞給別人的結構調整處方，儘管一再失敗，而且惡名昭彰，卻還是不斷地重蹈覆轍；還有就是世界銀行，儘管在改革方面略有長進，卻還是繼續支持有害於社會與環境的計畫，在貸款方面則是一成不變、一體適用的條件，造成極度的不公平。

八大工業國在國際貨幣基金會擁有百分之四十九的投票權，在世界銀行，則為百分之四十八。⑥在這兩個機構內，決議都需要百分之八十五的多數。而單單美國，在這兩個機構中，分別佔有百分之十八及百分之十九的票數，實際上等於對任何議案都擁有否決權。儘管所有的會員國都擁有一票「基本」票，但根據每個國家的經濟實力，另外還可以分到額外的「配額」票。配額票在國際貨幣基金會成立之初即已存在，結果使基本票所佔比例從百分之十二點四降到只剩百分之二點一。這樣一

點點餅乾屑，如今能分到的更是少之又少了。國際貨幣基金會成立以來，新增的會員國多達一百三十五個，如此一來，佔絕大多數的國家反而全都被邊緣化了。⑦

強化西方國家掌控布雷頓森林體系的，還不止這種投票制度。國際貨幣基金會與世界銀行都設在美國，在運作上則與美國財政部保持密切的磋商；世界銀行的頭頭是由美國指定，而國際貨幣基金會的掌櫃則是由歐盟挑選。按照聯合國發展計畫署輕描淡寫的外交辭令，這些規矩和傳統，使國際貨幣基金會與世界銀行「完完全全都聽他們的最大股東」——美國。⑧

國際貨幣基金會與世界銀行的活動焦點，早已經從原始會員之間的互助轉移到南方的自由化與「開發」，再加上布雷頓體系的精心設計，南方的代表性不僅極度的不充分而且根本難以翻身，使得這個體系變成了新殖民主義的俱樂部，由富有國家獨家設定條件，大做其借錢給貧窮國家的獨門生意。這種嚴重的失衡必須趕緊矯正過來。布雷頓森林體系，無論在作爲上與作法上，都需要徹底重新定位。

只要看看這個體系所造的孽，許多臨時性的改革就必須趕緊先做，爲以後革命性的改變做好準備。國際貨幣基金會與世界銀行都必須變成一會員一票的組織。如果做不到這一步，相對於配額票，基本票的價值就必須提高，增加貧窮會員國在決策中的份量。在國際貨幣基金會與世界銀行的董事會裡面，貧窮國家的代表性也應

該更大，兩機構的首腦則應公開選舉產生。

國際貨幣基金會與世界銀行所開出來的條件，借貸國政府通常無法拒絕，殊不知政府只是自以爲代表人民，而所有的代價到頭來還是由人民來承擔。因此，在對政府之外，國際貨幣基金會與世界銀行也有義務向直接受到影響的人民負起責任。世界銀行已經採取一些步驟，負起準司法的責任。一九九三年成立監察委員會，針對貸款違背世界銀行政策等情事，受理民間的檢舉；一九九九年設立執行諮詢／檢查（Compliance Advisor/Ombudsman）的專責單位，針對國際金融公司（International Finance Corporation）與多邊投資擔保機構（Multilateral Investment Guarantee Agency, MIGA）所援助的計畫案，處理有關社會與環境的申訴。這些當然都是好現象，但其權責僅止於提供諮詢，因此有必要予以強化，將其審查結果落實生效，並將這種準司法的負責概念擴大，涵蓋世界銀行與國際貨幣基金會所有的業務。此外，布雷頓森林體系也應該向聯合國負責，由後者的一個單位評鑑其業務，是否違反其本身的規則或聯合國的相關標準與協定。

另外的改革則是要求這兩個機構透明化。兩個機構所發表的報告，範圍應予擴大，尤其不可漏掉國際貨幣基金會內部稽核室（Office of Internal Audit and Inspection）與世界銀行營運評估處（World Bank's Operational Evaluation Department）這兩個單位。評估

某項計畫或國家的經濟，相關報告必須使用當地語文，定稿前也應與相關地區所有的利害關係單位合作。此外兩個機構召開董事會必須公開；議決提案必須經過投票並公布結果，會議記錄隨時可供取閱。

弱化布雷頓森林

布雷頓森林已經被迫採取守勢。公開要求取消債務的呼聲，已經激起高度負債貧窮國家採取主動。衆所矢之的結構調整綱領已經出局，取而代之的是去除貧窮的策略，儘管效果不彰，卻也聊勝於無。一九八〇年代末期，對於全球環境惡化的關切，首度發難就催生了全球環境基金，接下來，在七七集團國家，聯合國發展計畫署與聯合國環境署的支持下，經濟合作暨發展組織及世界銀行也放鬆了對該基金的控制。⑨所有這些動作顯然都非盡善盡美，但也都代表這兩個機構正在走下坡，爲妨害與解構綱領提供了打擊的基礎。

取消債務雖然是當務之急，妨害與解構綱領的打擊點還必須再擴大，其中包括拔掉世界銀行與國際貨幣基金會的毒牙，解放開發中國家，在經濟在地化的架構下追求永續的發展。此外，援助必須增加，以因應過渡時期的轉型；動輒要求附加條件，如結構調整，必須終止；透過聯合國主持的破產程序，債務國應受到免責貸款

與無償債務的保護。

貨幣價值的維持，無論債權國或債務國都非常重視，布雷頓森林體系正是利用這種既敬又怕的心理操作它們的權力。世界銀行靠砸錢就能通行無阻，又利用出售債券充實實力；債務國擔心信用會遭到拒絕，不得不屈服於結構調整綱領的條件之下。妨害與解構綱領的核心行動之一，就是發起一項運動，鼓動可能購買債券的國家採取杯葛行動，讓世界銀行籌錢無門。同樣地，債務國反正債多不愁，大可團結起來，收回抵押出去的權力，一個接一個，退出布雷頓森林。這也是妨害與解構綱領所要發起的一項運動，說服無力償還債務的國家賴債到底，結構調整的條件全都拋到一邊，互相打氣，並在其他認同的開發中國家支持下，重整有活力的在地經濟。

由於八大工業國的政府都在世界銀行與國際貨幣基金會擁有股份，正因爲如此，國際貨幣基金會對客戶國家的牢牢掌控，如此一來必將應聲瓦解。

妨害與解構綱領的打擊行動能否成功，八大工業國內的綠色組織，非政府組織與民間團體可說是責無旁貸。八大工業國不僅有義務取消他們的雙邊債務，也有責任協助解除由他們一手控制的多邊債務。國際貨幣基金會一再的造孽，無恥的官僚固然要負責任，因爲正是他們俯首接受結構調整的條件，才毀了人民的生活與生計；但是，八大工業國的首腦與部長們也難辭其咎，因爲正是他們批准國際貨幣基金會的

行動的。

西方國家的民間團體結合起來，要求政府注意他們的代理機構所造成的衝擊，最令人鼓舞的例子莫過於大赦二〇〇〇運動。一九九八年五月十六日，八大工業國在英國伯明罕集會，會場外，五萬群衆加入一場完全和平的大赦二〇〇〇示威，抗議「第三世界」遭到的債務衝擊。相同的示威接著在科隆與布拉格上演，二千四百萬人連署了大赦二〇〇〇請願書。一時之間，八大工業國的領袖們只有挨打的份，總算做出小幅讓步，但隨著千禧年的過去，大赦二〇〇〇自己訂的時程也跟著終結。

從大赦二〇〇〇，可以學到兩個教訓。妨害與解構綱領打擊國際貨幣基金會與世界銀行這兩個彪形大漢，千萬不可自己定死一個短期內達成目標的時程，也絕不可以讓半調子的讓步蒙混過關。要集結大數量的個人與團體，就一定要有清楚的訴求。爲了要維持妨害與解構綱領的戰鬥力，所採取的戰術就必須隨機應變。對於八大工業國高峰會議，國際貨幣基金會與世界銀行的會議，大規模的抗議示威固然有其效果，八大工業國的國內選舉則提供另一種運動的機會，綠黨的候選人可以藉此推廣經濟在地化的政策，非政府組織也有機會評鑑各個政黨政綱的良窳。

啟動變局

取代現行的國際體制，少不了要經過廣泛的國際性辯論與同意。爲了加速進程，妨害與解構綱領的支持者必須加倍努力，成立一個由聯合國背書的國際委員會，以七七集團與非政府組織爲主要代表，以全球治理爲宗旨。委員會負責評估布雷頓森林、世貿組織與其他多邊組織的功過，檢驗標準包括聯合國發展計畫署的千禧發展目標（Millennium Development goals）與其他國際協定，例如京都議定書、國際勞工組織的標準及聯合國人權宣言。除了就未來的國際安排提出建議方案外，對於綠色馬歇爾計畫有關北方補償南方的標準與方式，委員會也賦有特別的職權提出相關建議，使北方爲過去糟蹋全球經濟，濫用自然資源，以及快速積欠氣候債務付出代價。

未探查的領域

正如我們早先講過的，一切都還言之過早。我們的革命策略必須隨著革命所產生的過程不斷修正，邁向後革命的安排雖然都已預做規劃，但是，套一句西班牙的諺語：「旅人呀，此去無路；路是走出來的。」

IV

替代方案的實施

Applying the Alternative

經濟在地化的原則幾乎可以用到任何公共政策的領域，就大部分情況而言，其結果也可以在全球性的正義運動中得到近乎普世的支持。說到公共政策，能源就是一個重點。比起大規模的集中生產，分散能源供應可以說好處多多，既可以使棄置不用的在地再生能源得到充分利用，又可以避免大規模基礎建設，如興建水庫或大發電廠所引發的重大社會與環境問題。它既有助於推動本土的製造與技術能力，又因為不需要大筆借貸，可以降低負債的風險。它的每一單位資本投資可以製造更多的就業，也更有利於在地社會的控制，使社會能夠規劃並滿足本身的能源需求。對開發中國家二十億的貧困農民來說，他們既沒有高壓輸電網，又缺乏現代的商業能源供應，能源在地化所代表的，正是一項可行而且能夠永續的選擇。①

交通運輸是另外一個很好的例子。我們已經大略提過，從距離不斷增加的遠地，運輸越來越多的貨物，已使環境的成本大幅提高。經濟在地化不僅可以扭轉這種趨勢，還可以降低對交通基礎建設的大量需求，因而提供多方面的潛在經濟利益。每當推動新的建設計畫，例如機場或大規模的公路系統，總是宣稱新的建設可以帶來新的工作與地方的成長，但往往忽略了另外一種可能：新的公路或增加的飛航班機，將會使其他地區的商品更方便進入在地的市場，威脅到在地自產的商品，而在地的就業機會也可

能因而流往新機場所連結的另一端。英國政府政務委員會所提出的一篇報告就承認，這種可能性確實存在。報告評估重大公路建設的傳統經濟效益時指出：「經濟地理學證實，交通的改善或許有利於地方或區域的經濟，但並不保證只利於道路的一端——道路是兩頭運作，在某種情況下，效益反而是朝另一個競爭的地區遞增。」②

道路運輸與航空交通，如果將隱藏與機會成本一併算進去，運輸系統在地化所產生的效益顯然大得多，其中包括：由於污染減少，衛生保健的支出將隨之降低（英國單為道路運輸在這方面所花的錢，估計約為每年二百億英鎊）；③資源分配到其他的建設上，所能創造的就業機會多於長程運輸；以及政府對航空業的補貼降低，所省下來的資源重作分配（在英國，估計每年達九十二億英鎊）。④

但是，在全球性的正義運動中，實施經濟在地化，有些問題仍具爭議性，尚待釐清。為了進一步辯明，本書最後一卷將針對全球化引起廣泛爭議的部分，檢視三個至關重要的議題。第九章來看看農業，這塊自由貿易永遠搬不開的絆腳石；第十章檢視貨幣聯盟，歐盟對全球化最重要的回應；以及第十一章，在一個競爭越來越無情的世界，思考一下多邊主義（multilateralism）的遠景。

9 農業在地化：解答全球性問題

Local Food: The Global Solution

如果你想找一個人來投靠你、依賴你，條件是跟你合作，在我看來，光是要餵飽他就是一大負擔。

——美國副總統韓福瑞（Hubert Humphrey）①

農業已經出現危機。無論已開發或開發中世界，農民的生計都沒有著落，單一作物正在扼殺農村經濟錯綜複雜的多樣性。今天這個世界，糧食生產足夠餵飽整個世界還有得剩，卻有數以百萬計的人正在挨餓。作者走筆之際，世界糧食署（World Food Programme）估計，非洲有四千萬人急需糧食援助。②印度有一半的人口營養不

良。③甚至富有如英國，也有百分之七的人——約四百萬——三餐不繼。④但是，就在同一時間，已開發世界卻是肥胖成災。一九八〇年，英國被列為肥胖的人，女性為百分之八，男性為百分之六。到了一九九八年，肥胖人口的比例來了個三級跳，女性變成百分之二十一，男性百分之十七，而且這種趨勢絲毫沒有改變的跡象。目前，英國有超過一半的女性過重或肥胖，男性更高達三分之二。⑤同樣地，美國有百分之五十五點三的人超重或肥胖。⑥

世界最大經濟強權對此的回應，十足地偽善。美國與歐盟繼續高額補貼國內農業，卻要求別的國家農業自由化。二〇〇二年四月，美國總統布希簽署了一項二千四百八十六億美元的農業法案，一年提高農業補貼百分之八十，為期十年。⑦拜歐盟共同農業政策（Common Agricultural Policy, CAP）的農產補貼之賜，生產過剩的糧食以超低的價格傾銷到開發中國家新開放的市場，造成致命的影響。

正如我們將要談到的，北方硬塞給開發中國家的農業自由化，在整個問題中，佔了極大的一部分，問題的根本解答則是，透過農業在地化，達成糧食安全的目標。

很諷刺的是，北方之所以弄出一套周詳的農業補貼政策，主要動機居然是確保國內的糧食安全。共同農業政策就是典型的例子。其目的定位於一九五七年，以回應歐洲當時普遍的糧食短缺，目標則是增加產量，提高農民所得，穩定市場，以及最重要的，確保以合理價格充分供應糧食。不難想像的是，這在當時正是普遍的民心，一套複雜的實施機制也應運而生，包括產品補貼、以最低保證價格直接給付生產者、徵收進口稅、出口補貼，以及收購過剩農產進行市場干預。

如今看來，共同農業政策的某些目標根本達成得過了頭，以致造成大量的生產過剩，並大舉傾銷到世界市場，價格低到斷絕了在地產品的生路。舉例來說，歐洲乳品巨人愛爾樂食品（Arla Foods）出口價值四千三百萬英鎊的乳品至多明尼加共和國，歐盟為此給予一千一百萬英鎊的出口補貼。此舉使得愛爾樂牛奶的價格比在地產品便宜百分之二十五，過去二十年來，多明尼加共和國因而失業的乳農多達一萬人。⑧

歐洲農業快速壯大，也導致農地面積增大，機械化增加，以及化學及能源的使

用加重，結果是樹籬剷除，塘水抽乾，土地侵蝕，水源污染，鳥類、哺乳動物與昆蟲的數量急遽減少。

儘管出口大獲全勝，共同農業計畫卻沒有爲絕大多數農民與農村帶來社會與經濟的安全，農業密集化只便宜了大農吃掉小農，農業人口減少，共同農業政策的好處全都直接進了少數大農的口袋。歐盟百分之二十最富有的農夫，分掉了百分之八十的農業補貼。屠宰場與奶酪廠集中化，更不利於偏遠地區的小農。

本身的糧食安全無虞，北方的腦筋動到了南方，開始爲過剩的產品尋找市場出路。但是，扭曲南方農產品市場的，還不僅止北方出口傾銷一樁而已，世貿組織的農業協定（AOA）加上結構調整，兩把利刃般刺入開發中國家，更使北方農產品如虎添翼，殺進外銷市場。越來越多的農業商品潮湧進入，使得原已動盪多變的市場更爲脆弱，迫使更多的國家陷入同類產品競爭，結果導致價格大跌。舉例來說，一九九〇年代中期，國際貨幣基金會強迫海地稻米市場自由化，美國的廉價米排山倒海進口，在地產品應聲倒地，數以萬計的農民生計全毀。十年前，海地的稻米尚能自足，如今卻必須將出口所賺得的半數購買美國的進口米。在許多低度開發國家，拜歐盟與美國補貼政策之賜，出口獲利的辛苦所得，往往就這樣付諸流水，其金額遠大於已開發國家對他們減免的債務。⑨

原本是要克服戰後的食物短缺，後來卻變成爲生產過剩的農產品尋找新市場，導致農業政策劇變，各國紛紛競相降低出口產品價格，國內產品慘遭打擊。國際貿易規則一面倒向農產企業、工業化生產與遠程運輸，在地的糧食安全就在交易的轉手之間犧牲掉了。最近，英國糧農部大臣賴瑞・惠提（Larry Whitty）倒是說了老實話，他說：「推動政策的，不是達到自給自足的目標，而是競爭、競爭、競爭。」⑩

糧食大交換

一點也不令人驚訝，這種政策的轉變，使得國際食品貿易大幅增加。以過去三十年爲例，歐盟會員國的食品輸出增加了百分之一百六十四與百分之一千三百四十。但諷刺的是，這並不是說歐盟已經達到自足並輸出過剩產品，因爲它仍然是全世界最大的食品進口地區。就在同一時期，歐盟進口的某些食品也大幅增加，高達百分之二百八十九。這種情況也不斷在全球上演。一九六八至一九九八年間，世界糧食生產增加了百分之八十四，但同一時期的國際食品貿易卻暴增三倍，幾乎每種食品的貿易都成長兩倍。⑪

毫無疑問地，傳統的經濟學家將這種情形視爲好現象，證明糧食生產專業化的

增加，各國傾全力生產具有比較利益的產品，然後進口別處較有生產優勢的產品。但是，仔細觀察各項數字的結果卻顯示，在國際食品貿易的成長中，同一個國家同一時間進出口的產品，大部分都是同一類的。英國與歐盟的情形就是最佳例子。一九九八年，英國自荷蘭進口六一、四〇〇噸禽肉，但也出口了三三、一〇〇噸禽肉至荷蘭。同年，英國進口二四〇、〇〇〇噸豬肉與一二五、〇〇〇噸羊肉，卻也出口了一九五、〇〇〇噸豬肉與一〇二、〇〇〇噸羊肉。一九九七年，英國進口一億二千六百升牛奶，出口的牛奶卻達二億七千升。同年，二萬三千噸奶粉進口英國，卻也有十五萬三千噸出口。一九九九年，歐盟從阿根廷進口四萬四千噸肉類，從波札納進口一萬一千噸，從波蘭進口四萬噸，更從巴西進口七萬噸。同一年，歐盟出口到世界各地的肉類，總數卻高達八七四、二一一噸。⑫

整個情況看來，世界農業已經變成國際競爭的奴隸，生產者全都身陷既荒唐又浪費的全球食品大交換的牢籠，唯一得到好處的，就是少數農產企業巨人，其他每個人都在付出代價。

食品大交換的代價

環境的衝擊

為了出口，農業生產密集化，必須大量依賴化學肥料、殺蟲劑與除草劑，進口商要求的高價精緻產品如水果、花卉與蔬菜尤其如此。於是農業化學污染了水源，傷害了野生動物，加上食品、飼料與飲水中的殘留，又對人類與動物的健康構成了威脅。大規模單一作物的生產、大量使用肥料、殺蟲劑與除草劑，則造成嚴重的土壤侵蝕，摧毀自然物種，減少了生產的多樣性。

因農業化學污染所產生的成本，並沒有單獨計量的數據，但從幾項指標上卻可以看出，這個問題在密集農業地區的嚴重性。例如，一九六〇年代至一九九〇年代的三十年間，相當於一百萬個足球場大的草地牧場，在英國已經全毀。⑬二〇〇〇年，美國食品藥物管理局檢驗美國生產的穀物與穀類製品，農業殘留高達百分之四十三點三，水果則更高達百分之五十八點三。⑭歐洲環境署的報告指出，一九九七年農地使用的氮肥普遍過量，在一一三個調查過的地區中，有九十一個地區確定或「很可能」已經造成硝酸鹽對水源的污染。⑮硝酸鹽污染正是水域優養化的主要因

素。結果導致水生植物大量繁殖，奪走水中大部分的氧氣，使其他生物無法存活。

現代化的密耕農業導致土壤侵蝕，肥沃的土地因而流失。一九七〇年代，美國爲了增加穀物出口，在玉米與黃豆生產區所造成的土壤侵蝕增加了百分之四十。今天，美國約百分之九十的玉米田，表土已經流失，速度快到難以回補；以全球來說，據估計，每年流失的可耕地多達一千二百萬畝，佔全球耕地的百分之一。⑯農民放棄原有耕地，轉往未開墾的土地生產，即使不論野生棲息地的破壞，其所造成的其他成本已經相當驚人，其中包括：因土壤養分流失而增加的能源與肥料支出；因土壤惡化喪失涵養功能導致水份流失；以及多種「不當的」衝擊，如水道淤積的增加，導致洪水泛濫與水處理系統的過濾費用增加。一項研究的統計顯示，以一九九五年的物價計算，這些成本高達四千億美元，亦即每個美國人民每年要支付七十美元。⑰

另外，食品包裝與遠程運輸也增加了農業密集出口導向的環境成本，包括陸、海、空運輸使用化石燃料所造成的污染，以及爲生產交通載具、興建運輸基礎建設、開採石油做爲運輸燃料等，均對環境造成影響。這方面的影響，同樣缺乏單獨的數據，但是，只要比較一項產品因運輸所產生的二氧化碳排放量，就足以說明其嚴重性。每一公斤的蘋果，從紐西蘭送到英國消費者手中，運輸過程產生的二氧化碳也是一公斤；同樣是一公斤蘋果，在地產品透過在地蔬果運輸系統送到市場，所產生

表 9.1　各類運輸的能源使用平均數㉒

	能源消耗量（每 T-km 千焦耳）	二氧化碳排放（g/T-km）	烴排放（g/T-km）	一氧化氮排放（g/T-km）	一氧化碳排放（g/T-km）
鐵路	677	41	0.06	0.2	0.05
海運	423	30	0.04	0.4	0.12
公路	2,890	207	0.30	3.6	2.40
航空	15,839	1,206	2.00	5.5	1.40

T-km ＝貨物運輸噸—公里　g ／ T-km ＝克／噸—公里

的二氧化碳僅五十公克。換句話說，前者所製造的二氧化碳排放量是後者的二十倍。⑱的確，與貿易相關的運輸，正是溫室氣體排放快速增加最主要的來源之一。⑲大部分的食品運銷雖然都是透過陸路與海路，但航空食品運輸正快速成長。舉例來說，英國航空進口魚類與蔬果，一九八〇至一九九〇年間，增加了百分之二百四十。一九九〇年代，英國航空貨運（進口與出口）一年成長百分之七，到二〇一〇年時，預計一年將成長百分之七點五。⑳就貨物運輸的能源效率來說，海運是陸運的五倍，更是航空運輸的三十七倍（參閱表九・二）。低能源效率之外，航空貨運也造成極高的污染。一架 DC-10 飛機起飛兩分鐘所產生的二氧化氮，相當於二萬一千五百三十九輛汽車啓動後，從時速一英里到三十英里所排放出來的量。㉑荒謬的是，航空燃料完全不必繳稅，而京都議定書二氧化碳減量的規定還特別將飛機排除。

小農陷入威脅

農業密集化造成大量農業人口失業。在英國，過去二十年來，農業勞動力下降百分之二十，單單一九九九年，就減少將近二萬人。㉓英國糧農政務委員會報告，到二〇〇〇年六月前，二年之內，五萬三千一百個農人與農業勞工脫離此一產業，亦即每天有七十人另謀生路或失業。農地合併是造成這種現象的主要原因，英國內

閣更預估，到二〇〇五年，百分之二十五的農田——幾乎全屬小面積農地——將休耕或合併，又將有五萬人脫離此一產業。㉔

隨著農業勞動人口離開農村，其他的周邊行業跟著沒落。到一九九〇年代末期，英國農村沒落得觸目驚心：百分之四十二的鄉下教區沒有商店，百分之四十三沒有郵局，百分之八十三沒有醫生，百分之四十九沒有學校，百分之七十五沒有每日發車的公車。㉕

農業就業人口大幅下降，所有已開發國家都如出一轍。一九四一至一九九六年，加拿大的農民減少百分之三。一九三五年，美國有六百八十萬農民，今天只剩下不到一百九十萬，比美國的監獄人犯還少。㉖歐盟每年流失的農業工作，至少達到五十萬。眼看更多的國家加入歐盟，例如農業人口佔全國勞動力百分之二十七的波蘭，這種情況可能更形惡化。至於開發中國家，一旦農業體系「自由化」，已開發國家的情形可以說已經預告了一切。事實上已經開始了，一九八五至一九九五年，巴西就有五百萬農民離開土地。㉗印度的安得拉普來希省，採納了一項名爲「願景二〇二〇」的開發計畫，目標訂在二〇二〇年達到已開發水準。按照這個計畫，小農地將被合併，農民則成爲大型農產企業的契約工。計畫一旦展開，密集耕作的生產，使用機器作業，追求出口市場，淘汰小規模的家庭式農耕，估計喪失生計的農家將

達二千萬人。[28]同樣地，快速的都市化也將使四億中國農家的生計陷入危殆。

農村的小農經濟沒落，絕非農業全球化偶發的副產物，事實上乃是全世界「政府」精心設計的政策。英國政府前農村復興協調委員哈斯金爵士（Lord Haskins，亦爲北方食品集團前總裁）說過這樣有名的一段話：「田地將要變大了，那才是好事。許多農業改革家，像威爾斯親王，都希望農民排排站，等著接受補助，蓋間茅草房子，但那可是給鳥住的。農業必須打拚，更具有競爭力、更具有生產力。」[29]

二〇〇一年口蹄疫流行過後，相同口氣的話也出現在英國政府的一篇聲明中：「口蹄疫爆發所帶來的深創劇痛過後，爲重振英國的農業，政府計畫大幅減少農地與農民的數量。」[30]聲明發表後，農漁糧食部（Ministry for Agriculture, Fisheries and Food, MAFF）隨即提出三份報告，分別針對丘陵農地、乳酪業與農耕投入成本進行未來前景的調查。三份報告一致主張，大農地較具生產力，也比較有能力與南美洲及美國中西部的對手競爭，整個結論一字未提密集農業的巨大外部成本。

這種摧毀農村就業的政策也正在向全世界輸出。印度安得拉普來希省的願景二〇二〇計畫，就已經接受世界銀行與英國國際發展部（Department for International Development, DfID）的支持，國際發展部對印度的援助預算，三分之二給了安得拉普來希省政府，儘管該部內部對願景二〇二〇仍然充滿疑慮。根據報導，該部一份內部備忘

文件說，願景二〇二〇有「重大缺點」，對於「那些因土地合併而無法再從事農業的人……應該如何安置、善後，一點具體的辦法都沒有」。備忘的結論說：「契約農作的推行……對於糧食安全與廣大窮人的生計有負面的影響。」[31]

小規模農業的優點，其實有不少人大力予以肯定。例如美國農業部，就曾經一反其一貫支持農產企業的立場，在一篇研究中強調小規模家庭農作的優點，其中包括小農可以確保土地所有權與生物系統的多元。相較於大型的農作，美國百分之六十的農民，土地面積小於一百八十畝，在自然資源的管理上較能提供妥適的照顧。此外，小農的社區責任意識較高，生產者與消費者之間的聯繫更直接，也更能爲後代子孫提供知識的資源。[32]

英國政府的顧問也有過類似的主張。例如政府任命的農業政務委員會，在農業與糧食的未來這個問題上，就特別強調支持家庭農業對農村生活與環境的好處：「在國內某些地區，小農其實才合乎標準，從景觀上來看也是如此。我們希望看到小農與大農未來都有充分發展的機會。」[33]

在《英國農業之死》（*The Death of British Agriculture*）一書中，李查・諾斯（Richard North）有相同的看法：「事實很簡單，農業今天雖然還佔不到國民生產毛額的百分之一，但卻佔全國土地面積的百分之八十。土地——景觀——是我們重要的遺產，

是重要的觀光資源。對經濟來說，是一種實然的價值，是無法列入資產負債表的。」㉞

換句話說，我們絕不能將農業與一般的企業混爲一談，只知道去追求無情的效率，當然，環境上的一些「附加條件」卻是不可免的。小型的或「家庭式」的農作是永續農村經濟的關鍵，除了穩定就業與提供優質食品外，好處還眞是難以數計的。

糧食安全、飢饉與開發

國際糧食貿易毀掉了在地的糧食安全，英國就提供了極具說服力的例子。二〇〇〇年，英國進口四七四、〇〇〇噸蘋果，約佔總消費量的百分之七十。㉟但是，拜歐盟的補貼之賜，一九七〇年以來，英國自己國內的蘋果園，超過百分之六十都慘遭剷除。㊱即使英國自產的水果全數用於國內消費，也只能滿足水果自給自足的百分之五。此外，在其他方面，英國自給自足的能力也好不到哪裡去。牛肉要遠從阿根廷、納密比亞（Namibia）、波札那、辛巴威與澳洲進口，農漁糧食部最近的報告顯示，英國一方面出口雞肉到香港、俄羅斯與南非，另一方面又從泰國與巴西進口。㊲

在已開發世界，在地生產與消費的模式遭到侵蝕，對農村經濟體的環境與衛生

造成了重大的衝擊，但在大部分開發中國家，在地糧食安全的崩潰則是事關生死的大事。據估計，非洲目前有四千萬人活在亟需糧食援助的飢餓之中，而這種慘況隨著農業全球化有增無減。目前正遭遇乾旱的馬拉威，如果不是世界銀行硬逼著它出售存量，就不至於陷入糧食短缺。在非洲南部的許多國家，政府強迫農民除玉米外什麼都不准種，只因爲玉米能夠外銷，年頭好的時候產量又高。但以正常情況來說，傳統的穀類作物如高粱、小米比較適合當地的濕度變化，耐得住目前正面臨的乾旱。在一九八〇年代的飢荒中，衣索匹亞南部將近百分之八十的兒童營養不良，但這個國家卻寧願輸出餘糧，賺取外匯。㊳在辛巴威與坦桑尼亞，農民被迫要向官方授權的公司購買種籽，而且只供應玉米種籽。這一類的公司現在正逐漸由美國的農產跨國公司接手，進一步加深了在地糧食安全的危機。㊴

無論是透過世貿組織、世界銀行或國際貨幣基金會，國際貿易活動顯然是搞錯了方向。開發中國家身不由己地進入多變的國際市場，手中握的卻只是單一品種的現金作物，如此一來，完全失去了供應在地需求的能力。甚至連雙邊的糧食援助都只是在破壞在地的生產。因爲援助的糧食若能儘量就地採購，豈不才有助於在地其他的生產，使其能夠持續生存下去。

國際貿易的不斷增加無法解決糧食不足的問題。飢饉發生的地方，所欠缺的往

往不是糧食，而是缺乏購買食物的錢與生產糧食的土地。㊵在一些貧窮國家，數百萬人因失去土地而挨餓，卻爲了出口而大規模飼養牛隻，使得情況更爲複雜。舉例來說，爲了應付密集家畜飼養所需的飼料，英國自己每種植一畝飼料作物之外，海外還需要種植二畝才夠用。因此，歐洲家畜飼養的飼料，如木薯、黃豆與豆餅，有百分之三十需要進口；也正因爲如此，巴西有五百六十萬畝地，阿根廷有一百二十萬畝地，專門生產黃豆出口，這些土地如果用來種植在地人民所需要的糧食，情況就會好得多。

最後，在開發中國家，對農業進行不適當的改變，影響人民至深且鉅。在歐盟，農民僅佔全部人口的百分之五，任何改革，即使有影響，衝擊不至於太大，但是，在開發中世界，絕大多數的人口仍然是賴此維生，例如中國，農民佔百分之七十五，肯亞百分之七十七，印度百分之六十七，塞內加爾百分之八十二，在這方面，不可不愼。㊶

財團所控制的食物鏈

糧食大交換的結果，讓大型零售商與食品加工業者有更大的自由從全世界取得貨源，但卻以更廉價的進口貨逼得生產者互相殘殺——這種自由，加以放任到極

點，食物的生產與分配也就盡入財團掌控之中了。一九六〇年，個體零售商享有英國百分之六十的零售市場；到二〇〇〇年，他們的市場佔有率大幅縮小百分之九十。同一時期，連鎖零售業者的市場佔有率從百分之二十增加到百分之八十八，合作社的佔有率則從百分之二十降到百分之六。㊷根據過去五年歐洲的變化，食品批發協會（Institute of Grocery Distribution, IGD）預測，歐洲十大百貨零售業者的市場佔有率，在二〇〇〇至二〇〇五年之間，將從百分之三十七增加到百分之六十，預估總營業額將從二〇〇〇年的三千三百七十一億歐元，至二〇一〇年時增加一倍，達到六千六百九十七億歐元。㊸

英國四大連鎖超級市場，特易購（Tesco）、亞士達—沃爾瑪（Asda-Walmart）、聖斯伯里（Sainsbury）與沙弗威（Safeway）佔有全國市場的百分之七十，全都獲利極豐。二〇〇一年，最大的超市特易購獲利超過十億英鎊，比全英國農民加起來的總收入還多。換個方式來看，特易購一個小時所賺的錢，足足是全英農民一整年平均所得的十倍。

超級市場、食品加工業者與中間商，利用主導市場的優勢，聯手打壓產地價格。全國農民聯盟（National Farmers' Union, NFU）的一項調查，比較了十五種食品的產地與零售價格發現，農民的所得僅及零售價格的百分之三十。根據英國政府的統計，全

英食品連鎖獲利的總額，百分之八十五進了中間商、加工業者與零售業者的口袋，剩下的百分之十五才是農民與基層生產者的。㊹

但是，農民並不是唯一的受害者。連鎖超級市場所到之處，小店紛紛關門，在地工作流失，消費者付費更多，環境也遭到破壞（參閱專欄九．一）。

人與禽畜的衛生

小農飼養一些禽畜，送到在地屠宰場宰殺，或賣給在地的家庭肉販，在已開發國家，那種日子已經成爲過去。過去的十年中，英國的個體屠戶已經少掉了三分之一。屠宰場的數量也從八百五十遽減成爲四百，此一趨勢在歐盟的法令規定下仍將加速。一九七九年的時候，英國有一半的肉類是由家庭肉販銷售，超級市場賣出約四分之一。到了一九九九年，肉販的銷售量僅百分之十四，超級市場則佔百分之七十三。㊽

今天，肉類全由大廠商生產，飼養在集中化的大型農場，禽畜動輒數千數萬，然後運往遠處屠宰，產品則銷往國際市場。整個系統的設計，幾乎很少考慮到禽畜的衛生與疾病的散播。

最近幾樁食品衛生的恐慌，充分突顯食品與家畜飼養在國際貿易中潛藏的風險。

專欄九．一　超級市場㊺

- **超級市場給消費者的價格並非最好的**。超市只有極小部分的商品是以低價供應。地球之友（Friends of the Earth）最近調查發現，超市所賣的蘋果最貴，價格遠高於市場攤販與水果行。㊻永續二〇〇〇（Sustain 2000）的調查也發現，水果與蔬菜的價格，市場攤販比超市便宜三分之一。㊼
- **超級市場偏愛進口貨超過國產品**。百分之八十四的購物者表示，他們希望超市多賣當季的國產品。㊽地球之友的調查發現，即使是在英國蘋果盛產期，四大超級市場所供應的蘋果中，國產蘋果不到一半。㊾
- **超級市場用以大吃小的策略讓小農走投無路**。競爭委員會（Competition Commission）發現，超級市場經常故意遲開發票，以運貨與包裝不符，甚至本身訂貨時發生的錯誤，扣減供應商的貨款。㊿
- **超級市場壓榨農民**。全國農民聯盟發現，消費者花三十七英鎊買的一籃食品，農民所得僅十一英鎊。競爭委員會發現，市場佔有率最大的特易購，付給生產者的貨價最低。(51)

- **超級市場迫使小商店走投無路。**每天平均有八家小商店歇業。[52]小的個體商店完全無力與大型超市競爭。
- **對於活絡在地經濟，超級市場的貢獻比不上在地商店。**新經濟基金會發現，在地商店使更多的貨幣於在地經濟體內流通。[53]
- **超級市場毀掉工作。**英國零售推廣討論會（British Retail Planning Forum）指出，每逢一家大型超市開業，平均就會少掉二百七十六個工作。[54]
- **超級市場遠距進口食品，經常都是空運。**例如，從南非以空運進口二公斤嫩胡蘿蔔至英國，飛行九千六百二十二公里，排放的二氧化碳多達十一公斤。[55]
- **超級市場透過自己的配貨系統，長程運送食品。**百貨流通協會統計，聖斯伯里的運貨車，二〇〇二年在全英國繞行了一千五百七十萬公里，亞斯達—沃爾瑪繞行達一億四千七百九十萬公里。[56]
- **超級市場以人為的美觀高標準，造成食品的浪費。**地球之友的一項調查指出，蘋果果農發現，超級市場經常憑外形、大小或顏色將水果淘汰，完全無視水果本身絕對是可食用的。[57]

二〇〇一年，英國爆發口蹄疫，進口的豬隻飼料涉有最大的嫌疑。甚至生產廠商的代表都承認，全球化脫不了干係。英國全國養豬協會（UK National Pig Association）的史考特（Digby Scott）說：「超級市場的貪婪與不惜一切代價推動全球化，已經將這個國家變成一個廉價肉品的餿水坑了。」⑲口蹄疫爆發期間，英國農民聯盟理事長班吉爾（Ben Gill）問道：「去年我們在東盎格魯碰到豬瘟，病源來自亞洲，今天又來了口蹄疫，病源也是亞洲，這難道只是巧合嗎？更自由的世界貿易，現在問題來了。」⑳

爲了保護出口並儘早恢復非口蹄疫區的地位，英國政府採取了大屠殺政策，而不是在疫病周邊地區實施疫苗注射。超過一千萬隻的動物就這樣報銷。根據英國農民聯盟的統計，英國每年靠肉類與乳品賺進六億三千萬英鎊。但是，國家審計局估計，觀光的損失加上口蹄疫宰殺動物的政府補償，總值高達九十億英鎊。㉑換句話說，短短幾個星期的「趕盡殺絕」，要花十四年的出口才補得過來。更有人估計，這次災難的損失高達二百億英鎊。㉒

其他許多國家先後爆發口蹄疫，食品的全球貿易增加也被認爲是禍首。日本自一九〇八年以來未曾發生過，但最近卻捲土重來。走私進口廢棄食品做爲豬飼料，可能是南非爆發口蹄疫的原因。二〇〇一年歐陸的口蹄疫，元凶則可能是從英國出

口的受感染羊隻。[63]

一九八六年十一月至二〇〇〇年十二月之間，經證實的狂牛症病例，英國高達十八萬例，但實際上可能遠超過此數。自一九八九年起，法國、愛爾蘭、葡萄牙與瑞士，分別傳出本土性狂牛症的報導，爲數約一千三百件；另外，比利時、丹麥、德國、義大利、列支登士頓、盧森堡與荷蘭，有零星的報導。甚至遠至加拿大、福克蘭群島與阿曼也有病例，英國最近更出現變種的新病，庫賈氏症（Creutzfeldt-Jakob disease, CJD），病例數一百三十九。[64]在這些國家之間，大量的飼料與飼料配料交易無疑是這種疾病的始作俑者，而英國政府也承認，一九九〇至一九九六年間，輸出到七十多國的十七萬噸肉類與骨粉，很可能已經遭到狂牛症污染。[65]

運輸養肥待宰的活體動物，除了散播疾病外，另外還有讓人不忍的事，那就是整個作業大可不必那樣殘忍。舉個例子來說，滿載兩輛貨車的羔羊，四十八小時在烈日之下，一路從英國「烤」到希臘。據看到牠們的人說，牠們「實際上已經被活活地煮熟了。」[66]

就算這只是個極端的個案好了，每年長程運輸的活體動物又何止數以百萬。例如一九九八年，歐盟各國之間的運輸往來，就有六百八十萬頭豬、二百九十萬頭牛，以及二百五十萬隻羊。[67]歐盟的政策不僅積極鼓勵農產品的出口，也大力推動了活

體家畜的輸出。生產者每出口一頭活體家畜，可以從歐盟獲得四百英鎊的出口補貼，以「補償」在歐盟本地可以賣到的較高價格。同樣地，歐盟的政策也鼓勵密集養殖，實施「頭數」給付與配額，獎勵以最低成本製造最大的產出。

從一九八〇年代中期起，另外還有多種食品危機，如沙門氏菌、大腸桿菌、豬瘟以及戴奧辛污染家畜飼料，其傳播都與長程運輸、食物鏈的複雜化與擴散脫不了關係。而國與國之間的疫病交流、牲口壓力的不斷增加，以及食品來路不明等所引起的問題，也都與這些因素有關。

家畜產品使用抗生素與荷爾蒙，是食品安全與動物福利的另一個重大問題，而這問題不僅與動物有關也危及人類的健康。歐盟從一九九八年起禁止販售施打過人工生長激素的牛隻肉類，並且不分國內產品與進口產品一體適用。人類如果暴露在人工荷爾蒙之下，可能致癌並導致女孩子早熟，至於食用了肉類殘留的人工荷爾蒙，是否導致同樣的危險雖然尚不確定，但基於已知的可能風險，加上民間的普遍要求，歐盟所採取的禁止標準是「零風險」，亦即不是「評估未確定風險的可容忍度，也不必等到對人體產生負面健康效應的時候」，歐盟甚至連公眾暴露於這種風險的可能也一併予以禁止。其結果是，美國於一九九六年一月向世貿組織提出申訴，挑戰歐盟的這項禁令，兩年後，世貿組織仲裁委員會裁決美國勝訴。面對世貿組織的裁

決，歐盟選擇維持禁令，但必須爲此對美國付出「賠償」。[68]

埋單

破壞環境，毀掉無數農村的生計，強調糧食大交換的農業體系已經成爲衆所矢之。製造更大、更密集的農場，犧牲掉更小、更永續的田園生活，以及不人道地對待動物，也都遭到了嚴厲的譴責。但是，表面廉價的食品，眞正製造的代價卻是隱藏的，是已經埋過單的，一言以蔽之，全都算在衛生與環境的清潔預算中，也算在最近爲狂牛症與口蹄疫所付出的補償中。至於整筆帳到底要怎麼算，看來根本是不可能的。非有機農作在英國對環境與人類健康的影響如何，有一項研究估算的結果是，每年的成本高達二十三億四千萬英鎊（依據一九九六年的資料）。舉例來說，在這種隱藏的或「外部」成本當中，很重大的幾項包括：殺蟲劑對飲用水的污染（每年一億二千萬英鎊）；硝酸鹽的污染（每年一千六百萬英鎊）；野生動物、棲息地、樹籬及石牆的破壞（一億兩千四百萬英鎊）；污染廢氣的排放（十一億一千三百萬英鎊）；土壤侵蝕及有機碳流失（九千六百萬英鎊）；食物中毒（一億六千九百萬英鎊）；以及狂牛症（六億七百萬英鎊）。總的算起來，再加上共同農業政策的補貼，每畝的成本爲二〇八鎊。[69]

生產者與消費者同樣都會明白，這筆錢根本就是不值得付的。一項全球性的糧食運動已經興起，在北方也在南方，要求徹底改變現狀。類似生存運動（La Via Campesina）——由小農、家庭農戶、農村居民、無土地原住民組成的一個全球性的聯盟——之類的團體，正在大力倡導「糧食主權」的觀念，強調在地糧食保障優先於出口產品與進口依賴，並免於農產跨國公司的控制。這些團體要求，農業補貼政策應該改弦易轍，從導致出口傾銷的密集生產轉向，過渡到更廣泛的有機農作，並採行高標準的動物福利，減少殺蟲劑的使用，更少依賴昂貴而危險性高的基因改造產品（GM）。另一項重要的要求則是土地重分配，藉此重建農村經濟，消弭財富不均，包括農村地區本身，以及農村與都市之間。

雖然極爲有限，但這些要求已有部分獲得採納。例如歐盟已經規定，到二〇一二年，歐洲農場將逐步禁用孵卵器。又如，將共同農業政策的補貼與農作產量脫鈎，轉移到農村發展與環境計畫的整合上，這些建議也都獲得了同意。禁止活體家畜出口的要求正逐漸成熟，而接二連三的食品恐慌之後，食品衛生的法令也趨於嚴格。但是，所有這些零星的措施都只是要應付最嚴重的症狀，整個體系的根本問題卻仍不動如山。譬如說，迫使許多小農走投無路的屠宰場問題，大可訂定新的法令予以規範，至於減少食物鏈的複雜化與地理擴散，停止長程運輸活體家畜，以便在第一

來源就遏阻疫病的傳播，卻又完全是另外一回事。因爲後者才是眞正的問題所在。

更爲嚴重的，也正是衆多農民所憂心的是，大部分這些措施都是雙刃的。爲了要符合較高的標準，農民所要負擔的成本就會相對較高，如此一來，面對競爭的能力也就更弱。可以想像得到，對農民來說，這無異於要求他們同時去達成兩項相互抵觸的任務。世貿組織的貿易規則逼著他們更具有國際競爭力，並追隨國際市場的腳步，但另一方面，消費者與某些團體，如歐盟，又要求較高的動物福利與環境永續標準。對農民來說，如果世界市場的價格低於生產成本，如果競爭對手的環境、福利或社會標準較低，這些要求顯然就是在強人所難了。

歐盟的經濟暨社會委員會最近提出一份報告：《共同農業政策的未來》（*The Future of the CAP*），對於這種矛盾已有相當清楚的認知。報告說：「對『傳統的』農民來說，經濟的壓力正在快速地增強。對於農業生產，社會提出了新的要求（永續性、多元功能性），而有增無減的激烈競爭又對農民構成高度的急迫性，二者之間的緊張正在日益升高。」⑦⓪小農與家庭農戶聯盟、家庭農戶協會，這類的團體已經一再發出警訊，將這種相互衝突的要求加諸於農業生產上，對農民生存已經構成極大的威脅。

很明顯地，我們想要在全世界重建繁榮而且眞正永續的農村經濟，並以食品的

安全與營養爲基礎，達成在地的糧食保障，但是，強迫性的全球競爭卻有如一道詛咒橫亙在我們的前面。對於食品貿易的全球化，我們必須更有力地反擊，並朝著農業的在地化努力以赴。

在地的糧食——全球的解答

要免於國際競爭，就要以在地糧食安全做爲農業政策的中心目標。這種觀念看似落伍陳腐、毫無價值，但是，如果要餵飽這個世界而又不需要訴諸密集農業，製造一堆隱藏成本，在地糧食安全還眞是唯一的途徑。國家（或地理上與經濟上密切相關的區域）有權決定自己的糧食安全政策，總之，就是應該享有自己的「糧食主權」。

美國鄉村社會學家傑克・柯萊本伯格（Jack Kloppenberg）造了一個詞，「糧庫」（foodsheds），正好可以拿來說明這個概念。按照柯萊本伯格所下的定義，所謂糧庫就是「自給自足的、以在地或區域爲基礎的糧食系統。這個系統由多元化的農作組成，採用永續經營的方式，提供更新鮮、更營養的食品原料給加工者與消費者，並以社會與經濟的連帶關係將生產者與加工者、消費者結合成爲一個整體」。⑪在這

個世界上，許多地方確實有糧庫的存在，特別是在開發中國家，只不過在超級市場的統治下，如今僅是餘緒猶存而已。但令人鼓舞的是，對全球化市場的自發性反彈已經在某些地區展開，糧庫也重新回到農業的風景線上。例如英國，農民市場就正在蓬勃地發展。從一九九七年第一個實驗性的農民市場在巴斯（Bath）出現，到二〇〇二年，短短五年，全英國已經有四百五十個定期市場運作。另外據估計，每年還有七千五百個個體戶市場出現。所有這些市場二〇〇二年的年營業額約為一億六千六百三十萬英鎊，成績令人刮目相看，足足比兩年前的六千五百萬英鎊成長了二倍。⑫農民市場嘉惠農民，因爲他們的產品可以得到公平的價格，也嘉惠消費者，因爲他們可以有所選擇、品質保證並付合理的價錢。農民市場又對環境有利，因爲不需要太多的運輸與包裝，而且生產方式比較有機，也不是那麼密集；農民市場對農村經濟也有利，因爲貨幣可以在地方上流通，並可以培養在地的強烈感情。

在地化的重新起步，儘管第一印象就令人深刻，但若要將英國經驗推廣出去，達成全球性的在地糧食安全，顯然還有漫漫長路要走。特別重要的是，農業政策傾向農產企業、超級市場與跨國公司的權力運作必須從根本上轉向，世貿組織的規則與其他的自由貿易協定也必須從根本上改寫。爲了要能達到此一目標，就必須採取一些步驟，特別是在已開發世界。以下就讓我們爲這些步驟勾畫出輪廓。

揭開隱藏的成本

生態稅的建立，對於農業在地化至關緊要。唯有如此，農業因環境破壞、密集生產與遠程運輸所形成的實質成本，才能充分反映到食品的價格上。尤其重要的是，所有的運輸工具都應該課徵化石燃料稅，包括現行免稅的航空貨運在內。化學肥料與殺蟲劑也有必要課稅，以減少污染，並鼓勵改用較少能源與化學用品的密集農作。

停止生產過剩並保護環境

要停止北方所製造的生產過剩與傾銷，以降低過度密集農業所造成的衝擊，一般所開出來的處方，無非是將現行的補貼與產量脫鈎，轉而用到環境與發展的計畫上去。乍看之下，這方面的改革確能消除過度生產的誘因，減少有害環境的農作措施。儘管歐盟有些國家，如德國與法國，對這種改革採取抗拒的態度，以此爲主軸的改革壓力卻已經持續多年。二〇〇三年六月，一項針對共同農業政策的改革方案終於上路，承諾在價格方面降低部分補助，亦即將補貼與產量局部脫鈎，並將共同農業政策複雜的產量特別補貼併入「單一農作給付」。這項給付不僅與田地的大小有關，而且必須「完全符合」十八項有關環境、食品安全與動物福利的標準。改革

本身是一項妥協的產物，是礙於法國的反對，摻過水之後才通過的。其結果是，全案最快也要到二〇〇五年才實施，截止時間則訂在二〇〇七年；另外，「為減少土地廢耕的風險」，歐盟各會員國「得視各自的需要」，繼續維持產量與補貼之間的密切關係。⑬

對於這次的妥協，各方的反應不一。參與談判的政府當然是大力予以肯定。英國國務大臣瑪格莉特・貝克特（Margaret Beckett）認為，這項成果的「重要性，再怎麼說都無法予以否認」，⑭而法國的談判代表赫維・賈馬（Hervé Gaymard）則厚著臉皮宣稱：「老實說，我認為這樣的妥協，就法理上來講才讓我們無話可說。」⑮事實上，正是在法國的壓力下，才做成重大的讓步。此一讓步令歐盟國家的許多大農喜出望外。對他們來說，脫鉤本來已經是意料中的事，卻沒想到不但補貼保住了，而且還與田地的大小有關。為此，英格蘭與威爾斯的全國農民聯盟分會，對脫鉤的「歷史性」協定大表歡迎，宣稱「此舉將使農民能夠更認清市場的需求」。⑯主流的環境團體，如英國皇家野鳥保護協會與保衛鄉村英格蘭運動也肯定此一方案。只有發展團體不滿協定的一面倒，世界發展運動（World Development Movement）當時的執行長貝里・寇茲（Barry Coates）辛辣地批評道：「這個方案的漏洞比農夫的套頭毛衣還多。」⑰牛津拯飢委員會（Oxfam）回應此觀點，指責放水條款仍然維持產量與

補貼的關係，事實是，歐洲農業補助每年的總額仍將維持在四百三十億歐元，直至二〇一三年爲止。⑱

歐洲農民仍將享有高額補貼，南方的貿易分析家同牛津拯飢委員會一樣感到憂心。他們辯稱，如果補貼的整個水平沒有降下來，脫鈎根本達不到減產的預期效果。舉歐洲穀類生產爲例，他們指出，歐盟在一九九〇年代就已經局部將產量與補貼脫鈎，但穀類產量並未減少。對於世界糧食價格，歐盟的干預雖然**加深**，比干預前的價格低了百分之五十，但對農民的直接給付卻更高，實際上無異於另一種方式的出口補貼。分析家總結指出，最近的改革不僅未使共同農業政策運作的透明度增加，反而更爲降低，因爲給付的標籤形成障眼效果，農民照樣接受補貼，只會繼續提高產量。⑲

很明顯地，如果要徹底瓦解不公平的出口傾銷，已開發國家就必須停止假給付之名行出口補貼之實的幌子。但縱使如此，未必就能如願達成終止過度生產的效果，因爲促成生產過剩與密集農業的因素，補貼並非唯一。在某些部分，例如穀類，補貼確實是始作俑者的因素之一，但歐盟百分之八十的補貼對象是僅佔百分之二十的大農，佔絕大多數比例的農民根本一毛錢都沒領到。此外，最密集的農業種類，如養豬、家禽與蔬菜，歐盟也是完全沒有補貼的。農夫所賺的，無非是微薄的辛苦錢，

既然如此，一輩子都只做同樣的一件事，所爲何來。農民面對微薄的產地價格，不得不密集生產：同樣的空間養更多的禽畜，同樣數目的牛隻擠更多的奶，一畝地種更多的糧食等等。他們不得不以有限土地生產更多，只爲了要餬口度日，能養家活口。

這樣看來，導致密集生產、生產過剩與出口傾銷有兩個主要誘因：出口補貼與難以餬口的微薄收入。那麼，什麼樣的政策才能一舉將這兩個誘因都予以消除呢？最近與小農代表討論到這個問題，有一個激進的建議，是以糧庫定額產量與保證最低產地價格做爲基礎。⑻在農業在地化的制度下，每個糧庫區內，任何糧食的生產量都努力去達成一個目標，以滿足在地的需要，只有在地的特產才准許出口，例如熱帶或稀有作物。達成目標之外，糧庫區內每個農場都會分到一個視條件而定的定量配額，亦即按照各個農場遵守在地或國家所訂標準的程度，給予不同的配額，而標準則包括動物福利、衛生與營養標準，以及環境、生物多樣與農村發展目標。配額之訂定將可消除密集化的誘因，而整體目標之設定則可避免過度生產的發生。

但是，爲了要確保務農的充分收入，所有配額以內的產量便必須訂定公平的保證最低產地價格。最低價格是扣除生產成本——包括達到高環保與動物福利標準的成本——之後，提供一個合理所得所需要的平均利潤。另外撥款輔導成立合作社，

行銷在地與區域的產品，以及輔導過渡到有機生產，並達到更高的動物福利與環境標準。只有市場價格與保證價格間出現差額時，才會動用現行的補貼預算，由於農民只有爲市場需求而生產才獲得給付，爲儲存過剩產品而付出高成本的情形將不再發生，目前爲傾銷國際市場的出口補助也可以節省下來。

這個計畫另外還有一個優點，農民有付出就有所得，而這正是一般的小農最在乎的。英國家庭農戶協會就曾經強調：

> 農民在乎的是，有一分耕耘就有一分收穫，付出的辛勞越多，應該獲得更多的所得。農民從不奢求不勞而獲，要的只是務農可以維生。他們一點也不想依賴補貼，只求生產的糧食有個公平的價格，也就是說，生產的成本之外，有個合理的利潤。⑧①

這個以配額爲基礎的制度，夠新也夠激進，許多相關的細節仍有待充實。一時之間，或許無法提出圓滿的答案，但我們相信，已經找對了問題，循這條路線走下去，必能將消費者與全球正義運動結合起來，加入全世界絕大多數的農民，爲在地的糧食安全創造新的空間，包括北方與南方。

管制進口以保護國內市場

定量配額制度或任何在地糧食安全計畫，只要面對廉價的進口產品，一定不堪一擊。因此，爲了保護國內市場，過渡到自給自足的生產，進口關稅與配額是不可或缺的。基本上，進口關稅與配額另外還有幾項優點，包括杜絕不符合國內福祉與環境標準的產品進口、減少遠程食品運輸以及控制疫病的擴散。關於這方面的可能障礙，將在下面兩小節討論。

很明顯地，如果按照世貿組織與其他區域性協定的規則，想要限制貿易以保障在地的糧食安全，根本就是緣木求魚。因此，說到貿易改革，就必須將糧食安全列爲最高目標，在各項協定中凌駕於自由貿易之上，有效排除糧食的自由貿易。

保護消費者

糧食多取自於國內而不進口較爲便宜的產品，農業外部成本內部化，以及以較高價格進口稀有作物，凡此都有可能導致食品成本的提高。爲了避免造成糧食不足，尤其要保護貧窮的消費者免於價格上揚之苦，在地化必須採取幾項步驟。

爲了避免消費者多花冤枉錢，可以設計一些措施，藉以約束超級市場與加工業

者，並強制他們提高產地價格以壓低利潤。英國競爭委員會二〇〇〇年提出一份報告，揭露大超級市場爲了防止競爭，採取一系列辦法加諸於他們的供貨者，因而促成了二〇〇二年三月營業準則（Code of Practice）的施行。[82]但是，在與業界磋商之後，這項準則到底還是遭到了灌水，嚴重有所不足，不僅缺乏強制性，而且只涵蓋直接出售貨品給超級市場的農民，卻未包括食品加工業者在內。此外，地球之友對農民所做的一項調查發現，只有不到半數的受訪者（百分之四十四）知道營業準則的施行，而知道的人當中，大部分都不瞭解準則的內容。回答問卷的人，超過一半以上，並不認爲營業準則能夠改變超級市場跟他們做生意的方式。所有受營業準則約束的超級市場（亞士達—沃爾瑪、沙弗威、聖斯伯里與特易購），都被農民點名，指爲營業行爲不公平，並經競爭委員會確認。[83]因此，禁止超級市場不公平的交易行爲，有必要訂定新的法令，設置常設性的守門人。營業準則應予強化，納入食品加工業者與零售商，並賦予法律約束力。

但是，即使超級市場被迫降低價格，食品價格上漲的危險仍然存在。因此，社會福利機制，如最低薪資、公民給付或津貼都必須予以調整，以因應基本食品價格上漲時所造成的匱乏，保障窮人不致受到傷害。[84]

支持開發中世界的農民

同意對進口施以管制，可以預料到一個反對理由是，如此一來將對南方貧窮的生產者造成不公，因爲他們的生計正是依賴對北方市場的輸出。如果我們的方案僅止於在北方設置進口壁壘，這樣的批評當然是對的。但不應該忽略的是，終止北方補貼出口傾銷南方市場，也包括在我們的方案之內，同時我們還主張，開發中國家同樣有權建立壁壘，對抗若非如此就可能毀掉在地糧食安全的進口，這也就是所謂的「發展專章」方案（參閱專欄九・二）。事實上，基於相同的理由，南方的農民與反全球化人士已經投入這方面的努力。

我們在第六章已經談過，世貿組織強制規定進口自由化，導致農村的所得一敗塗地，印度學界與社運人士正站出來大力主張，恢復進口管制以拯農民於倒懸。德里的全球貿易體系與發展研究中心（Centre for the Study of Global Trade Systems and Development）最近的一篇報告證實，數量與關稅未經管制的進口貨品與勞務，已經在摧毀印度的農業與工業，並導致更嚴重的失業。因此，大聲疾呼限制外人投資，有選擇性的管制資本並提高關稅，以促進國內投資，保護國內就業。㉟印度人民反世貿組織運動（The Indian People's Movement Against the WTO），成員包括商業總會、農民組織

專欄九·二 「發展專章」[87]

非政府組織最近倡議，在世貿組織的農業協定中納入一項「發展專章」，主要目的在於讓開發中國家免於世貿組織規則的約束，以保護國內最貧窮的農民，維持國內的糧食安全。

發展專章的主要對象是開發中國家的小農，而不是保護南方自己的農產企業。政府可以提高關稅，保護小農免於被進口農產淹沒，也可以不受世貿組織的約束，給予小農某些補助（例如補貼運輸使作物得以打入市場）。

如此一來，政府才能保有彈性，保護關鍵的「糧食安全作物」，維持小農基本糧食生產的穩定，並使一個國家得以自食其力。

此一方案僅適用於開發中國家，因爲，站在非政府組織的觀點，「一旦容許北方政府也參與其事，律師部隊就會爲討好大企業而大肆扭曲規則。」[88]但我們相信，相同的原則應能夠一體適用於南方與北方，只要訂定充分的保障條款，就能避免大企業成爲受惠者。

與許多有識之士，也大力呼應這些要求。[86]

的確，強調農業出口可以減少貧窮，這種策略在開發中世界已經成爲衆所矢之，傑出的評論家莫不予以圍頭痛剿，印度學者芬答娜・希瓦說：

生態的與民主的糧食安全應該儘可能建立在生態生產與在地消費的基礎上。貿易自由化根本無視於此一真理……將糧食從農村生計與基層社會轉移到全球市場，將土地從在地消費的民生作物轉移到高檔農產輸往富裕的北方，國際貿易金額成長的數字雖然好看，但卻在第三世界的農村製造了大量的飢饉與剝削。[89]

同理可說，只要南方國家將糧食與土地從全球出口市場轉移，回歸自己的農村生計與社會基層，飢饉與剝削自會減少。

相當重要的是，所有這些貿易相關的措施都只是在地化政策的一部分，全球轉向在地的糧食安全，還有許多其他的補強措施，貧窮國家的債務取消即屬其中一項，第六章提到的綠色馬歇爾計畫，也須一併納入，唯其如此，迫使開發中國家依賴出口市場的首要因素才能消除。但是，無論北方或南方，都需要有時間讓生產者去適

應，因此，這個方案應逐步推展，必要的話，甚至應該像當前推動貿易自由化一樣，盡最大努力去達成國際一致的共識。

農產企業跨國公司所抬出的另外一道障礙，甚至與爲出口而生產的問題無關。他們宣稱，只要接受基因改造及其他科技，南方的農民也能夠一舉掃除飢餓。但是，艾沙克斯大學（Essex University）教授邱爾斯・普萊第（Jules Pretty）最近的一項研究顯示，小農不需採取單一作物栽培，只要投入在地資源，使用簡單的低成本技術，照樣可以大幅提高產量。這項研究針對「永續農業」計畫的結果，調查了開發中國家四百四十二萬農民所耕作的三百五十八萬畝農地。所謂「永續農業」計畫，其條件是減少用水量，使用糞肥使土壤再生，淺耕以避免土壤侵蝕，以及農化用品的使用降到最低，農民農作的方式符合這些條件，才得納入這項計畫。研究發現，在這項計畫的推動下，每一家計單位的糧食產量平均增加約百分之七十三。種植的若屬基本作物，如馬鈴薯與木薯，產量增加更高達百分之一百五十，遠遠超過基因改造技術所號稱的增加量。⑽（參閱專欄九・三）

在南方，北方也一樣，糧食安全最佳解決辦法就是回歸簡單的在地化。說到根本的土地改革政策，只有將土地交給無地的農民才能解決飢餓的問題，絕不是把他們趕出土地，或將他們併入農產公司，依賴單一作物的生產。即使是在大飢饉的情

專欄九・三　基因改造作物——神話與現實

什麼是基因改造作物？

基因改造（genetically modified）作物，就是將其他物種基因植入，使其基因成分變異，以增強對昆蟲或疾病的抵抗力，或更具有抵抗殺蟲劑的抗藥性。基因工程既不精準又難預測。利用異種基因植入宿主的 DNA，因而製造出來的新生命體是從未在自然界發生過的。就長期的影響來說，其結果是未知數。

能夠解決飢餓問題嗎？

基因改造技術的專家們千方百計想要說服心懷疑慮的社會大眾，不斷提出新的論據，強調基因改造食品（及基因改造生物，GMOs-genetically modified organisms）的優點，譽爲解決世界飢餓問題的萬靈丹。但現實卻是，飢餓的根本原因並不在於糧食不足，而是缺乏取得糧食的管道，並且通常有其複雜的政治、社會與經濟因素。總而言之，飢饉經常是發生在糧食過剩的國家。

開發中國家的確有很好的理由謹慎看待基因改造作爲。在許多國家，基本糧食作物如稻米、玉米與馬鈴薯，都會與生長在附近的野生近親授粉，基因改造污染可能使結果變糟。舉例來說，在墨西哥，進口的基因改造玉米就已經破壞了原生的多樣性。⑪

根據行動援助（Action Aid）收集到的證據，在莫三鼻克、巴西與巴基斯坦這些國家，基因改造作物根本解決不了國內的飢餓問題。⑫相反地，主要的受惠者大多是生物科技的大公司，因爲它們控制了這方面的市場。

同樣地，基因改造公司致力研發的基因改造維生素A增強米（所謂的黃金米），號稱可以解決維生素A的不足，但現實卻可能只是畫餅。基因改造的一廂情願根本忽略了一個事實，營養素的不足其實是貧窮、衛生條件落後、環境惡化與社會不均的症候群。此外，如果要吸收足夠的維生素A，吃米飯的話，一個成年人每天要吃九公斤米飯才夠，相較之下，目前一個人一天所吃的，平均不過三百克而已。黃金米的效果何在，不問可知。

停止基因改造作物與生物的擴散

對環境與人類的健康，基因改造作物的風險是不可預知的，是無法回頭的，更是

長期性的。說到好處，只對生物科技公司有利而已。因此，我們反對基因改造作物滲透進入環境。禁止基因改造作物的種植，應該也要避免基因改造食品與動物飼料的進口。我們的理由是：

- 基因改造作物是活的有機體，一旦滲透進來，就能夠經由昆蟲播傳、空氣授粉與種籽散佈，在環境中擴散，污染其他的作物與野生植物。
- 新的「超級莠草」可能因而產生，以致難以甚至不可能清除。這種情形已經在加拿大發生，農民為了清除自生的作物，必須使用毒性更強的除草劑。這種自生作物是多種基因改造作物交叉配種的產物，已經對好幾種一般用的除草劑產生抗藥性。⑼
- 環境中的有毒物質或農業生產方式的改變，可能危及野生物種。⑼
- 新的基因改造特質可能造成過敏性反應。
- 如果使用抗生素抗體「製造基因」，這些基因可能會在人體消化道內經由食物傳給細菌，因此降低抗生素維護人體健康的效力。
- 基因改造過程可能對植物產生意料不到的生化效應，可能影響食品的安全。

況，最簡單的改善方法，就是將在地糧食與庫存分配出去，讓每個人都有取得足夠糧食的管道。例如在尙比亞（Zambia），明明北部有大量過剩的木薯，卻無法運到飢餓的南部去。同樣的情形，在衣索匹亞也是尋常可見。

過去幾十年，國際組織爲了解決飢餓問題，盡了「最大的」努力，但效果不彰。事實上，他們那種出口導向的解決辦法根本就是問題不可分割的一部分。他們實在應該改弦易轍了，因爲全球的問題，只能在地解決。

什麼，沒有香蕉？

在地的糧食安全並不是說從此就不需要農產品貿易了。在基本糧食的供應上，每個國家當然要使用最適於自己的氣候、土壤與農作方式，設法做到自給自足，但有些產品並非每個地區都能生產，那就只有依賴遠程貿易供應了。唯有基本糧食的取得不需要捨近求遠，在地糧食安全才能眞正落實，作物的多元化也才能重新回到土地，使我們能夠永續而公平地讓自己不虞匱乏，並以此重建失落的社區，找回與土地的聯繫。但是，這並不意味著，溫帶地區從此不再享用熱帶地區的咖啡、柳橙或香蕉。

但是，剩下來的國際食品貿易，仍然要力求公平，並將產地所受到的生態衝擊減至最低，才能確保出口地區的糧食安全目標不致遭到破壞。有些理論家有所謂的「公平貿易里程」（Fair Trade Miles），將公平貿易與食品交易里程相關聯起來。[95]按照這種作法，出口作物主要由小農生產，使用永續的耕作方法，並儘可能找近一點的市場，以減少運輸的作業。做爲國內產量配額與公平產地價格的一種延伸，「公平貿易里程」可以要求進口國，保證以某種價格購買保證的數量。只要能做到這一點，將可使出口國獲得可靠的利潤，並利用這筆收入做爲經費，推動在地農產的再多元化。公平貿易里程還有另一個優點，跨國公司從此不再能夠以現金作物主宰全球市場，其抓一國打擊另一國的權力將走入歷史。

敞開心做改變

爲了糧食安全、動物福利與環境保護；爲了重建農村經濟與社區；爲了有效回應全球氣候變遷的威脅，重振在地化的糧食生產已經刻不容緩。但這絕不是一蹴可幾的。追求農業的新方向，需要集體的「心靈轉移」，戰勝推動我們往反方向走的力量，需要強烈的政治意志。各種國際協定有必要改寫，尤其是世貿組織的規則，

正是這些規則，迫使我們只能照著他們的要求去進口東西，卻不容許我們建立壁壘以保障在地的糧食安全。

當然，這樣的改變會是非常巨大的。所幸，農業在地化的理想已經獲得不少有影響力的人士支持。歐洲議會農業與農村發展委員會（Committee on Agriculture and Rural Development）前任主席巴倫道夫（Friedrich Wilhelm Graefe zu Baringdorf），除表示全力支持外，更呼籲，這個議題不僅要搬到布魯塞爾來討論，而且應該在世貿組織與任何部長級會議中列入議程。德國農業部長康拉斯特（Renate Kunast）也要求，歐洲農業的改變應該「朝在地化經濟來個大躍進」。⑯

農業危機已經到了緊要關頭，要求根本改變的壓力還有增無減，紛至沓來。越來越多的南方生產者已經拒絕市場依賴所提供的「解決」；北方的消費者也逐漸注意到，他們爲食品所付出的，實際上超過三倍還有多，其中包括商店的利潤、付稅補貼農業，以及密集農業加諸於家禽、家畜、農村社區、人體健康及環境的外部成本。

預算壓力也對北方造成心理負擔。舉例來說，共同農業政策花掉歐盟四百億歐元，約佔歐盟預算的一半，是歐盟文化與教育預算的一百倍；是歐盟環境預算的三百倍；更是消費者保護的二千倍。按照目前花費的水準，放眼十個新會員國加入歐盟的情況，共同農業政策的改革更是刻不容緩。

農業議題最敏感的地方莫過於世貿組織，正因爲如此，它所面對的改變壓力也最大。開發中世界正在要求更大的自由，以保護自己的糧食主權，而已開發世界卻要求更大的市場通路。歐盟與美國之間，正在爲一項「讓步」方案相持不下，而歐盟的會員國對於共同農業政策的改革幅度與速度也鬧成一團。打不開的死結威脅要讓世貿組織的杜哈回合停擺。就是二〇〇三年三月，解決農業協定歧見最後期限的三個月前，世貿組織發表一份九十頁的談判內容正本，用美國農業與貿易政策研究所（Institute for Agriculture and Trade Policy, IATP）的話來說，充分顯示「已開發與開發中國家之間的兩極化」。[97]農業與貿易政策研究所主任蘇菲亞・墨菲（Sophia Murphy）評論道：「三個月之內，世貿組織就能夠將九十頁的分歧變成十頁的一致。」[98]但現實並非如此，期限也就此過去。死結依舊未解，責任應在已開發世界，因爲它們口口聲聲堅持開發中世界必須自由化，而全世界數以百萬計的窮人仍陷在生計與糧食安全的危殆之中。

國際社會何去何從？將主要糧食生產交到國際農產企業的手上，卻又全然不顧地方的特性、人民與環境，爲此所付出的成本已是有目共睹，但是，面對這些成本的壓力，卻又令人載不動許多怨。只有在地化才能提供力氣繼續承受，以在地糧食安全解答全球性的問題。

10 貨幣在地化 Localising Money

歐元正在中央集權西歐的經濟。利率由一個不民主的中央銀行一手操控，完全無視在地的經濟與環境條件。歐洲貨幣聯盟則祭出通貨緊縮的緊箍咒，正在摧毀就業與公共服務。英國不應該加入歐元。

——綠黨宣言，二〇〇一①

歐陸統合歐洲的整個歷史性計畫，是以單一貨幣的採行達到高峰，對二次世界大戰以來國際主義的進展，這也正是一項最大的試煉。一向飽受鄰國侵略的國家，餘痛猶存，無不想方設法，要將鄰國一同鎖進一個共同的結構中，至於昔日因侵略

而戰敗的國家，國內進步的力量居然也羞於堅持自己國家體制的優先，情願跟其他國家分享一個主權，凡此都是不難想像的事。或許也正是這個原因，歐陸國家的綠黨，絕大部分都接受了歐元，也認同了歐元的必要前提——單一市場，並以此安身立命，在他們那個中央集權的經濟體制內，試圖進行內部的改革。如此一來，徒然讓歐陸西北緣那些乖戾成性的表親伸出歐元的魔掌，而歐盟內部國際主義的理想乃盡入財團的彀中。

我們深信，搞出這樣一個既無情又唯競爭是問的超國家貿易集團，眞正的國際主義者絕不會是幫凶，但我們的反對顯然勢單力孤，跟我們本是同根生的兄弟，儘管平常總是站在質疑的立場，反對歐元，卻沒有看到他們伸出援手。這年頭，不論是誰，只要反對單一貨幣，很難不被譏爲螳臂擋車的「小英國佬」，誰要是在這場論戰中站在他們同一邊，哪怕是像莫達克（Rupert Murdoch）與佘契爾夫人，就必定是排外的、反動的，更糟的是，還被貼上「反歐洲」的標籤。正是在這種政治正確的氛圍中，爲了不被打成排外與民族主義，免得在這場論戰中出師未捷身先死，進步國際主義者對歐盟的批評也就噤若寒蟬了。

反對單一貨幣絕不等同於民族主義或反歐洲。實際上是因爲我們對歐洲的期望極高，極不滿意歐盟把經濟目標訂得那麼狹隘，而歐洲貨幣聯盟（European Monetary

Union, EMU）與歐元正好又是其中最爲關鍵的部分。

我們的看法是，不論對內或對外，歐盟都應該以社會與環境正義爲政策的核心，因此，在經濟上應該追求在地化。而單一貨幣的野心正好相反，是要把歐洲變成一個巨大的經濟強權，以便能夠更「有效率地」同美國與日本競爭。爲了達到這個目的，又不得不增加經濟的中央集權，加速推動經濟的全球化。

因此，我們之所以反對歐洲貨幣聯盟與歐元，絕不是基於狹隘的民族主義，而是因爲我們相信這種經濟實驗的缺陷極大，將會嚴重打擊到社會與環境的正義。

在這一章，我們將針對歐洲貨幣聯盟進行批判，彰顯歐元對永續經濟將造成多大的傷害，並扼要說明在地化的經濟政策，以及在經濟在地化之下，今天唯國家利益是問的貨幣，作爲一種圖騰，將如何轉變成爲新經濟的僕人，成就均等、永續與國際互助。

永續的經濟

綠黨的政治目標是要創造一個眞正永續的社會，讓地球的自然系統能夠無限滿足人類的基本需求。要做到這一點，就要做到資源分配眞正的公平，而且不僅只是

現在要做到，對未來的子孫也應如此。因此，一個眞正民主的治理體制乃不可或缺。因爲，唯有所有的人，包括最邊緣的人，都受到公平對待，大家的需求都受到認知與尊重，才可能跨越文化與政治的區隔，克服重重障礙，達到眞正永續的目的。

永續的承諾是一套淸淸楚楚的社會經濟政策，何者應該優先，何者應該限制，完全不同於自由市場經濟那種不計一切代價的消費與成長。住有其屋，食必衛生，是最先決的條件；其次則是高標準的環境保護，以確保無污染的空氣與水源，並能夠親近未遭到破壞的大自然。每個人都能有一份各盡其才的工作，不會遭到剝削，也不致因而犧牲家庭與社交生活。資源重分配之後，貧富不均將獲得改善，一個可靠的社會網絡則將使貧窮消除，並提供良好標準的教育與衛生保健。整個財政管理制度則以良性的生產與消費爲依歸。

英國如果要加入單一貨幣，其先決條件就必須是，成爲其中的一員，可以輕易地做到上述的優先與限制。但我們的看法卻是絕無可能。只有自外於歐元，英國建立眞正永續經濟的機會才會更大。之所以會有這樣的結論，是基於歐洲貨幣聯盟的三大要素：其一是，歐洲貨幣聯盟的政策，本質上是不民主的；其二是歐元區的幅員與多元；其三是歐洲中央銀行（European Central Band, ECB）的貨幣政策。所有這些要素都反映一個事實，亦即整個設計都是以財團的需求爲依歸。關於這一點，我們

將會逐一加以檢視。

歐洲貨幣聯盟：加速全球化

歐洲貨幣聯盟以單一貨幣配合多國公司（multinational corporations），使其在一個儘可能廣大的區域內擁有一個統一的市場，完全無視於此一區域多元的本質。多國公司的最愛，莫過於一個僵化的貨幣環境，並由一個不受民主節制的中央銀行強勢維持最大的幣值穩定。在歐洲貨幣聯盟中，我們目睹了歐洲版的全球化經濟的誕生。

在過去十年中，歐盟的自由化與民營化已經製造了合併與利得的浪潮，出現前所未有的財富集中。而歐盟更進一步推動此一趨勢，公司紛紛追求更大市場與規模的優勢、成本的削減與更高的利潤，金融業與保險業所受到的衝擊特別大。荷蘭ING集團接管比利時的BBL銀行，蘇黎世與BAT兩家大保險公司的合併，都是最近的例子。其結果是數萬人失業與數千家銀行分行關門，而歐盟會員國之間的郵政業務競爭，也造成了相同的效應。

在同一時期內，過去以個別國家爲營運規模的公司，也越來越擴大業務範圍到整個歐洲。單一貨幣實施之後，單一市場最後的一些障礙——如通貨波動——消

除，這種情形更為加速，導致泛歐洲的大公司吃定了小公司。原因無他，全是因為歐洲貨幣聯盟減少了大企業的開支，並為它們提供了經濟規模。舉例來說，美國運動服裝廠商銳跑國際（Reebok International），一九九五年時為其歐洲市場的行銷設有十四個供貨倉庫，三年後剩下十個，但到一九九九年一月，歐元正式發行，僅剩一個供貨中心。這種趨勢既造成大量的工作流失，也因遠程貨運的增加導致重大環境的傷害。

貨幣聯盟同時使越界競爭趨於空前的激烈。在歐元區內，價格與產量的比較因歐元的使用更形直接，投資轉移到更具競爭力地區的趨勢不斷增加，國與國之間，地區與地區之間，為吸引投資的競爭也隨之惡化。正如摩根・史坦利的一名經濟分析家所說：「通貨這個安全瓣一旦拿掉，政府就非得為競爭力採取一些實質的改變，包括較低的稅賦、勞動市場的彈性，以及更有利於企業的法規。」②在這種情形下，為追求未來進步的政策，諸如生態稅改革以及保護人民與環境的措施，自然是前景黯淡了。

歐洲企業家圓桌論壇：單一貨幣的始作俑者

毫不令人驚訝地，歐洲企業家圓桌論壇正是早期為歐洲貨幣聯盟催生的始作俑者。一九九一年該論壇問道：「日本有自己的貨幣，美國也有自己的貨幣，歐洲共同體如何才能擁有自己的呢？」③之前幾年，該論壇成立一個分支機構，亦即設在巴黎的歐洲貨幣促進協會（Association for the Monetary of Union, AMUE），展開歐洲貨幣聯盟的籌備工作。歐盟執委會前任主席傑克・桑特（Jacques Santer）對於該協會的影響力，言下不勝得意。一九九八年在該協會理事會中致詞時，他說：「協會的會員國都是歐洲貨幣聯盟重要的推手，各國許多公司均不遺餘力，為整個私部門與社會追求單一貨幣，可以說是貢獻良多。」④

歐洲貨幣聯盟協會宣稱，為了推動單一貨幣，該協會召集數千次的會議與研討會，集歐盟執委會與各國官員於一堂。另外，該協會建議歐盟執委會成立歐元專家委員會，並在這個「獨立」委員會的十二席委員中佔了三席名額。專家委員會的主要任務，是要確保歐盟執委會的決議加速落實，促使歐洲貨幣聯盟能夠在一九九五年十二月歐盟召開的馬德里高峰會中成立。歐盟執委會與歐洲議會也經常就貨幣事

宜諮詢於歐洲貨幣促進協會，該協會執行長柏特蘭・德・麥格里（Bertrand de Maigret）說：「這種互動非常值得肯定……他們找我們，我們找他們，不時交換意見，他們很有彈性。」

對歐洲貨幣促進協會來說，歐洲貨幣聯盟是邁向單一市場必要的一步。根據麥格里的說法，單一市場的「效率」仍然不符企業界的理想，有待歐洲貨幣聯盟「帶來貨幣的穩定與長期的可預測性，以增加生產性的投資，擴大經濟規模，降低生產成本，並藉以提高競爭力、銷售量、經濟成長與就業」。⑤但是，重要的是，歐洲貨幣聯盟已經對全歐洲造成廣泛的社會與經濟不安，他卻隻字不提。

當然，歐洲貨幣促進協會可不孤獨，協同作業的還有歐洲共同體產業聯盟（Union of Industrial and Employers' Confederations of Europe, UNICE）與美國商會歐盟委員會（EU Committee of the American Chamber of Commerce, AmCham）。美國商會前歐洲事務室主任約翰・羅素（John Russell）表示：「我們交換許多資訊，召開聯席會議，甚至發表共同報告。」⑥這三個由財團支持的團體，以羅素所謂的「例行方式」，彼此呼應並強化本身的地位：「一般來說，不僅事情進行得更有效率，而且頗有集思廣益之利。」⑦單一貨幣實施以來，歐洲共同體產業聯盟就一直呼籲制度改革，以期達到市場更為彈性，使歐洲貨幣聯盟的「好處」能夠更有效率地開花結果。所謂改革，

意思就是長期縮減公共支出，「特別是在公共消費、退休給付、衛生保健、社會福利與國家補貼等方面」。⑧對於單一貨幣，歐洲共同體產業聯盟的立場極爲強硬，沒有絲毫妥協餘地：「唯一的重點就是儘量有利於企業，這也是歐洲貨幣聯盟接下去該做的。」⑨

但是，有利於企業與有利於就業有時候可是兩碼子事，當歐洲貨幣聯盟確實把好處給了前者，後者的好處就少得可憐了。

好處在哪裡？

出身既然如此，歐洲貨幣聯盟的支持者高唱歐元可以減少成本與企業的不確定感，並因此而擴張貿易，那也就不足爲怪了。單一貨幣實施以前，歐元區國家之間的貿易往來，外滙交易與滙率波動都是正常現象，所有這些貨幣交易的成本，雖然只有國民生產毛額的百分之〇點一，但歐元一旦問世，連這一點成本也可以省掉。同樣地，儘管邊際利益有限，歐元區的人民在會員國之間旅行時，也可以省掉不少麻煩與兌換外幣的費用。還有一種說法是，歐元使政府的經濟政策也簡單不少，因爲貨幣市場更爲穩定，會員國競爭性貶值的情形從此將不再發生。他們更宣稱，國

與國之間價格與薪資的透明度將更為增加，有助於確保商品、勞力與資源的有效分配，也能更有效控制物價上漲。

這些好處是否真的超過加入單一貨幣所衍生的經濟成本，經濟學家之間的看法則是分歧的。從以下所舉的理由，我們的看法是否定的，即使是拿傳統經濟的尺度來衡量亦然。但更重要的是，歐洲貨幣聯盟基本的結構缺陷告訴我們，一旦加入歐元，英國也就無法建立永續的經濟了。

歐洲貨幣聯盟不利民主政治

在歐洲貨幣聯盟眾多的缺陷中，最明顯的就是缺乏民主。達成永續經濟的先決條件，就是能夠透過民主的規範落實廣泛的社會與經濟目標。但是，一旦實施歐元，會員國就等於將利率的控制權交給了歐洲中央銀行。通膨目標完全操於歐洲中央銀行之手，單一貨幣的滙率策略，則是歐洲貨幣聯盟的財政部長們跟歐洲央行磋商訂定。國內的財政與公共支出政策全都被穩定與成長協定（Stability and Growth Pact）綁得死死的。總之，歐元區會員國的經濟主權，絕大部分拱手交給了歐洲體系，歐洲中央銀行則是最主要的。

在眞正民主的情況下，歐盟的各個會員國當然可以隨自己的自由，將經濟主權交給他們所選擇的體系。但是，歐洲貨幣聯盟的民主卻有兩個重大的疑問。

其一是與歐洲中央銀行有關。相較於歐元區任何國家央行過去所享有的自由，歐洲央行免於政治干預的自由度要大得多。《羅馬條約》（the Treaty of Rome）以及修正後的《馬斯垂克條約》都說得很清楚：「歐洲中央銀行或任何會員的決策個人，均不得受命於其他機構或個人，也不得聽命於任何會員國的政府或任何一個個人……會員國的政府……對歐洲中央銀行會員的決策個人，不得施加任何影響力。」⑩

這種情形同英國比起來，可以說是大相逕庭。在英國，「獨立的」英格蘭銀行是爲政府擬訂通膨政策。在英國，通膨指數的計算方式儘管不同於歐元區，英格蘭銀行的通膨目標同歐元區一樣嚴格，但卻可以隨不同的經濟情況調整，英格蘭銀行的獨立性也可以隨未來政府的變更而轉移。新的歐洲憲法一旦實施，有必要改變歐洲中央銀行與歐盟政治體系之間的關係，就非得修訂《羅馬條約》不可。

歐洲中央銀行所享有的權力與獨立地位，並不是來自於民主的授權。歐洲央行由一個六人委員會當家，包括總裁與副總裁。這個既非由選舉產生也不必向選民負責的六人委員會，一手掌握歐元區的經濟槓桿，並配合穩定與成長協定訂定緊縮通

貨的標準，而所造成的結果，包括失業等問題，則丟給各會員國政府。這種情況，跟我們所定義的眞正民主，眞可說是不可以道里計。

歐洲貨幣聯盟的第二項民主赤字，則是來自於催生歐元誕生的過程。歐洲貨幣聯盟，與其說是一個經濟組織，還不如說它始終都是一個政治目標，它所提出來的經濟方案很少經過辯論，歐洲整合的政治訴求也沒有置喙的餘地。由於沒有政治整合的討論機制，歐盟會員國的人民幾乎沒有機會決定是否接受歐洲貨幣聯盟。《馬斯垂克條約》既爲它加了冕，它也就成了高高在上的政治特權，完全與人民脫節。《馬斯垂克條約》不僅讓歐洲中央銀行逍遙於任何民主的節制之外，更一網打盡，不容任何國家置身於單一貨幣之外。歐洲憲法草案也好不到哪裡去，一個國家若不加入歐元，它所訂的唯一條件，就是退出歐盟。

沒錯，針對《馬斯垂克條約》，是有好幾個會員國舉行了公民投票，但除了歐洲貨幣聯盟，這項條約還處理了另外幾個重大的議題。因此，如果說那些半屈半就的公民投票接受了《馬斯垂克條約》，也就等於是全心接納了歐洲貨幣聯盟，那也未免言過其實了。

通貨緊縮貨幣政策

歐洲貨幣聯盟的民主赤字，因爲它教條式的狹隘貨幣政策而更形複雜。對於各會員國，歐洲貨幣聯盟全都給套上一堆財政與預算的規定，其目的是要限制貨幣供給，對通膨進行嚴格控制。歐洲貨幣聯盟這種偏執的貨幣意識型態，根本忽略了這種政策所導致的另一種經濟效應，亦即通貨緊縮取代通貨膨脹成爲歐元區經濟穩定的主要威脅。

加入歐元體系的資格，全都寫在《馬斯垂克條約》裡面。會員國必須符合四項經濟趨同標準：

- 通貨膨脹率不得高於三個幣值最穩定會員國平均值的百分之一點五。
- 預算赤字不得大於國民生產毛額的百分之三，公債不得超過國民生產毛額的百分之六十。
- 長期利率不得高於三個幣值最穩定會員國平均值的百分之二。
- 加入滙率機制（Exchange Rate Mechanism, ERM）兩年。

在歐元於一九九九年一月實施之前的幾年，其特色是各國政府削減預算，以取得會員資格。在這兩年當中，歐盟的失業人口開始接近兩千萬，但時間一到，義大利與比利時的債務雖然超過國民生產毛額的百分之六十，仍然獲准加入。

歐盟貨幣政策的拼圖，最後一塊是穩定與成長協定，簽訂於一九九六年都柏林高峰會，規定歐元會員國，每年編列的預算赤字不得高於國民生產毛額的百分之三，中期目標則是達成預算平衡。超過此一限制的政府，如果不採取矯正措施，將受到歐盟的制裁，除非經濟暨財政部長理事會（Council for Economic and Financial Affairs, ECOFIN）的歐洲貨幣聯盟三分之二的會員國同意予以豁免。制裁採取罰款的方式，罰款金額爲該國國民生產毛額的千分之二，百分之三的限制之外，若每超過百分之一，再加罰國民生產毛額的千分之一，最高可以罰到國民生產毛額的千分之五。

所有這些措施的效應加起來，對西歐的經濟環境造成了重大的負面影響。歐洲中央銀行爲了達成通貨膨脹維持在百分之二以下的目標，將利率控制看得比什麼都重要。不像英國政府對英格蘭銀行要求的通膨目標。歐洲央行的目標是不對稱的。換句話說，只要低於百分之二，任何都是好的，包括百分之零；只要超過百分之二，任何都是不好的。如此一來，徒然製造一種通貨緊縮的傾向，其至波及歐元區以外

的歐盟會員國，而這些國家本來是反對歐洲貨幣聯盟的。其結果是，整個歐盟都在歐洲貨幣聯盟的貨幣政策狂熱下，感染了一股大幅削減公共支出的歪風。

二〇〇二年，德國政府減少支出達一百億英鎊，包括削減二十億英鎊的衛生保健預算，結果導致一萬五千名醫衛工作人員走上柏林街頭示威。另外，德國更準備到二〇〇六年爲止再削減三百五十八億英鎊。二〇〇二年九月，荷蘭政府削減三十五億歐元的支出，義大利二〇〇二年的預算則包括削減八十億歐元的支出。

儘管大幅削減支出，許多政府還是達不到穩定與成長協定的規定。當歐元區的經濟停滯時，政府的歲收減少了，社會福利經費卻增加了。到二〇〇三年中期，德國、葡萄牙與法國的政府赤字，全都超過了百分之三的規定，德國爲此可能遭到罰款，金額高達一百億歐元，亦即每個德國公民要負擔七十七英鎊，如此一來，只有降低起碼的公共服務，才能守住穩定與成長協定的底線。

毫不令人意外，對於歐洲貨幣聯盟的反感正與日俱增。甚至連歐盟執委會的主席羅曼諾・普洛第（Romano Prodi）都忍不住直斥穩定與成長協定爲「愚蠢」，⑪在荷蘭、德國與法國，民意調查顯示，多數贊成回到本國的貨幣。⑫歐元會員國的公共支出效應也開始在英國引起疑慮，運輸暨勞工聯合會（Transport and General Workers' Union）秘書長比爾・莫里斯（Bill Morris）評論道：「在這一點上，你如果要歐盟的

穩定與成長協定，就無法改善公共服務。」⑬鐵路、海運與運輸聯合會（Rail, Maritime and Transport Union）秘書長鮑伯・克勞（Bob Crow）在一封給《泰晤士報》的信函中寫道，「數百萬商業總會會員」都在擔心歐元區所實施的經濟政策，一致反對「這個國家淪爲一個聽命於布魯塞爾的郡議會」。⑭

彷彿是在加強商總會員的疑慮一般，歐盟執委會警告英國，如果英國要加入歐元，英國二〇〇一與二〇〇二年的公共支出計畫均將違反歐盟執委會的經濟準則。到了二〇〇二年，英國又被告知，如果要加入歐元體系，未來三年直到二〇〇六年，必須削減公共支出或增稅四百一十億英鎊。對於這件事，財政大臣戈登・布朗（Gordon Brown）直截了當地譴責歐盟執委會「干涉內政」，宣布繼續提高公共支出。⑮

面對日益升高的改革呼聲，誰要是指望歐洲體系會軟化緊縮的貨幣立場，看來只有大失所望。歐洲中央銀行執行委員會委員多明哥・索倫斯（Domingo Solans）在一次演講中說：「容我強調這個世界的『嚴酷』，在這個領域內，不容許有第二種詮釋，第二種解讀，也不容許變通。」⑯當法國出現違抗協定的跡象時，德國中央銀行總裁恩斯特・魏太克（Ernst Welteke）的回應是：「如果想像法國那樣重新詮釋協定，你在歐洲貨幣聯盟的信用也將毀於一旦。」⑰同樣地，到二〇〇二年二月爲止，歐洲中央銀行的官員列席歐洲議會十四次，有十二次大力鼓吹削減公共支出，

十三次強調開放勞務市場。⑱

民間融資計畫一本爛帳

爲了要削減預算赤字，將公共支出「不列入資產負債表」，政府還有一條路可走，那就是將借貸風險轉移到私部門去。在英國，就是利用民間融資計畫（PFIs）與公辦民營（public private partnerships, PPPs）達到這個目的，以此增加各種建設，如新醫院、學校與交通基礎建設。透過民間融資計畫與公辦民營，由私部門的公司設計並建設公共設施，然後交由相關的公部門承租。由於私部門出資在前，資金暫時不會反映到公部門的借貸帳目上，公共支出短時間內的確減少了。但是，承租設施的公家機關在承租期限內——通常爲三十年——卻要支付相當高額的抵押借款利息。此外，私部門的介入也降低了公共服務的公信力。

民間融資計畫與公辦民營遭到廣泛的批評，諸如價格較高、效率較低以及較不符合民主，所提供的服務比不上公家直接出資的事業。儘管批判的聲浪已經改變，但對民間融資計畫與公辦民營的牢騷仍然時有所聞。《英國醫療月刊》（*British Medical Journal*）的一位主編將它們斥之爲「背信忘義的金融白痴」，⑲英國最大商會的秘

書也呼籲政府揚棄「信用欠佳的民間融資計畫賭博」。⑳比較持平的分析則是最近提出的一項學術研究，研究主題爲民間融資計畫醫療體系的成本。分析的結論是，國民保健局（National Health Services, NHS）爲新的民間融資計畫醫院所付出的錢，將近兩倍於用納稅人的錢來蓋這些醫院。之所以如此，一則是民間借貸貴於公家借貸，再則是，即使只是基本的程序，如資金籌措與進行談判，民間融資計畫都需要付出額外的成本。其結果是，爲了新醫院的資金成本，國民保健局每年所花的錢，三倍於公家出資蓋這些醫療設施。儘管如此，政府公布的數字卻顯示，民間融資計畫的財務價值優於公家出資的方案。該項研究的執筆人總結說，評估民間融資計畫的經濟價值，政府所用的公式有瑕疵，而且評估也不夠充分。研究的結論說：

> 民間融資計畫的高成本之所以取得國民保健局的信任，主因在於它的財務漏洞可以用別的方式填補起來，包括外部的補助、臨床醫療預算的挪用、慈善捐款，以及最關鍵的，民間融資計畫削減百分之三十的病床數及裁減百分之二十的醫護人員。一九九九年以來，國民保健局的經費雖然增加了，卻沒有看到它流向基層服務。㉑

在我們看來，爲了討歐洲中央銀行的歡心，付出這樣的代價實在令人不敢苟同。

歐元適合歐元區嗎？

在地化的要求之一是，「外部」成本必須內部化。要達到這個目標，財政政策還要相關的法令配合才行得通。舉例來說，碳稅與能源稅的徵收之外，收取過路費以及市中心限制自用車使用也必須同時實施，如此雙管齊下，才能達到交通壅塞與空氣污染成本內部化的目的。但是，經濟決策必須儘可能地扣緊在地的社會、環境與經濟條件，效果才會更強。舉例來說，在英國，繁榮的東南部比起某些相當蕭條的地區，交通壅塞與住居成本當然更成爲問題，因此，視區域性的情況調整經濟政策才是更爲理想的作法。但在單一貨幣區內，某些經濟控制措施，例如利率，很難做到隨地區而異，經濟政策不可能配合個別的在地條件，對某些地區不利也就是必然會發生的情況。

舉例來說，在一個貨幣區內，某一地區的經濟過熱，爲了疏解通貨膨脹的壓力，中央銀行如果大幅提高最低利率，就可能使區內比較不景氣的地區更形惡化。相反地，中央銀行如果爲了配合較爲蕭條地區的需求而降低利率，經濟景氣的地區就可

能過熱，連帶產生一些不利於在地的效應，如交通壅塞、環境壓力以及房地產價格攀升等，這正是今天英國東南部地區所碰到的問題。所有這些問題，反過來會使繁榮的地區自顧不暇，不願或無力再去協助較貧窮的地區。總之，很明顯地，一個貨幣區如果太大又太分歧，中央銀行訂定利率時，想要對整個區域都不致造成不利，顯然是窒礙難行的。

所有的證據都顯示，歐元區正是一個太大，大到不適合採用單一利率的區域。經濟學家莫里斯·費茲派特利（Maurice Fitzpatrick）採用所謂泰勒法則（Taylor rule），為歐元區七大經濟體訂出最適當的利率，結果發現，二〇〇二年夏季，德國的利率應該是百分之〇點八，而不是歐洲中央銀行當時的利率，百分之三點二五。另一方面，通膨率居高不下的鄰國荷蘭，其最適利率則應該是百分之六點五。㉒

持有歐元的人反駁說，在經濟規模、滙率穩定以及增加國際貿易與對內投資等方面，歐洲貨幣聯盟所帶來的好處，足可彌補利率一體適用的負面效應。但是，眼前所看到的證據卻不利於他們的說辭：歐元區的失業率在增加，經濟成長在下滑，在國際貿易與對內投資方面，歐元區的國家表現也不比歐盟其他國家來得更好。㉓

早在一九九〇年代初期，兩德統一造成經濟震盪，德國的失業率就居高不下，歐洲中央銀行實施一體適用的利率後，更是急速攀升。以歐元紙幣與硬幣引進德國

的第一年來說，四萬一千五百家企業或商家歇業，流失六十五萬個工作，亦即每天流失一千八百個。同一時期，法國的失業率每個月都在增加，只有一個月算是例外，但英國的失業率則是下降的。㉔二〇〇三年，歐元區的經濟成長停滯，製造業的輸出下滑，幾個經濟大國都在擔心，可能發生日本式的通貨緊縮危機，政府只得要求歐洲中央銀行降低利率。㉕同一時期，歐元區的其他經濟體，通膨水平達到新高，光是降低利率也無補於事。一九九九年十二月到二〇〇二年十二月之間，愛爾蘭的物價上漲百分之十四點二，相較於歐盟，平均只有百分之六點六。愛爾蘭的經濟此後雖然趨緩，但通貨膨脹率仍然超過歐盟其他國家。在二〇〇三年二月前的一年中，歐盟的消費者物價平均降低百分之二點三，愛爾蘭卻上漲了百分之五點一。愛爾蘭成爲歐洲生活第二貴的地方，緊跟在芬蘭之後。㉖

從歐元發行起，到二〇〇二年的第三季，英國的國際貿易值成長了百分之三十六點八，多於法國的百分之十六點三，德國的百分之二十九點五、以及義大利的百分之二十七點五。㉗此外，恩斯特—楊（Ernst & Young）最近的一篇報告顯示，英國的對內投資，從二〇〇一年增加百分之二十六，到二〇〇二年的增加百分之二十八，已使英國取代法國，成爲製造業的新寵。報告結論說：

歐元會員國的問題頗有點像泡過水的鞭炮，令歐洲對內的投資人相當憂心。採行單一貨幣的國家，雖然在金融方面頗有所獲，但是，對內投資者擔心主要市場的成長率會降低，所有的好處似乎都被抵銷掉了。之所以如此，可能的因素是，某些原來屬於各國的獨立經濟調節機制，如利率與滙率，在加入歐元體系後都拱手讓人了。㉘

單一貨幣的好處，理論上不論有多少，但歐元並不適合歐元區，可說事實俱在，多辯也是無益。

什麼才是最理想的貨幣區？

最適貨幣區（Optimal currency area）的構成要件是什麼，諾貝爾經濟獎得主孟代爾（Robert Mundell）一九六一年出版他頗具創見的大作以來，這個問題的辯論就一直沒有終止過。㉙經濟學家都同意，在一個最適貨幣區內，任何經濟震盪所造成的衝擊都是對稱的，或者，至少不會不對稱到區內有任何地區難以承受，還需要額外的援助來幫忙它吸收衝擊。這個說法並不要求一個最適貨幣區內的各個地區一定要完全

的同質，相反地，按照正統的經濟理論，只要有許多機制增加彼此的凝聚，反而有助於採取相同的反應對抗經濟的震盪。

在這類機制中，主要的是勞力與資金的移動。換句話說，一般都會預期，不景氣地區的失業勞工會轉移到勞工短缺的景氣繁榮地區，亦即德比學派（Tebbit school）「騎上你的單車」經濟學理論。㉚按照歐洲中央銀行首席經濟學家歐瑪爾・伊辛（Otmar Issing）的說法，歐洲勞動市場的缺乏「彈性」，「對貨幣聯盟正是一種致命的威脅」，而他的解決之道則是開放勞動市場，並打擊「社會安全福利系所提供的偏差誘因」，因爲正是這些誘因誘使失業勞工安之若素，留在原地不動。㉛

同樣地，投資者也被認爲是會見機轉移的。理論上，不景氣地區有一大堆現成的廉價勞工，到那兒去自可獲得較高的利潤，因爲在景氣地區，生產要素相對較少也較貴，利潤也相對較低。在不景氣地區，如果眞能夠獲得新的投資，失業勞工留在當地也能得到新的工作，那麼在貨幣區內就可以重建新的均衡。如果做不到這一點，不同的地區就應該發展各自的特點，較貧窮地區從事勞力密集產業，較富有地區發展資本密集產業，彼此貿易以消除失衡。萬一均衡還是無法達成，貨幣區的政府還可以用地方補助，以及轉移富裕地區的經費，以撐住搖搖欲墜的地區。

這種理論大有問題。舉例來說，如果隨其欲，投資者所中意的一定是貨幣區內

生意興隆的地方，絕不會跑到不景氣的地區去。同樣地，勞工從不景氣地區外移，只會加速市場緊縮與衰退的下旋力道，而不會因此爲留下來的人多出一些新的機會。所有這些因素加起來，地區與地區間的懸殊只會惡化而不會減少，如此一來，這個貨幣區要能稱得上是最適的貨幣區，就得先面對地區間重分配的問題。

歐元區是最適貨幣區嗎？

歐洲貨幣聯盟趕著上路的十年間，歐盟一方面全力消除單一市場內的貿易壁壘，在增加資金與勞力的流動上也不遺餘力。另一方面，在降低不同地區間的經濟落差上，也建立了一整套地區援助的計畫。連同趨同條款，所有這些措施無非就是要消除歐盟內部不同地區間的經濟差距，但是結果成功了嗎？歐元區算得上是一個最適貨幣區嗎？

儘管歐盟再怎麼賣力，歐盟國家與歐元區，無論在經濟、文化、環境或社會上，畢竟是個十足多元分歧的區域。以二〇〇〇年爲例，歐盟最富有的城市，人均國民生產毛額，是最貧窮農業地區的五倍。㉜二〇〇一年，西班牙與義大利的失業最嚴重地區，比起荷蘭與英國那些較爲繁榮的地方，足足低了十五至二十倍。㉝在推動

經濟成長上，文化與環境的潛能，傳統農業地區更是無法與較爲工業化地區相提並論。

此外，還有一些社會連帶，例如語言與家庭，使人們不願輕易在歐盟各地區間流動，更可以說是極其自然的事。根據歐盟執委會的統計，歐盟會員國之間的人口流動，相較於美國州與州之間的人口遷移，兩者是一與二十七之比。而爲了減少地區的落差，歐盟的地區援助政策與地區間的財務調動，實際上只佔歐盟國民生產毛額的百分之一點二七，以整個歐盟的地區懸殊程度而言，可說是微不足道，相較於美元貨幣區內，類似措施佔美國國民生產毛額的百分之二十，更可以說是小巫見大巫了。

湯尼・舍伍（Tony Thirwall）曾經深入檢視過歐盟內部的地區差距，找不到證據可以證明經濟差距有縮小的現象。從一九五〇至二〇〇〇年，最貧窮與最富有地區或國家之間的經濟差距，平均每年約縮小百分之二，其中以一九五〇年代拉近的速率最快，而一九六〇與一九七〇年代又快於一九八〇與一九九〇年代。貧富地區之間的生產差距，縮小的速率雖然較快，但貧窮地區卻爲此付出了失業增加的代價。失業率的懸殊最難撼動。從一九八〇年代初期起就出現週期性的循環模式，衰退時擴大，景氣時縮小，拉近的趨勢雖有，但卻只是聊勝於無。

整體來說，調查顯示，整個歐洲在生活水準與失業上所呈現的地區差距，大部分取決於各個國家的相對表現。換句話說，各個地區的命運，主要還是繫於各自國家的經濟表現，與整個歐盟經濟的趨勢關係不大。

舍伍總結說：「就我所知，還沒有哪一個人認爲，目前歐陸的十一個國家算得上是一個最適貨幣區。」㉞眼看著又有更多的歐盟會員國，二〇〇四年十個，二〇〇七年兩個，即將加入歐元體系，舍伍之言，我們深有同感。

歐元之下的地區差距

由於歐元區並不是一個最適貨幣區，經濟震盪對其組成國家與地區的衝擊乃是不對稱的。這方面最活生生的例子，莫過於一九九二年以德國統一做爲歐元的先鋒部隊，因歐盟滙率機制（exchange rate mechanism, ERM）所造成的衝擊。爲了整合進入單一市場，滙率機制的第一步，就是要參與國在滙率上做小幅度波動的調整。德國統一後，國內經濟計畫嚴重遭到扭曲，使英國政府在英鎊的幣值調整上始終抓不到正確的幅度，結果政府損失了一百八十億英鎊的貨幣儲備，一百萬個工作流失，一百七十五個屋主的產權因而受損。但是，自從英國自滙率機制拂袖而去之後，通膨

開始下降，而歐陸的失業繼續攀升，英國的失業卻大幅縮減一半。

滙率機制限制各國政府對利率、通膨目標的控制，然後又及於滙率，使得歐元會員國完全棄守，在「一體適用」的政策之下，歐洲中央銀行集大權於一身。但是，滙率機制還是難逃徹底失敗，經濟上各不同調的國家，對經濟震盪的回應可以說都是我行我素，爲了彼此抗衡，避免國際收支差額發生問題，各國紛紛祭出保命的安全瓣：重估本國的幣值。此外，強制採行不適當的利率，本身就無異於一次外來的經濟震盪，更增加了地區間的差距。回到德國的例子，費茲派特利的結論是，一旦套上錯誤的利率，毫厘可能就是千里。短短九個月，德國的最適利率減掉一半，從百分之一點六變成百分之○點八。㉟

在歐洲貨幣聯盟的屋頂下，地區之間的競爭被迫進入整個大區域，競爭的基礎乃大幅度從在地的相對優勢轉移，更朝向絕對優勢的追求。在這個美麗新世界中，許多地區發現，它們根本沒有絕對優勢，因此連競爭的基礎也爲之喪失，到頭來只能把自己交給別人，仰賴地區援助的鼻息。這種經濟上的困境，當人們不得不靠社會救濟過活，自絕於正常的經濟活動，或者遠走他鄉找工作時，那種心情只有疏離與絕望可以形容於萬一。

反之亦然。成功的地區可能會更爲成功。但危險是經濟將會過熱，社會與環境

問題隨之叢生，教育與醫療的壓力增加，污染與壅塞更加嚴重，房價大幅攀升，住宅與道路建設的壓力大增。在英鎊區，所謂的南北差距（事實上只是東南部與其他地區之間）已經出現了這些問題，地方政治乃至地區貨幣的主張，在英國也時有所聞。到二〇〇一年時，倫敦及其周邊的各郡，每個人的國民生產毛額，已經是英國其他地區平均的百分之一百三十九，㊱兩個地區之間的競爭力差距，在一九九七與二〇〇三年之間，擴大了百分之三十。㊲無論是北方或南方，都提不出永續經濟的好辦法，如果加入歐元體系，情況只會更糟。

戴安・培倫（Diane Perrons）提出過一項極具說服力的證據，說明《馬斯垂克條約》的趨同條款事實上惡化了歐盟內部的地區差距。一九八三至一九九五年間，除了荷蘭，所有歐盟國家的地區差距都擴大了。㊳還有更近的證據，英國財政部的《歐洲貨幣聯盟與勞動市場開放》的評估顯示，歐洲某些地區的失業，足足比「表現最佳地區」高出十倍。在四個最大的歐元國家中，這種情形尤其顯著，近年來，差距仍在繼續擴大。㊴

有人辯稱，歐元區內的差距其實是可以縮小的，只要大幅度改革歐盟，包括歐洲中央銀行民主化，以及採取更靈活的地區產業與就業政策。歐洲預算也能夠容許財務的自動調整，例如某一地區出現衰退時，可以減少對布魯塞爾的繳稅，並接受

更大額度的補助。但是，這些政策都必須精心操作才會有效，而且在政治和財政的統合上，胃口會變得更大更大，大到比現在的還要大，把統合主義的激情推到最極端，完完全全牴觸在地化的邏輯。

歐洲貨幣聯盟：製造動盪的淵藪

歐洲人衝突了好幾個世紀，總算在第二次世界大戰做了一個了結，正是基於這個原因，大戰結束後，幾乎人人都懷抱著歐洲國際主義與同舟共濟的理想。單一貨幣的支持者宣稱，歐元將可進一步落實這個理想，但事實卻正好相反。歐洲貨幣聯盟正在按照財團全球化的議程打造歐洲的經濟，完全無視這個議程忽略了世界上佔絕大多數的窮人，並對已開發國家人民過去享有的工作安全、環境與社區意識進行不斷的侵蝕。歐洲貨幣聯盟那件一體適用的緊身囚衣，正在擴大歐元區內的地區差距，並使國家民選的政府喪失反應民意的能力。在歐洲貨幣聯盟中，我們正目睹自由市場基本教義派在蔓延擴散，而在背後推動它的，則是一個將財團與新自由主義要務列爲優先，將社會正義與永續發展拋諸腦後的歐盟。

同時，貨幣聯盟也正在催促歐盟擴大版圖。對於分析家來說，一方面不斷深化

歐盟，一方面又不斷擴大會員國，本身就是互不相容的。準備好要加入歐盟的東歐國家，爲了準備加入歐元體系，也已經感受到強大的壓力，儘管趨同將會要它們付出極大的代價，而所能得到的好處又少得可憐。由於沒有集思廣益，出發點又有問題，擴大版圖之舉一旦證明是錯的，對於歐盟體系的怨憎必將火上加油，也將醞釀會員國之間的不合，正如目前已經在上演的，坑人以利己也將層出不窮。

無視於這些問題的代價極大，歐盟會員國之間與國內，社會不均正在變本加厲，很可能迫使更多的人變成經濟遊民，爲醜陋的民族主義提供沃土，使國際合作好不容易才建立的根基爲之動搖，爲裂解歐洲的民族主義添加養分。

在地化貨幣：經濟共榮運動

歐洲貨幣聯盟正在危害歐洲的合作與進步，因爲推動它的力量是政治的專斷，完全無視於經濟的現實。一旦貨幣被視爲控制的象徵，或認同的圖騰，愚蠢的經濟決策也就會應運而生。貨幣頂多只是一種交易的機制。一種通貨周邊的貨幣槓桿，如利率與滙率，只不過是貨幣區內調節經濟回饋的通路。衆所周知，這種回饋一旦與高度僵化的區域發生直接的關聯，它就會變得極度敏感，一九八六年，激進的經

濟學家雅戈（Jane Jacobs）有這樣一段文字：

讓我們想像現在有一群人，全都有自己的肺和橫隔膜，但卻共用一個神經中樞。在這樣一個愚蠢的配置中，透過呼吸，所有的人都會接受整群人的二氧化碳回饋，完全不分是哪一個人製造的……這時候，如果有人正在睡覺，有人卻在打網球，想想看，會發生什麼情況……還有更糟的，有人在游泳、跳水，浮在水面上的人只管自己的節奏，完全不顧潛在水下的人……在這樣一種配置中，回饋管制完全照自己的方式運作，但結果一定很慘。㊵

對於歐元，這是一個很好的比喻，那個「愚蠢的配置」所造成的結果或許不同，但不論是滅頂、嗆水還是痛快換氣，在歐元區內的不同地區，今天都已經開始出現了。

相反地，在地化就是要給每個在地經濟一個屬於自己的腦幹——一個爲在地經濟量身訂作的回饋系統。如此一來，每個在地經濟可以按照自己的需要與活動自我調節。原則上，就是這麼簡單，但在實際上，又不免要問，在地究竟是什麼？正如我們已經講過的，答案是因地而異的。

時間可以推回到一九二三年，小國盧森堡確定「地區」大於國家，於是放棄維持自己的國幣，選擇與鄰國比利時組成貨幣聯盟以促進貿易。二〇〇三年，支持歐元的英國政府做成一個完全相反的決定，至少是暫時，不加入歐元體系。英國政府發現，英鎊制的經濟與歐元貨幣區趨同得還不夠充分，對英國來說，接納歐元還不是時候。換句話說，超國家太大，大到無法視爲在地——這是從德國當時所受的經濟災難得出的結論。根據相同的理論，英國內部不斷擴大的區域差距似乎也顯示，英國東南角與這個國家其他地區之間，經濟條件顯然不同，或許有必要用另外一種節奏呼吸，如果它擁有自己的地區性貨幣，或許才能充分達成某種需求。

從某個角度來看，盧森堡的邏輯是，解決跨越貨幣疆界進行貿易所造成的不方便與不穩定，其迫切性更勝過高度自主調節回饋系統的優點，因此決定選擇更大的地區化貨幣區，這樣一個平衡點應該落在哪裡，考量的重點是，在一個貨幣區內交易，相較於必須與另一個貨幣區交易，何者更爲重要。從這個角度來看，站在貨幣在地化的立場，平衡點將傾向在地，因此，最適貨幣區的幅員將傾向於縮小。

但是，平衡點究竟應該落在何處，一個經濟體的不同部分總會有各自不同的看法。現在假設有一處典型的工業區，位於一個不知名的小鎮邊緣，整個地區原來頗爲繁榮，而且自成一個不大也不小的貨幣區，但已經開始走下坡。這個小鎮有可能

是在加拿大，也有可能是在英國，總之，由於利率太高，高得不利於在地的經濟環境，小鎮可以說是求財若渴。工業區裡面有一家生產專業設備的高科技廠商。公司從世界各地進口零件，產品則出口到不同的國家，以追求足夠大量的銷售業績，生意做得挺成功，尤其是在亞洲。公司的產品是以歐元與美元訂價，爲期已經三年。隔鄰是一家小乳品廠，牛奶購自當地的農民合作社，產品則賣到在地的商店與農民市場。地方上的景氣衰退對這家乳品廠相當不利。

什麼才是當地貨幣區的最適規模？如果拿這個問題徵求他們的看法，而乳品廠與科技公司的老闆又都頗有經濟見解，那麼他們的答案一定不同。乳品廠當然會中意利率較低也比較在地化的貨幣，科技公司則會比較在意貿易的便利，也可能會贊成加入緊鄰的那個大貨幣區。對他們來說，皆大歡喜的答案是不會有的。

從上面所談的，我們不難知道，歐洲貨幣聯盟本質上就存在著一種政策所導致的危險，亦即強迫在地性質的乳品廠及高科技製造商一體適用一套制度，而政策上又不能有雙重選擇。對他們來說，最適合的情況應該是這樣：在當地合法流通的任何貨幣，只要適合他們的需要，他們就可以拿來進行貿易。今天在英國，就某種程度來說就是這種情況。有些公司，像我們剛才虛構的那家高科技廠商，出口就是以歐元訂價，而有些大零售商，如超級市場，收英鎊但也接受顧客以歐元付帳。只要

以歐元出價得到認可，這種情況就可以上路，只不過英鎊仍然維持官方貨幣的地位。這種做法既有利於國際貿易，也不致於違反貿易補貼原則，造成利率政策的管制失控。一般來說，在這種情況下，在地還是沒有機會創造自己的交易工具，與國幣及合法外幣並行，用以刺激在地的經濟。

然而，例外還是有的。地方交換貿易方案（local exchange trading schemes, LETS）就是一個小規模、非正式的例子。瑞士瑞耳體系（Swiss Wir system）的運作方式就類似地方交換貿易方案，提供低廉的資金給在地企業。瑞士瑞耳體系始於一九三四年，到一九九三年時，擁有六萬五千個會員，營業額達到一百二十億英鎊。地方性的貨幣也偶爾出現，通常是紙鈔的形式，多是地方政府為了替在地經濟注入流動資金而發行的。為了渡過二〇〇一年的經濟危機，地方性貨幣在阿根廷就曾發揮重要功能。㊶新經濟基金會最近提出一項詳細的方案，建議採行一種倫敦地區的在地貨幣（參閱專欄十．一）。

在地交易體系通常會遭到官方的抵制。中央銀行在乎的不是競爭，而是懷疑在地交易體系變成了逃漏稅的管道，但實情卻是，全球每年損失的稅收估計達到三分之一，幾乎全都是透過境外避稅天堂，跟在地交易體系無關。如果有一種在地貨幣，被用來做為交易單位，具有實際的價值，稅務當局既然擔心它成為逃漏稅的工具，

專欄十一・一 倫敦的地鐵貨幣㊷

斥資十八億英鎊，倫敦地下鐵車票即將改成電子數位智慧卡。現在想想看，在整個首都的小商店中，你都能夠買到這種車程儲值卡，而且能夠透過蒙岱克斯（Mondex）或威士現金（Visacash）卡的系統，一張又一張，利用它輕鬆地交易。再想想看，就像蒙岱克斯一樣，你可以將它下載到手機中，蒙岱克斯與威士現金都是實驗的電子英鎊，可以內建於卡片中，透過手機或電腦下載，與銀行連線。科技今天進步到這種程度，你只要撥一通電話，就可以繳付停車費，或在芬蘭喝到自動販賣機的飲料。

現在再想想看，在倫敦的經濟體系中，如果這些儲值卡也可以到處流通，帶在手提包中，揣在口袋裡，在商店中、酒店裡，由讀卡機逐張進行交易。想想看，除了付地下鐵的車程費用外，在這個在地經濟體系內，你還可以用這些卡片買到需要的東西。這種新式的電子貨幣，我們姑且稱之爲「地鐵幣」（tube）。倫敦地下鐵到時候會發現，他們居然創造了一種地方性的貨幣，雖未立案卻事實存在的在地貨幣，而且是可以用車程做爲扣抵的——因此，不像英鎊或歐元會受到通膨的影響——但我們卻可以用它們買許多其他的東西。當然，地鐵幣尋常可以買得到，但也可以在經濟體內發行，無

息貸款給小企業——只收取服務費——在在地經濟體內，人們也可以提供各種勞務，從蓋房子到安親，透過地鐵幣賺錢。除了收取服務費外，地下鐵當局還可以從「儲值現金」獲利——因爲地鐵幣的車程全部抵扣完之前，可能要好幾個月的時間。

既然無損歡樂時光，酒店接受地鐵幣又有何不可？透過地鐵幣交易成立安親班或「打工」，又何樂不爲？這種貨幣既有信用，又可以從事一些用國際性貨幣，如歐元與英鎊，無法進行的準經濟活動。地下鐵當局則可像瑞士的瑞耳體系那樣，扮演倫敦在地經濟的銀行角色，幫助那些大牌金融體系不屑一顧的小企業。這種只有在倫敦才能交易的貨幣，大型公用事業當然無從打交道，但也正因如此，它才有可能在首都存活下來。

例如倫敦的例子，那麼就沒有理由拒絕以這種貨幣繳交稅款。

在地貨幣與交易體系，與國幣及國際貨幣並行，在促進在地經濟的活力方面，可以扮演一個重要的角色。在地貨幣的價值，可以由在地社區視在地的條件來訂定，在地的財富可以因此留在在地，還可以提供低廉的資金給在地企業，並在較大版圖的經濟體以一體適用的原則排除在地經濟體時，能夠另有一個流動資金的來源。總之，在地貨幣提供一種工具，將經濟的共榮織入在地經濟的核心。

終結美元帝國

不同的地理區塊應該使用各自的貨幣進行交易，這種理念同貿易補貼原則並不衝突。關於這一點，討論得雖然不多，但絕非什麼新的概念，殆無疑問。㊸為了融資國際貿易並防範投機客，各國都握有自己的貨幣準備，但幾乎百分之七十的貨幣準備都不是自己的國幣，而是一種全球性的貨幣，亦即美元。美元之所以被當成主要的全球性貨幣，概括來說有三個因素：其一，美元被視為一種強勢的穩定貨幣；其二，重要的商品，如石油，都是以美元出價；其三，世界銀行與國際貨幣基金會的堅持。美國之所以能把這套安排玩弄於股掌之上，則是因為其他國家都要將商品

與勞務賣給美國，以賺取自己需要的美元準備，而這些美元準備又投資於美國發行的債券，如此一來，擴充了美國的資本帳。此外，美國每年因美元的發行至少賺進四千億美元的造幣利差——幣值與造幣成本之間的差額。㊹如果美國需要更多的石油，事實上，它只要印鈔票就可以搞定。

結果再清楚不過了，縱使美國過度消費所形成的赤字今天已經高達二點二兆美元，國際貨幣基金會的結構調整卻不敢動它分毫。這說明了一個現象，這個世界唯一的超級強權，人口二億九千萬，在軍備上所撒下的大把鈔票，比另外二十個軍備預算最大的國家總加起來還多，而這二十個國家的人口，總加起來是三十五億。因此，美國之所以敢肆無忌憚地對待國際多邊組織，一意孤行，那也就不難想像了。

削弱美國這種唯我獨尊的氣焰，可以說是當務之急，而將美元從全球交易媒介的地位上拉下來，則是最爲可行的辦法。一開始，石油生產國可以堅持用另一種貨幣付款，例如歐元、日元，甚至委內瑞拉的玻利瓦幣（bolivare）。非洲聯盟曾提議，製造一種新貨幣，通行於非洲國家間的貿易，也可以削弱美元的統治地位。所有這些措施，任何一招出手，對美元的需求就會應聲下跌，如此一來，美國想要維持龐大赤字的功力也將減弱。

循著這個論點，某些評論家認爲，英國採納歐元將會是壓垮駱駝的最後一根稻

草。㊺他們強調，此舉將可使歐元這種單一貨幣的信用大爲提高，高到足以挑戰美元霸權的地步。對於這個論點，我們不敢苟同。歐元將會使歐洲經濟削弱，遑論其爭取龍頭的地位，這一點姑且不論。從另一角度來看，「歐洲獨大的和平」基本上無異於重蹈歷史的覆轍，跟「美國獨大的和平」或「古羅馬獨大的和平」並沒有什麼差別。像美國今天這種集經濟、軍事與政治大權於一身的邪惡，我們如果要避免，就必須重新點亮凱因斯的灼見，建立一個國際清理聯盟，優先處理貿易平衡，並採用一種不是由某一個國家掌控的全球性貨幣。

交易釋出額

有關於中性的新貨幣，有一個先進的想法值得考慮，那就是所謂的「釋出額貨幣單位」（Emissions-backed Currency Unit, Ebcu）。這個概念來自於李查・道斯威特（Richard Douthwaite）運用「縮減與趨同」（Contraction and Convergence, C&C）以減少溫室氣體釋出的方法。㊻根據縮減與趨同原則，以人均釋出基數爲準，規定每個國家每年一定的釋出量配額，經過一段由協議達成的年限，每年的總釋出量將下降到地球安全所容許的範圍。按照這個邏輯，每個國家也在規定的人均釋出額貨幣內進行貿易

釋出。富有國家所釋出的溫室氣體，超過自己應有的配額，應向貧窮國家購買釋出配額，促使其提高能源使用效率。貧窮國家則基於這種誘因，發展高能源效率的經濟，投資這種釋出額貨幣單位，使自己保有多出來的貿易配額。釋出額貨幣單位也可以用來當成全球性的準備貨幣，其作用有如今天的美元。如此一來，在一個以環境永續爲基礎的經濟架構內，以普世使用的商品——溫室氣體釋出權——爲其價值，釋出額貨幣單位仍可成爲國際貿易一種中性的、可以重分配的媒介。

釋出額貨幣單位的方案，今天仍然處於早期發展階段，可以預見的是，就如同其他取代美元的方案，美國一定會大力阻撓。但不論如何，在經濟在地化之下，自給自足的能力不斷成長，這種經濟力量的反對也將趨於式微。

在地貨幣：全球正義

好幾個世紀以來，國家主權與政府無不全力保護貨幣的製造與控制權，因爲它事關重大的政治與經濟利益。由此我們不難推想，美元做爲主要國際貨幣所取得的經濟權力有多大，而在英國的貨幣供給中，英格蘭銀行與皇家製幣局所製造的紙鈔與硬幣僅佔百分之五，其中玄機豈不耐人尋味。究其實，其餘的貨幣供給全由商業

銀行掌握，以利息貸款的形式借給了客戶。

總之，完全不同於歐洲貨幣聯盟，在地貨幣政策正如上一章所談到的農業與食品政策，其目的是要恢復在地的與國家的經濟安全，並透過均等的分配，以及以生態爲依歸的國際貿易，厚植全球經濟的永續能力與經濟正義。

11 多邊主義的新展望
A New Context for Multilateralism

聯合國的存在，儘管證明大家都接受一個國際社會的大一統，但它實際上是分裂的而非統一的，這種情形，一九四五年以來固然更為顯著，其實在此之前，它就已經是如此了。

——亞當・羅伯特（Adam Reberts）與本尼迪克・金斯伯里（Benedict Kingsbury）①

寫到這裡，正值美國與英國悍然不顧聯合國的決議，決定聯手入侵伊拉克，國際社會籠罩在杌桯不安的氣氛中。聯合國發展計畫署剛發表聲明，千禧年發展目標按照目前的進展，要到二一六五年才能完成，亦即比既定期限足足要晚一百五十年。

②儘管歐洲正陷於破紀錄高溫的酷暑中，千辛萬苦談出來的京都議定書，卻因俄羅斯政府的舉棋不定而有可能胎死腹中。世貿組織坎肯部長級會議陷入火爆的僵局，更在世界各處造成反彈。不論在哪一方面，我們唯一寄望能夠公平解決全球性問題的多邊主義顯然岌岌可危。

我們深信，多邊主義之所以失敗，是因爲在每個環節上，私利的追求都破壞了多邊的合作。相對地，以經濟在地化爲主導的經濟模式則非如此，它將爲多邊談判提供新的架構，有助於合作的達成。

剝掉斗篷

第二次世界大戰的災難點燃了前所未有的國際合作。戰爭始於合作的崩解，戰勝國記取教訓，著手建立新的國際組織，希望能夠有效維持未來的秩序。一九四五年，戰爭尚未結束，五十個國家就簽署了聯合國憲章。前一年，催生布雷頓森林體系的安排已經定案，接下來，關貿總協也在一九四八年上路。

許多人致力建立新的組織，無不是出於國際主義的理想招喚，但是，戰勝的同盟國卻利用這件寬大的斗篷，掩蓋他們赤裸裸的自私。隨著時間的流逝，同盟國更

爲明目張膽，乾脆將這些組織變成了壯大自己的工具，所有的理想因而也付諸流水。衆所周知，透過安理會五個常任理事國及聯合國，世貿組織、世界銀行、國際貨幣基金會全成了同一批強權的禁臠。六十年過去了，那件斗篷已經名存實亡，只要強權要貫徹他們的統治權，隨時可以棄如敝屣，而在重要的國際高峰會議中，又可以像在伸展台上那樣，穿脫由心。當大家都願意攜手合作，共同福祉凌駕一切時——如京都的曇花一現——本位主義又開始作祟，以致結果陷入危殆。至於其他時候，弱國拚命抓著強國的不平等協議，希望能夠藉此限制後者的暴露狂傾向，但強國仍一意孤行，追求自己的既定目標，在世貿組織談判一系列的回合中大露特露。

在這種情況下，多邊協定的簽署動機不是曖昧不清，就是矛盾叢生。好不容易才會出現共同福祉的追求，赤裸裸的自私自利總算讓步，但那樣的協定也只能算是鳳毛麟角了。至於大多數時候，協定全都是基於強國的現實考量，以有限的合作爲餌，吃定弱國仰強國鼻息的無奈。

矛盾的組合

各懷鬼胎，透過多邊談判組成，這樣一個國際體系，如果有的話，那一定非歐

盟莫屬。歐盟的成立固然有其理想，但其野心未嘗不是要將歐洲的權力推上世界舞台，其間的矛盾再明顯不過。一九九九年，爲歐洲議會的選舉，綠黨發表一項宣言，對於這種矛盾做了扼要的說明：

歐盟在四十多年前懷抱著和平與國際主義而誕生，隨著時間的流逝，在權力與利益追求的洪流中，這些理想卻已經沖刷殆盡。單一市場、《馬斯垂克條約》與貨幣聯盟接踵而來，每個都是將利益置於人民與環境之上，所邁出的每一步，都是在集中控制經濟，人民在影響他們日常生活的決策中，越來越沒有發言的權利。③

但是，羅曼諾・普洛迪（Romano Prodi，歐盟執委會主席）顯然沒有注意到這種矛盾。按照他的說法，歐盟的終極目標「是要將歐洲人團結起來，在民主、競爭、合作與無條件尊重人權的基礎上，保證人民的富裕與和平共存」。④競爭，沒錯，顯然凌駕了民主與人權，被提升爲最基本的價值。

歐盟所發出來的訊息總是曖昧不明，問題正出在這裡。舉例來說，在環境的決策方面，大家都承認，對於空氣品質、水污染與車輛廢氣排放，歐盟的規定都是世

界上最嚴格的。但實際上，歐洲的環境並非完全如此。一九九八年，歐洲環境署對歐洲環境做出的第二次評估顯示，歐洲十二大環境問題，自一九九一年以來僅有小幅甚至沒有進步。十二項問題中，「環境狀態確實有進展的」只有一項，亦即科技與自然危機的處理能力。「小有改善」的有四項，另外七項「毫無進展」，包括土壤惡化、生物多樣性流失與氣候改變。甚至在歐盟特別注意的環境政策上，例如地表臭氧污染的問題，一九九一年以來反而變本加厲惡化。接下來，一九九九至二〇〇一年的評估，情況依舊，趨勢未變。⑤

歐盟的永續發展策略同樣不清不楚。二〇〇一年戈登堡高峰會議，羅曼諾・普洛迪親自發表這項策略：

> 一年前在里斯本，歐洲會議為歐盟設定了一項新的目標：「成為全世界最有競爭力、最有活力的知識經濟體」。斯德哥爾摩歐洲會議決議，歐盟的永續發展策略，就是以這項包括環境座標的政策承諾為基礎。⑥

話已經講得很明白了。所謂的「環境座標」——一幅遠景、一件斗篷——覆蓋在現行的經濟政策上。不僅話已經說得夠明白，戈登堡所提出來的行動計畫更乾脆，部

長會議索性連斗篷都扯掉：一切都以國內產業界唯命是從，永續策略的目標、時間表與願景，全都拋諸腦後。

剩下來的是一紙限制嚴格的文件，未經充分討論，完全沒有考慮歐盟對開發中國家的衝擊，也缺乏可資計量的目標與指標。儘管如此，其中仍不乏令人肯定的抱負，但問題仍在：戈登堡揭櫫的「座標」，成爲世界上最永續的社會，跟里斯本「成爲全世界最有競爭力的……經濟」碰頭，或說得更正確一點，衝突時，該怎麼辦？

舉例來說，這項永續策略裡面，包括了實施能源稅以及外部成本內部化的目標。但是，除非世貿組織同意並修訂現有的規則，要不了多久，歐盟的生產者就會抱怨，額外的能源稅與內部化成本將使他們喪失在國際市場上的競爭力。

永續發展策略的另一個目標，是要減少交通壅塞與污染。但是，歐盟承諾大幅增加市場內外的商品與勞務流通，使這個目標注定了也只是畫餅而已。歐盟計畫耗資四千億歐元，興建新的交通基礎建設「泛歐網絡」（Trans-European Networks, TEN），據估計，光是二氧化碳的釋出量就將增加百分之十五至十八。

戈登堡的環境座標根本只是國際競爭力的裝飾，加上去妝點門面而已，徒然暴露公益在國際談判中向私利屈服的慣例，更驗證了跨國公司在歐盟政策形成過程中的影響力。在布魯塞爾，職業說客超過一萬人，全部可以自由進出於歐洲執委會、

歐洲會議與歐洲議會，絕大部分來自公關公司、業界遊說團體與個別的公司。某些公司所賺的錢比許多國家還多，甚至不惜包下整個遊說團隊。

針對各種不同的環境衝擊，歐洲議會最近提出報告主張，廠商在稅賦上所享有的巨大利多必須予以終止，以減少溫室氣體的釋出。該份報告的執筆人亦為綠黨成員，他如此寫道：

……我的辦公室已成了財團說客的接待室。各種不同行業的都有，機場、航空公司、飛機製造商、旅行業者，你指得出來的全都有。他們的說辭全都同一個調子：「我們關心環境，保護自然，我們該做的都做了，不要挑我們的毛病，要挑，挑那些行業像……」說到他們挑別的行業的毛病，也是一鼻孔出氣：鐵路在軌道上撒除草劑，或汽車製造業者是交通壅塞的禍首，諸如此類。⑦

財團對歐盟體系的遊說可說是空前成功，單一市場、《馬斯垂克條約》與單一貨幣，全都是為財團增加國際競爭力所打造出來的利器，至於財團應負的社會責任，歐盟什麼事都沒做，只訂了一些要求財團的自願條款。⑧少數人的經濟私利可說是大獲

全勝。

相同的壓力也在全球的層面上演。世界領袖最大規模的一次集會，二〇〇二年的永續發展世界高峰會議（World Summit on Sustainable Development, WSSD），談判了六個月，結果一事無成。如何避免重蹈過去協定的覆轍，是大部分談判的主題，例如有一項議案，建議世貿組織的協定應優先於有關國際環境與發展的協定，所幸有非政府組織的大力遊說，才使這項議案胎死腹中。在政府與私部門宣布的二百一十八項合作計畫中，僅有少數具有正面效益——其中不乏推動公用事業民營化的計畫，如開發中國家的水供應。另外通過一項明確的目標，附加在千禧發展目標的項目中：全世界沒有基本衛生設備可用的人口，到二〇一五年時應予減半。但是，高峰會結束時，針對這個目標所提出來的執行計畫，既沒有具體的機制也沒有任何進度。

永續發展世界高峰會議之所以失敗，追根究柢，癥結在於主要已開發國家所採取的立場。美國總統選擇置身事外，而他的國家對於自己該負起的領袖責任，在各方面都已經擺明了拒之於千里之外的態度，其實高峰會還沒開，在石油遊說的壓力之下，它就已經拒絕批准京都議定書了。至於歐盟，本來可以填補這個缺口，站出來在全體會議中發揮領袖群倫的影響力，推動永續的發展，但結果還是失敗。部分原因在於，歐盟自己無法同意降低農業出口補貼，另外則必須歸咎於財團強力的遊

說。舉例來說，多國維旺集團（multinational Vivendi）的水代表被安排在歐盟代表團內，而泰晤士水（Thames Water）卻被放在英國代表團內。⑨

輸出自私自利？

烏干達總統穆沙威尼（Museveni）在永續發展世界高峰會議的全體大會中致辭，譴責富有國家是在推動「寄生式全球化」，而不是「互利的多邊主義」。⑩的確，相對於富有國家顚覆多邊主義，輸出「寄生式全球化」的成功，它們在約翰尼斯堡爲「互利的多邊主義」所做的，可說是天壤之別。不論是擴張現有的國際協定或訂定新的協定，富有國家都是在將更多的貧窮國家拉進貿易與投資的陷阱。歐盟現在所輸出的自由貿易理念與實務，既是侵略的又是偏狹的，定義權操諸富有國家，無非是將自己擴大商業版圖的目的置於東方國家的社會、環境與人權利益之上。同樣地，與貧窮國家的雙邊貿易協定也是如出一轍。歐盟最近就利用與墨西哥簽訂的雙邊協定，強迫這個半數人口處於貧窮狀態的國家，開放服務業、投資與智慧財產，其手段之狠、速度之快，連世貿組織都望塵莫及。歐盟與孟加拉最近簽訂的協定，在智慧財產權方面，同樣也是心狠手辣。美國、加拿大對墨西哥原來簽訂的雙邊貿

易協定，在簽訂北美自由貿易協定時已經擴大過一次，眼看著，美洲自由貿易區（Free Trade Area of the Americas, FTAA）又要再擴大一次。同時，在開放投資、採購與競爭方面，富有國家現在又提出所謂的「新」議題，企圖利用世貿組織，增加它們對開發中國家經濟滲透的深度。

北美自由貿易協定一馬當先

富有國家以不公平的貿易協議進行「寄生式全球化」，貧窮國家又是如何吃虧上當，在北美自由貿易協定中的墨西哥經濟可說是最鮮明的例子。一開始，墨西哥獲得承諾，在北美自由貿協之下，繁榮可期，而且有某些跡象確也顯示承諾不致落空。加入北美自由貿協的頭六年，直接外人投資在墨西哥成長近百分之二百七十，進口零件組裝後出口的工廠，製造了近七十萬個工作，對美國的出口大幅增加，從一九九四年的四百九十四億美元變成二〇〇〇年的一千三百五十九億美元，製造業產量從前北美自由貿協時期到二〇〇一年五月，增加了百分之四十七點七。

儘管如此，對一般墨西哥人而言，卻是好景不常。新的產業想要成立工會，但立刻遭到壓制。一九九三至一九九九年之間，最低工資的實際價值下降百分之十七

點九，平均工資下降百分之二十點六。加入北美自由貿協的頭四年，空氣污染程度加倍，北美洲僅存的未開發森林，在美國木材公司的砍伐下面臨威脅。北美自由貿協強迫墨西哥開放資本市場，直接外人投資大舉進入，但卻造成投資市場高度的不穩定，一九九四至九五年間，一連串的資金抽離終於引發一次金融危機。當政府力圖穩定經濟時，飆漲的利率使許多墨西哥人擁有的企業破產，披索貶值大幅減弱人民的購買力，幅度下降達百分之三十九。到一九九八年時，百分之五十八點四的墨西哥人生活在貧窮中，相較於一九九四年加入北美自由貿協時，只有百分之五十點九七。⑫

北美自由貿協最致命的衝擊，是對墨西哥的農業。儘管口口聲聲承諾繁榮可期，事實卻是墨西哥小農的生計一瀉千里，禍首正是美國密集農業產品在政府補貼下的大舉進口。在此同時，高工資工作從美國轉移到邊界附近環境飽受破壞地區，雖然爲墨西哥人帶來一些工作機會，卻也爲墨西哥「缺乏效率」的中小企業帶來浩劫，走上絕路。

擴大問題？

將一個分裂達半個世紀的大陸帶入政治上的統一，歐盟的擴大版圖爲互利的多

邊主義提供了一次歷史性的機會。但是，追隨北美自由貿易協定的腳步，凡事以貿易爲主導，以富人爲優先，意味著歐盟同樣會讓經濟的私利踐踏在眼前的機會。自由貿易已經使目前的歐盟產生巨大的差距，歐洲會議與歐盟執委會卻循著這種舊思維看待歐盟的擴大，勢必加速市場導向的自由化，使東歐快速增加的失業、不均、環境惡化與地區差距更形嚴重。[13]歐洲議會的綠黨議員評估，現行歐盟擴大的策略將會造成結構調整負擔，對新申請加入國家也會產生經濟自由化的衝擊。結論是，如果擴大版圖要成功，所採取的條件必須更公平，必須以永續發展爲目標，而不是追求自由貿易。

不均與失業

斯洛伐克的鐵路滄桑是一個很好的例子。擁有五萬名員工，斯洛伐克鐵路公司（Slovak Railway Company, ZSR）是該國最大的雇主。一九九八年，斯洛伐克政府宣布即將資遣二萬五千名員工，並在一九九九年與歐洲投資銀行（European Investment Bank, EIB）簽訂一項貸款協定。消息一宣布，立刻導致票價上漲百分之三十，國家補貼與年資超過八年員工雙雙削減一半，鐵路貨運與火車班次全面減少。

銀行所提出來的條件完全未經過討論。媒體報導，斯洛伐克政府與鐵路公司必

須在兩週內答覆：只要同意所開出來的條件，歐洲投資銀行馬上放款。斯洛伐克環境政策促進中心送了一封抗議函給歐洲投資銀行總裁布萊恩・安溫（Brian Unwin），他的答覆是：「在十個申請加入歐盟的中歐及東歐國家中，本行近年來與所有的鐵路公司簽約，條件與本案所建議的調整措施完全相同。」⑭

支持擴大的人承認，大部分準會員國的失業率顯著地增加。他們的回答則是，在追求擴大的期間，勞動的彈性與移動也會增加，所有國家都是一樣。自由市場講求的是較低的工資、較差的就業條件，以及「騎上你的單車」逃離失業與低工資，一旦改革與調整陣痛，加上大量工作流失，成爲過去，準會員國保證將會獲得更多的工作。統一之後的東德也曾經指望過相同的保證，但一切都適得其反。儘管有大量的金錢轉移進來，以及拉平兩種貨幣幣值的財政利多，東德還是遭遇了貧富差距與工作流失的痛苦，所有的經濟部門到現在還陷在長期的結構危機中，找工作的競爭有增無減，條件不好的人隨時有被淘汰的危險，條件較好的人則步步高升。⑮整個一九九〇年代，雖然西德轉移了六千億歐元到東德，但情況並未因此改善。未來在二〇〇四至二〇〇六年的三年間，歐盟計畫轉移給十個新會員國的資金，大約二百五十億歐元，區區小數，相對於一九四八至一九五一年四年間，因馬歇爾計畫由美國轉移到西歐的資金，相當於今天的九百七十億歐元，眞可以說是微不足道了。⑯

共同農業政策與東歐

斯洛伐克已經看到農村地區的嚴重問題了。廉價進口的商品，尤其是來自歐盟的乳製品，已經在在地市場泛濫。務農的成本大幅提高，但農產品的價格卻停滯或下跌。許多國內生產者已經被大型多國公司擊敗，不是破產就是轉行從事出口。

大部分的分析家都看得很清楚，共同農業政策如果以現行的方式擴大到準會員國，不僅歐盟會破產，中歐與東歐國家數以百萬計的農業勞工也會失去工作。共同農業政策強調所謂的「有效率」農作，農業勢必走上密集化，以波蘭爲例，這將意味著兩百萬個農家可能失業。因爲波蘭絕大多數都是小農，面對那些西歐的鄰居，根本就不是競爭的對手。

從西遷到東

擴大可能也會進一步推動產業轉移，從西歐遷往勞工較爲廉價的東歐。⑰但是，進軍中歐及東歐國家，某些投資可能要面對飄泊不定，像通用電氣（GE），就是一個最好的例子。通用電氣由美國大發明家愛迪生一手創立，現任老闆傑克・魏爾克（Jack Welch）就說得很白：「你的每座工廠，最好都是設在方舟上。」意思是說，

隨時準備遷走，只要政府想對工廠設限，或工人要求更高的工資與更好的勞動條件。

一九八六年以來，透過自動化、裁員、外包與關廠，已經砍掉幾近半數的美國本土員工，將公司業務全球化，生產線則移往低工資地區，包括東歐國家。但是，即使是在這類國家，工作仍然極不穩定。通用電氣最近就關掉了土耳其廠，遷往工資更低的匈牙利，儘管如此，它還是威脅匈牙利關廠，準備移往印度。⑱

財團大贏家

與北美自由貿易協定一樣，歐盟擴大版圖的大贏家之一是跨國公司。一點都不令人驚訝，跨國公司的遊說組織在歐洲大肆活動，歐洲共同體產業聯盟（UNICE）及歐洲企業家圓桌論壇（ERT），一直都在推動歐盟朝東歐的擴張。對西方的企業來說，中歐及東歐國家是一個等待征服的大市場，同時也是一個廉價熟練勞工的人才庫，歐洲共同體產業聯盟前理事長就曾大言不慚地說：「在西歐，我們的市場已經飽和，該吃該喝的，我們都吃過喝過了。一個人總不能同時開兩部車吧！因此，經濟成長也就慢了下來……東歐對我們來說，有一億各式各樣口味的人，我們嚐過的，他們可都還沒嚐到。他們會想要嚐嚐的。」⑲

聽起來倒是挺好意的，但是，跨國公司提供給東歐人民的新消費品，索價可是

不菲，遠遠超過商品標籤上的訂定。這裡面包括結構調整、經濟政策變調，以及因爲西歐廉價商品、勞務與短期投資開放等等，市場所要付出的代價。就跟墨西哥一樣，最後的結果是，準會員國的人民埋單，財團得利。歐盟舊會員國的政府，當然不會爲本國的公司放過大好機會。前英國主管歐洲競爭的政務大臣談到歐盟的擴大時，如此寫道：「我一定要確定，英國的企業已經準備好了。歐盟擴大所帶來的商業與經濟利得，其他會員國的競爭一定會很激烈。要確定你的企業能夠獲得最多，你就必須不放過任何機會，並善加利用。」⑳在這種情況下，全歐洲政治合作的願景，互利多邊主義的追求，眼看著又將再一次成爲寄生式自利的祭品。

擴大版圖如果是爲了擴大福祉，追求均富，歐盟就必須徹底重新思考政策的方向，揚棄全球化的自由市場優先，另尋他途，歐洲各民族間的文化、社會與政治關係必須予以尊重，而不是唯貿易之利是求。唯有立基於永續發展，保護並重建在地與地區的經濟，提供一個各國都同意的最低標準架構，才能建立一個更民主的富裕歐洲，如此一來，受惠的不僅是歐洲人民，包括東歐與西歐，更能成就歐盟政治統合的影響力，有效制衡以美國爲首的寄生式全球化的擴張。很不幸地，英國首相布萊爾顯然不是這樣想的，且聽他是如何對波蘭聽衆講的：「歐洲人民需要歐洲強大而團結。今天的歐洲不再在乎和平，在乎的是投射集體的力量。」㉑

今天，每有重大的國際會議，一貫就有示威抗議，充分顯示社會大眾已經不耐煩國際主義那一套只會唱反調的斯文了。丹麥與瑞典之拒絕單一貨幣，愛爾蘭第一次公民投票就對《尼斯條約》（Nice Treaty）說「不」，㉒以及一九九九年歐洲各項選舉的低投票率，在在都是對歐盟的當頭棒喝。歐盟執委會的定期民意調查「歐洲氣壓計」顯示，在歐洲三億七千七百萬人當中，認為身為歐盟會員國是「好事情」的，勉強達到半數（一九九八至二〇〇三年間，約在百分之四十八至五十五之間起伏），在最近的一次調查中，受訪者中表示信任歐盟的，甚至連一半都不到。㉓

二〇〇一年戈登堡高峰會議，出現二萬五千人的空前示威，從此以後，歐盟與人民「脫節」就成了官方的話題。這場示威已經撼動了歐盟巨廈的樑柱，六個月之後，另一次高峰會在比利時的雷肯（Laeken）舉行時，歐盟的國家及政府首長們得到的結論是，社會大眾對歐盟的大目標雖然衷心支持，但是：

……對於這些目標與歐盟的日常事務，他們顯然覺得事不關己。他們希望

> 歐洲體系少些專橫、少些僵化，最重要的是，多些效率、多些公開。許多人都認為，歐盟應該多去瞭解他們所在乎的事，對於本質上應該由會員國與地區民意代表處理的事務，最好不要插手干預。有些人甚至將這種事視為對認同的威脅。但更重要的是，他們覺得那種作法遮掉了他們的視野，他們要求更民主的監督。㉔

爲了要與人民復合，雷肯高峰會成立了歐洲未來協商會（Convention on the Future of Europe），由法國前總統季斯卡（Valéry Giscard d'Estaing）主持爲期十五個月的協商。這是歐盟所進行過最廣泛的協商，象徵歐盟告別過去會員國政府之間的私下談判。在這一次協商中，共聚一堂的除政府代表外，還有負責制度改革的政務委員、歐洲議會議員、各國國會議員、會員國與準會員國的官員，以及各國的非政府組織。許多最具爭議性的議題，都在這次協商中有所討論，例如，歐盟應該演變成一個德國式的邦聯，還是一個較不具約束力的多國組織；以及是否要選出一個總統；在哪些領域，國家的否決權應予取消等等。

對於信心危機的處理，歐盟的回應夠公開也夠明快，遠勝於其他的國際貿易與金融體系，但是在制度改革上，除了爲歐盟的決策機器上點油之外，並沒有觸及它

與人民脫節的根本癥結。說到「復合」，只有推動歐盟發展的全球化本能需要穿上那件國際主義理想的斗篷時，才有可能發生了。

多邊主義的新展望

在英國，民意根本就懷疑經濟全球化。二〇〇一年摩里（MORI）的一項調查發現，只有百分之十三的人相信全球化可以改善生活品質，多達百分之九十二的人認爲，多國公司不論在哪裡營運，都應該符合最高的衛生、福利與環境標準。百分之五十八的人（報紙讀者爲百分之七十一）認同：「對企業好的，對開發中及貧窮國家就是不好的」。有百分之八十七到九十二的人認爲，即使與多國利益衝突，政府仍應該保護環境、就業條件與衛生保健。㉕正如此我們所見，這種懷疑有其充分的正當性。偏狹自私的強國一手掌握多邊的事務，以致窮國只有更落後於富國，整個一九九〇年代，已經有五十四個國家的人民變得更爲貧窮。㉖全球的環境正在不斷惡化；在新興經濟體的新投資證明也只是曇花一現。當官方的好聽話與現實之間的落差越來越大時，幻滅與憎怨隨之增強。

正如國際恐怖主義升高所帶來的訊息，憎怨是衝突的溫床。衝突的結果，又讓

強國有了藉口，說什麼他們不再需要去瞭解別人，相反地，只有用強施暴才行得通。這種惡性循環想要終止，唯有期待多邊事務重新聚焦，落實到眞正的國際主義上，使公益能夠壓倒強權的私利。

新的聚焦行動並不是沒有，其中尤以二〇〇二年約翰尼斯堡永續發展世界高峰會議最引人矚目。但是，沛然莫之能禦的國際競爭籠罩著全球的經濟，使多邊主義別無出路，所有的努力也很少能夠產生具體效果，反而鼓舞強國，將國際合作視爲零和的賽局，認爲任何讓步非但不足以成就共同目標的達成，只會威脅到它們自己的經濟私利。舉例來說，美國斷然退出京都議定書的簽署，眞正的原因在於此舉將削弱美國產業的競爭力。因此，新的挑戰是要去創造一個新的環境，讓經濟的私利得到滿足，不再需要另尋出路，唯有如此，互利的多邊主義才能水到渠成。

我們的看法是，經濟在地化可以提供這樣一個環境。經濟在地化是一個可以彈性伸縮的架構，能夠迅速地壯大，大到足以對抗橫行全球的既得利益，掃除國際競爭的迷思，而且具有足夠的張力，足以回應在地的需求，破除一體適用的偏執。任何一個政治上與經濟上具有實力的經濟單位，都可以實施經濟在地化，可以毫不客氣地拒絕跨國公司與國際資金市場，用不著等到全球達成共識，或期待全球民主新時代曙光的來臨。當然，單獨一個國家恐怕很難做到這一步，但若從區域集團的層

面去發動，成功的機會就極大，例如歐盟、東南亞國協或南美洲五國貿易組織（Mercosur，包括阿根廷、巴西、智利、巴拉圭與烏拉圭）。

最重要的是，選擇經濟在地化的國家將可得到一個安全的空間，專心追求社會、環境與經濟的福祉，不再需要爲了達成自己的目的而去踐踏別人的權利，也不再會因爲缺乏國際競爭力就要身不由己地遭受打擊。一旦在這方面獲得成功，自可起帶頭的作用，造成競相效法的風潮，國際關係將因此丕變，從「以鄰爲壑的競爭」轉爲「與鄰爲善的合作」，國與國之間的私利衝突不再，因爲不同國家的私利已能夠透過有效的在地化獲得滿足，因此也能夠互利共存。

今天的這個世界，有十億多人活在水深火熱的貧窮之中，每日所得不到一美元，但卻有百分之二十的人在消耗地球百分之八十的資源，以致使得環境的破壞變本加厲。以新的替代方案取代經濟全球化的災難模式，沒有比今天更爲急迫的。多邊主義的成功，有賴全球社會扭轉今天的趨勢，也才能夠建立更和平更安全的世界。掃除惡性競爭的經濟私利，經濟在地化將帶來多邊主義的新展望，爲明天提供最好的機會。

結語

綠黨的政治思想精華是「均等、生態、民主」。我們拿來比喻自己的那個單腳獨立的古巴比倫宗師赫利爾（Rabbi Hillel），可能早已經倒了下來，但他至少可以感到欣慰，我們始終沒有偏離他的教導。①綠色馬歇爾計畫的付諸實施，經濟在地化自可實現均等；生態稅改革與釋出額貨幣單位的施行，生態自能成爲在地經濟的核心；而在「在地產在地銷」的政策之下，經濟在地化將可確保市場與公司的民主管制，使民主政治恢復活力，使金融投機得以馴服。民主政治要能生根，就一定要立基於個人與團體所生活的土地。如果做不到這一點，全球經濟體系的民主化將只是緣木求魚。經濟在地化正是要將這些原則予以落實。我們相信，某些最具爭議性的問題，嚴重破壞了國與國之間的貿易與經濟關係，經濟在地化都可予以迎刃而解，並爲一個合作的世界提供最美好的遠景。

我們不斷強調，經濟全球化所造成的破壞歷歷在目，革命性的改革已經刻不容緩。革命不是在呼應對現狀的改革，現狀的改革只能視爲革命的過渡。革命或許不免落於眼高手低之譏，但不要忘了，一九六〇年代，豈不也是一些人，爲幾個富有國家的大公司、政府及金融機構擬訂計畫，就將整個世界的人民推上了債務的高台，控制了他們的生計，並迫使他們依賴市場而無法自拔。

從一開始，綠黨的政治理念就與主流劃清界線，站在分析問題的立場，扮演激進變革的角色。有時候，綠黨也會犯錯（例如「成長極限」最嚴重的問題，並非我們最早預測的資源耗竭，而應該是污染），②但卻無損於我們的分析確有先見之明。對於我們所提出來的方案，反應不難預測。起先是不理不睬，再來是冷嘲熱諷，最後終會接納甚至加入行動。我們提出這份宣言，是因爲我們相信，這項方案的分析是正確的，我們承認，某些細節容或有誤，但我們希望，大家亦步亦趨地緊跟上來。

名詞縮寫表

ACP	Africa, the Caribbean and Pacific 非洲、加勒比與太平洋地區國家
AmCham	American Chamber of Commerce 美國商會
AMUE	Association for the Monetary Union of Europe 歐洲貨幣聯盟促進協會
AOA	Agreement on Agriculture 農業協定
ASEAN	Association of Southeast Asian Nations 東南亞國協
BSE	bovine spongiform encephalopathy牛的海綿樣腦病變（狂牛症）
C&C	Contraction and Convergence 縮減與趨同（京都議定書）
CAP	Common Agricultural Policy 歐盟共同農業政策
CBI	Confederation of British Industry 英國工業聯合會
CDFI	community development finance initiatives 社區發展金融機構
CEE	Central and Eastern Europe 中歐及東歐國家
CI	Citizens' Income 公民給付
CITES	Convention on International Trade in Endangered Species 瀕臨絕種野生動植物國際貿易公約（華盛頓公約）
CJD	Creutzfeldt-Jakob disease 庫賈氏症（狂牛症）
DfID	Department for International Development 英國國際發展部
Ebcu	emissions-backed currency unit 釋出額貨幣單位
EC	European Commission 歐盟執委會
ECB	European Central Bank 歐洲中央銀行
ECOFIN	The Council for Economic and Financial Affairs 經濟暨財政部長理事會
ECOSOC	United Nations Economic and Social Council 聯合國經濟暨社會委員會
EIB	European Investment Bank 歐洲投資銀行
EKC	environmental Kuznets curve 庫茲尼特環境曲線
EMU	European Monetary Union 歐洲貨幣聯盟
ERM	exchange rate mechanism 歐盟匯率機制
ERT	European Roundtable of Industrialists 歐洲企業家圓桌論壇
EU	European Union 歐盟

FDI	foreign direct investment 直接外人投資
FTAA	Free Trade Area of the Americas 美洲自由貿易區
GAST	General Agreement on Sustainable Trade 永續貿易總協定
GATS	General Agreement on Trade in Services 服務業貿易總協定
GATS	General Agreement on Tariffs and Trade 關稅暨貿易總協定
GDP	gross domestic product 國內生產毛額
GE	General Electric 通用電機
GM, GMOs	genetically modified, genetically modified organisms 基因改造生物
GNP	gross national product 國民生產毛額
GPI	Genuine Progress Indicator 眞實進步指數
HDI	Human Development Index 人類發展指數
HIPC	Highly Indebted Poor Countries 高額負債貧窮國家
IATP	Institute for Agriculture and Trade Policy 農業與貿易政策研究所
IBRD	International Bank for Reconstruction and Development 國際復興開發銀行
IDA	International Development Agency 國際開發總署
IGD	Institute of Grocery Distribution 食品批發協會
ILO	International Labour Organisation 國際勞工組織
IMF	International Monetary Fund 國際貨幣基金會
IPRs	intellectual property rights 智慧財產權
ISEC	International Society for Ecology and Culture 國際生態與文化協會
ISEW	Index of Sustainable Economic Welfare 永續經濟福利指數
ITO	International Trade Organisation 國際貿易組織
LDCs	Least Developed Countries 低度開發國家
LETS	Local Exchange Trading Schemes 地方交換貿易方案
LGA	Local Government Association 英國地方政府協會
LPI	Living Planet Index 生命地球指數
LVT	Land Value Tax 地價稅
MAFF	Ministry for Agriculture, Fisheries and Food 農漁糧食部
MAI	Multilateral Agreement of Investment 多邊投資協定
MEAs	Multilateral Environmental Agreements 多邊環境協定
MEP	Member of the European Parliament 歐洲議會議員
MFN	Most Favoured Nation 最惠國待遇

MIGA	Multilateral Investment Guarantee Agency 多邊投資擔保機構
NAFTA	North American Free Trade Agreement 北美自由貿易協定
NEF	New Economics Foundation 新經濟基金會
NFU	National Farmers' Union 全國農民聯盟
NGO	non-governmental organisation 非政府組織
NICs	Newly Industrialised Countries 新興工業化國家
NIEO	New International Economic Order 國際新經濟秩序
NT	National Treatment 國民待遇
OECD	Organisation for Economic Cooperation and Development 經濟合作暨發展組織
OPEC	Organisation of Petroleum Exporting Countries 石油輸出國家組織
PFI	private finance initiative 民間融資計畫
POD	Programme of Obstruction and Deconstruction 妨害與解構綱領
POPs	Protocol on Persistent Organic Pollutants 持久性有機污染公約
PPMs	Agreement on Process and Production Methods 製程與製造方法協定
PPMV	parts per million by volume 每百萬單位分之……
PPP	public private partnership 公辦民營
PRGF	Poverty Reduction and Growth Facility 去貧與成長計畫
SAP	Structural Adjustment Programme 結構調整綱領
SGP	Stability and Growth Pact 穩定與成長協定
SMEs	small and medium-sized enterprises 中小企業
SPS	Agreement on Sanitary and Phytosanitary Standards 衛生與植物檢疫標準協定
TBT	Agreement on Technical Barriers to Trade 技術性貿易壁壘協定
TEN	Trans-European Networks 泛歐網絡
TNC	transnational corporation 跨國公司
TRIMs	Agreement on Trade-related Investment Measures 投資貿易相關措施協定
TRIPs	Agreement on Trade-related Aspects of Intellectual Property Rights 智慧財產權貿易相關協定
UK	United Kingdom 英國
UN	United Nations 聯合國
UNCED	United Nations Conference on Environment and Development 聯合國環境與發展會議

UNCTAD	United Nations Conference on Trade and Development 聯合國貿易與發展會議
UNDP	United Nations Development Programme 聯合國發展計畫署
UNEP	United Nations Environment Programme 聯合國環境署
UNICE	Union of Industrial and Employers' Confederations of Europe 歐洲共同體產業聯盟
US	United States 美國
WSSD	World Summit on Sustainable Development 永續發展世界高峰會
WTO	World Trade Organization 世貿組織
WWF	World Wide Fund for Nature 世界自然基金會
ZSR	Slovak Railway Company 斯洛伐克鐵路公司

註釋

INTRODUCTION

1. 英格蘭與威爾斯綠黨的政策可以上網查閱，網址：<www.greenparty.org.uk>。過去三十多年來，許多人殫精竭慮於綠黨政策的打造，本書的理念即本於此，在此向他們致最高的謝意。在有些地方，我們逾越了綠黨的共同政見，若有任何錯誤，所有責任自負。
2. 在本書中，「反全球化運動」與「全球正義運動」是兩詞一義。但我們較看重後者，因爲後者是從正面表述我們所追求的目標，而非從負面傳達我們所反對的對象。但是，我們不得不承認，前者才是一個廣泛使用的名詞。
3. 英格蘭與威爾斯綠黨〈http://www.greenparty.org.uk〉設有全國執行委員會，不設黨魁，由選舉產生兩名主席，女性、男性各一人。
4. 卡洛琳・魯卡斯在歐洲議會發表的作品詳見<http://carolinelucasmep.org.uk>。

CHAPTER 1

1. Zoellick, R.B. (2001), 'Countering terror with trade', *Washington Post*, 20 September, p. A35.
2. Harding, J. (2001), 'The anti-globalisation movement', *Financial Times*, 15 October.
3. Zoellick, R.B., 'Countering terror with trade'.
4. Quoted in Lozada, C. (2001), 'Trading in terror', *Christian Science Monitor*, 6 November.
5. Karliner, J. (2001), *Where Do We Go From Here? Challenging Corporate-Globalization After September 11*, San Francisco: CorpWatch.
6. Dale, R. (2001), 'Terrorists exploit anti-globalization', *International Herald Tribune*, 22 September.
7. Perkins, A. (2003), 'Hewitt links world poverty with terror', *Guardian*, 31 January.
8. National Intelligence Council (2000), *Global Trends 2015: A Dialogue About the Future with Nongovernment Experts*, Washington, DC: CIA. <http://www.cia.gov/nic/pubs/index.htm>.
9. UN Environment Programme (2002), *Global Environment Outlook 3*, London: UNEP/Earthscan.
10. Speaking at the launch of *Global Environment Outlook 3*.
11. Department for International Development (2000), *White Paper on International Development*, London: HMSO.

12. 「國際主義」一詞相當含混，有些人將之解讀爲國與國之間的相處原則，我們採取較爲廣義的定義，亦即一種哲學理念，追求國際或全球層面的最高利益。
13. Quoted in Gray, J. (1988), *False Dawn: The Delusions of Global Capitalism*, London: Granta Books.
14. Smith, A. (1994 [1776]), *The Wealth of Nations*, New York: Modern Library, imprint of Random House Inc.
15. Friends of the Earth (2000), *The Citizen's Guide to Trade, Environment and Sustainability*, London: FoE.
16. Gray, *False Dawn*.
17. World Trade Organization (undated), *Trade and the Environment in the WTO*, Geneva: WTO.
18. New Internationalist (2000), *Restructuring the Global Economy*, No. 320.
19. Hertz, H. (2001), *The Silent Takeover: Global Capitalism and the Death of Democracy*, London: William Heinemann.
20. Clarke, T. (2001), 'Mechanisms of corporate rule', in E. Goldsmith and J. Mander (eds), *The Case Against the Global Economy*, London: Earthscan.
21. Cited in Keet, D. (1999), *Globalisation and Regionalism – Contradictory Tendencies? Counteractive Tactics? Or Strategic Possibilities?*, Cape Town: Alternative Information and Development Centre.
22. *Johannesburg Business Day*, 20 February 1997.
23. Keet, D., *Globalisation and Regionalism*.
24. 巴比倫《塔木德經》（*Talmud*）安息日第三十一節記載，有人問赫利爾能不能單腿站立列舉所有的律法，赫利爾便單腿站立回答道：「己所不欲勿施於人；其他都不過是這一原則的註腳而已。」
25. Meadows, D.H., Meadows, D.L., Randers, J. and Behrens, W.W. III (1974), *The Limits to Growth: A Report for the Club of Rome's Project on the Predicament of Mankind*, 2nd edn, New York: Universe Books.
26. Daly, H.E. (1973), *Toward a Steady State Economy*, San Francisco: W.H. Freeman.
27. Selden, T.M. and Song, D. (1994), 'Environmental quality and development: Is there a Kuznets curve for air pollution emissions?', *Journal of Environmental Economics and Management*, 27, pp. 147–62.
28. Bhattarai, M. and Hammig, M. (2001), 'Institutions and the environmental Kuznets curve for deforestation: a cross-country analysis for Latin America, Africa and Asia', *World Development*, 29, pp. 995–1010.
29. Stern, D.I. and Common, M.S. (2001), 'Is there an environmental Kuznets curve for sulphur?', *Journal of Environmental Economics and Management*, 41, pp. 162–78.
30. Lópes, R. (1994), 'The environment as a factor of production: The effects of economic growth and trade liberalization', *Journal of Environmental Economics and Management*, 27, pp. 163–84.
31. Address at the University of Kansas, Lawrence, Kansas, 18 March 1968.
32. Kuznets, S. (1934), First report to Congress, quoted in C. Cobb, T. Halstead and J. Rowe (1995), *The Genuine Progress Indicator: Summary of Data and Methodology*, San Francisco: Redefining Progress.

33. For more information on ISEW see <http://www.foe.co.uk/campaigns/sustainable_development/progress/>.
34. For more information on GPI see <http://www.rprogress.org/projects/gpi/>.
35. For more information on HDI see <http://hdr.undp.org/>.
36. Scott Cato, M. (2004), 'The watermelon myth exploded: Greens and anti-capitalism', in J. Carter and D. Morland (eds), *Anti-Capitalist Britain*, London: New Clarion Press.
37. 綠黨有關追求均等的政策，除了公民所得方案、土地價值稅之外，還包括稅負從所得轉移到擁有，遺產稅按繼承的多寡徵收等。詳見《永續社會宣言》（*Manifesto for a Sustainable Society*）〈http://www.greenparty.org.uk〉。
38. Korten, D. (1999), *The Post-Corporate World: Life After Capitalism*, Bloomfield, CT: Kumarian Press.
39. Korten, D. (1999), 'The post-corporate world', *YES! A Journal of Positive Futures*, Spring, pp. 17–18.

CHAPTER 2

1. In a speech in New York, advocating US approval of the establishment of the WTO, 3 March 1994.
2. Elliott, L. and Atkinson, D. (1998), *The Age of Insecurity*, London: Verso, p. 26.
3. IMF (2000), *Debt Relief, Globalization, and IMF Reform: Some Questions and Answers*, IMF Issues Brief <http://www.imf.org/external/np/exr/ib/2000/041200b.htm>.
4. International Society for Ecology and Culture (1999), *From Global to Local: Resisting Monoculture, Rebuilding Community*, Dartington, Devon: ISEC.
5. Mander, J. (2001), 'Facing the rising tide', in E. Goldsmith and J. Mander (eds), *The Case Against the Global Economy*, London: Earthscan.
6. Quoted in Hertz, N. (2001), *The Silent Takeover: Global Capitalism and the Death of Democracy*, London: William Heinemann.
7. MORI (2001), 'Labour supporters and public services: "But don't give money to private sector", says survey' <http://www.mori.com/polls/2001/gmb-011129.shtml>.
8. MORI (2001), 'Britain turning against globalisation' <http://www.mori.com/polls/2001/globalisation.shtml>.
9. Wallach, L. and Sforza, M. (1999), *Whose Trade Organization? Corporate Globalization and the Erosion of Democracy*, Washington, DC: Public Citizen <http://www.citizen.org>.
10. Elliott, L. (2003), 'Third-way addicts need a fix', *Guardian*, 14 July.
11. Monbiot, G. (2000), *Captive State: The Corporate Takeover of Britain*, London: Macmillan.
12. The section on NAFTA draws heavily on Bottari, M., Wallach, L. and Waskow, D. (2001), *NAFTA Chapter 11 Investor-to-State Cases: Bankrupting*

Democracy. Lessons for Fast Track and the Free Trade Area of the Americas, Washington, DC: Public Citizen and Friends of the Earth.

13. Palast, G. (2001), 'The fast track trade Jihad', *Observer*, 14 October.
14. For more information on Loewen's case, see <www.nafta.claims.com/disputes_us/disputes_us_5.htm>.
15. Magnusson, P. (2002), 'The highest court you've never heard of: Do NAFTA judges have too much authority?', *Business Week*, 1 April.
16. For a useful briefing on the GATS agreement see Spencer Chapman, K. (2002), *The General Agreement on Trade in Services (GATS): Democracy, Public Services and Government Regulation*, published by Jean Lambert MEP/The Greens & European Free Alliance in the European Parliament <http://www.jeanlambertmep.org.uk>.
17. Watkins, K. (2002), 'Money talks', *Guardian*, 24 April.
18. Bhagirath Lal Das, India's former ambassador to GATT, quoted in Sexton, S. (undated), *Trading Health Care Away?*, CornerHouse Briefing 23: Trade and Health Care. Available at <http://www.gatswatch.org/docs/CornerHouse23.pdf> on 24 November 2003.
19. Local Government Association (2002), *WTO General Agreement on Trade in Services (GATS) – Decisions and Actions Required*, Report to the European and International Affairs Executive, London: LGA.
20. WTO (2001), *Communication from Cuba, Senegal, Tanzania, Uganda, Zimbabwe and Zambia – Assessment of Trade in Services*, 6 December, WTO reference S/CSS/W/132; accessible through European Services Forum website <http://www.esf.be/f_e_negotiations.htm>.
21. Save the Children UK Press Release, 5 November 2001 <http://www.savethechildren.org.uk/pressrels/051101.html>.
22. European Commission (2000), *Opening World Markets for Services, Towards GATS 2000*, Brussels: EC, p. 17.
23. David Hartridge, former Director of the Services Division at the WTO in his speech 'What the General Agreement on Trade in Services can do' at the conference 'Opening Markets for Banking Worldwide: The WTO General Agreement on Trade in Services', London, 8 January 1997.
24. Lang, J. and Lake, C.D. II (2000), 'The first five years of the WTO: General Agreement on Trade in Services', *Law & Policy in International Business*, 31.
25. 談到富有國家與貧窮國家，只是一種權宜的說法。有些富有國家，從某個角度看，其實是貧窮的，許多生活於其間的人民並沒有多少錢。有些「開發中國家」，事實上並非開發中，而是已經具有相當開發程度，我們將這類國家均列入已開發之列。並非所有的貧窮國家都在南方，但絕大部分的富有國家確實都在北方。我們之所以採用這兩個名詞，是為了避免使用「第三世界」與「第一世界」兩詞。
26. Chandrika, B. (2001), *TRIPS, HIV/AIDS and Access to Drugs*, New York: UNDP.
27. Speaking at the World Development Movement's Annual Conference, London, 8 June 2002.
28. IMF (2000), *Globalization: Threat or Opportunity?*, IMF Issues Brief <http://www.imf.org/external/np/exr/ib/2000/041200.htm#X>.

29. Chossudovsky, M. (1997), *The Globalisation of Poverty: Impacts of IMF and World Bank Reforms*, London and Atlantic Highlands, NJ: Zed Books and Penang, Malaysia: Third World Network.
30. Stiglitz, J.E. (2002), *Globalization and its Discontents*, London: Allen Lane/ Penguin, p. 89.

CHAPTER 3

1. Advert in *Fortune* magazine, quoted in Korten, D. (1995), *When Corporations Rule the World*, London: Earthscan.
2. UNEP (2002), *Global Environment Outlook 3*, London and Geneva: UNEP/ Earthscan.
3. Rainforest Foundation <http://www.rainforestfoundationuk.org/ rainhome.html>.
4. Bruges, J. (2001), *The Little Earth Book*, Barrow Gurney: Alastair Sawday Publishing Co. Ltd.
5. UNEP, *Global Environment Outlook 3*.
6. UNEP (2000), *Report of the Twelfth Meeting of the Parties to the Montreal Protocol*, Nairobi: UNEP Ozone Secretariat.
7. European Environment Agency (2002), *Environmental Signals 2002 – Benchmarking the Millennium: Environmental Assessment Report No 9*, Copenhagen: EEA.
8. UNEP, *Global Environment Outlook 3*.
9. World Wide Fund for Nature (2002), *The Living Planet Report 2002*, Gland, Switzerland: WWF International.
10. Wackernagel, M. et al. (2002), 'Tracking the ecological overshoot of the human economy', *Proceedings of the National Academy of Science*, 99, pp. 9266–71.
11. Khor, M. (2001), *Globalisation and the Crisis of Sustainable Development*, Penang, Malaysia: Third World Network.
12. Ibid., p. 18.
13. Hines, C. (2000), *Localization: A Global Manifesto*, London: Earthscan.
14. Testimony to the USTR prior to WTO Summit, Sierra Club, Washington, DC, 20 May 1999.
15. Friends of the Earth International (2001), *Citizen's Guide to Trade, Environment and Sustainability*, Amsterdam: FoEI <http://www.foei.org/ trade/activistguide/>.
16. European Commission (2001), *White Paper. European Transport Policy for 2010: Time to Decide*, Brussels: EC <http://europa.eu.int/comm/energy_ transport/en/lb_en.html>.
17. DETR (2000), *The Future of Aviation: The Government's Consultation Document on Air Transport Policy*, London: Department of Environment, Transport and the Regions.
18. Simms, A. (2000), *Collision Course: Free Trade's Free Ride on the Global Climate*, London: New Economics Foundation.
19. Korten, D. (1995), *When Corporations Rule the World*, London: Earthscan.

20. OECD (1997), *Freight and Environment: Effects of Trade Liberalisation and Transport Sector Reforms*, Paris: OECD.
21. Food and Agriculture Organisation (1999), *The State of the World's Fisheries and Aquaculture 1998*, Rome: FAO.
22. Matthews, E. et al. (2000), *Pilot Analysis of Global Ecosystems: Forest Ecosystems*, Washington, DC: World Resources Institute.
23. The following WTO examples are drawn from Wallach, L. and Sforza, M. (1999), *Whose Trade Organization? Corporate Globalization and the Erosion of Democracy*, Washington, DC: Public Citizen <http://www.citizen.org>.
24. WTO (1988), *United States – Import Prohibition of Certain Shrimps and Shrimp Products (WT/DS58/R), Final Report*, Geneva: WTO.
25. For fuller details see Hines, C., *Localization* pp. 221–4, and Lucas, C. (1999), *The Greens' 'Beef' with the WTO,* London: Green Party.
26. European Commission (1999), *Report from the European Union's Scientific Committee on Veterinary Measures Relating to Public Health*, Brussels: EC.
27. Weisbrot, M. (2001), 'Tricks of free trade', *Sierra Magazine*, September/ October.
28. WTO (2001), *WTO Policy Issues for Parliamentarians*, Geneva: WTO.
29. Ibid.
30. WTO (1996), *United States – Standards for Reformulated and Conventional Gasoline (WT/DS2/R), Report of the Panel*, Geneva: WTO.
31. WTO (2001), *WTO Policy Issues for Parliamentarians*, Geneva: WTO.
32. GATT (1947),*General Agreement on Tariffs and Trade*, Article XX <http://www.wto.org/wto/english/docs_e/legal_e/final_e.htm>.

CHAPTER 4

1. Bello, W. (1999), 'Why reform of the WTO is the wrong agenda', *Focus on Trade*, 43, December.
2. 如何計算所得分配，以及不均與絕對貧窮的認定，可以說是眾說紛紜。相關 的問題可參閱 Wade, R. and Wolfe, M. (2002)〈全球的貧窮與不均更形惡化？〉（Are global poverty and inequality getting worse?) *Prospesct Magazine*, 72, March <http://www.prospect-magazine.co.uk/ArticleViewT2.asp? accessible=yes& P_Article=10242>，另見 Wade, R. (2001)《全球化使世界所得分配更平均嗎？》(*Is Globalization Making World Income Distribution More Equal?*) LSE-DESTIN·Working Paper, N0. 01-01 <http://www.lse.ac.uk/Depts/destin/ workpapers/wadeincome.pdf>。
3. IMF (2000) *Globalization: Threat or Opportunity?*, IMF Issues Brief <http://www.imf.org/external/np/exr/ib/2000/041200.htm#X>.
4. Milanovic, B. (2002), 'True world income distribution, 1988 and 1993: First calculation based on household surveys alone', *The Economic Journal*, 112, pp. 51–92.
5. UNDP (2003), *Human Development Report 2003 Millennium Development Goals: A Compact Among Nations to End Human Poverty*, New York: Oxford University Press.
6. UNDP (1999), *Human Development Report: Globalization with a Human Face*, New York: Oxford University Press.

7. IMF, *Globalization: Threat or Opportunity*.
8. Quoted in Hilary, J. (1999), *Globalisation and Employment, New Opportunities, Real Threat*, Panos Briefing, No. 33, May, p. 5.
9. International Labour Office (2003), *Global Employment Trends*, Geneva: ILO.
10. UNCTAD (1997), *Trade and Development Report: Globalization, Distribution and Growth*, Geneva: UNCTAD.
11. UNCTAD (2002), *Trade and Development Report: Developing Countries in World Trade*, Geneva: UNCTAD.
12. World Bank (2000), *World Development Report: Attacking Poverty*, Washington, DC: World Bank.
13. UNDP (2003), *Human Development Report 2003 Millennium Development Goals: A Compact Among Nations to End Human Poverty*, New York, Oxford University Press.
14. Speaking at the launch of the World Bank's 1999/2000 World Development Report, 15 September 1999.
15. <http://www.worldbank.org/>.
16. See UNDP website, 'Women/Gender' at <http://www.undp.org/teams/english/gender.htm>.
17. See, for example, the work of the International Trade and Gender Network at <http://www.genderandtrade.net/index.html> and Development Alternatives with Women for a New Era at <http://www.dawn.org.fj/>.
18. World Bank (2001), *Annual Report*, Washington, DC: World Bank.
19. From the foreword to DfID (2000), *Eliminating World Poverty: Making Globalisation Work for the Poor. White Paper on International Development*, London: HMSO.
20. Dollar, D. and Kraay, A. (2000), *Growth Is Good for the Poor*, Washington, DC: World Bank Development Research Group <http://www.worldbank.org/research/growth/absddolakray.htm>.
21. *Economist*, 27 May 2000.
22. *Financial Times*, 12 April 2000, p. 23.
23. *Guardian*, 14 June 2000.
24. Wade, R. and Wolfe, M. (2002), 'Are global poverty and inequality getting worse?', *Prospect Magazine*, 72, March <http://www.prospect-magazine.co.uk/ArticleViewT2.asp?accessible=yes&P_Article=10242>.
25. Ibid.
26. Eatwell, J. (2000), 'Unemployment: National policies in a global economy', *International Journal of Manpower*, 21, pp. 343–73.
27. Weisbrot, M., Baker, D., Kraev, E. and Chen, J. (2001), *The Scorecard on Globalization 1980–2000: Twenty Years of Diminished Progress*, Washington, DC: Centre for Economic Policy Research.
28. UNDP (2003), *Human Development Report 2003 Millennium Development Goals: A Compact Among Nations to End Human Poverty*, New York: Oxford University Press, p. 2.
29. Quoted in Palast, G. (2000), 'An internal IMF study reveals the price "rescued" nations pay: dearer essentials, worse poverty, and shorter lives', *Observer*, 8 October.
30. Dollar, D. and Kraay, A (2001), *Trade, Growth, and Poverty*, Washington, DC: Development Research Group, The World Bank.

31. Rodrik, D. (2000), Comments on *Trade, Growth, and Poverty* by D. Dollar and A. Kraay, Harvard University <http://ksghome.harvard.edu/per cent7E.drodrik.academic.ksg/Rodrik per cent20on per cent20Dollar-Kraay.PDF>.
32. Ibid.
33. Weisbrot, et al., *Scorecard on Globalization.*
34. Alesina, A., Grilli, V. and Milesi-Ferretti, G.M. (1993), 'The political economy of capital controls', in L. Leiderman and A. Razin (eds), *Capital Mobility: New Perspectives*, Cambridge: Cambridge University Press; Vittorio, V. and Milesi-Ferretti, G.M. (1995), 'Economic effects and structural determinants of capital controls', *IMF Staff Papers*, 42 (3), pp. 517–51.
35. Bello, W. (2000), 'WTO: Serving the wealthy, not the poor', in S. Retallack (ed.), *Globalising Poverty: The World Bank, IMF and WTO – Their Policies Exposed*, London: The Ecologist Report, pp. 36–9.
36. Rodrik, D (2001), 'Trading in illusions', *Foreign Policy*, March/April.
37. Ibid.
38. Cited in Retallack, *Globalising Poverty*, p. 6.
39. Lundberg, M. and Squire, L. (1999), *The Simultaneous Evolution of Growth and Inequality*, Washington, DC: World Bank.
40. Cavanagh, J., Welch, C. and Retallack, S. (2000), 'The IMF formula: Generating poverty', in S. Retallack, *Globalising Poverty*, pp. 23–5.
41. Blackwell, B. (2002), 'Argentina and the IMF – the art of falling apart', *Ecologist*, July.
42. For a discussion of the effect of EMU on unemployment in the EU see Lombard, M. (2000), 'Restrictive macroeconomic policies and unemployment in the European Union', *Review of Political Economy*, 12, pp. 317–32.
43. Ingram, P. and Davis, I. (2001), *The Subsidy Trap: British Government Financial Support for Arms Exports and the Defence Industry*, Oxford: Oxford Research Group/Safer World.
44. Hines, C. (2000). *Localization: A Global Manifesto*. London: Earthscan.
45. Wiltshire, V., Jones, E., King, C., Jenkins, T. and Barry, R. (1998), *Green Job Creation in the UK*, London: FoE, ACE, GMB and UNISON <http://www.foe.co.uk/resource/reports/green_job_creation.pdf>.
46. Quoted in *Guardian*, 6 February 2002.
47. Greider, W. (2000), *One World Ready or Not: The Manic Logic of Global Capitalism*, New York: Simon and Schuster.
48. Mokhiber, R. and Weissman, R. (2000), 'General Electric's global assault', *Mother Jones*, 26 May.
49. <http://www.tuc.org.uk/globalisation/>.
50. Greider, W. (2001), 'A new giant sucking sound', *Nation*, 31 December.
51. *Migration News* (2002), 'Trends: Population, migration, food', *Migration News*, 9 (11).
52. Ibid.

CHAPTER 5

1. Norberg-Hodge, H. (2001), 'Ladakh – development as destruction', in A. Roddick (ed.), *Globalization: Take it Personally*, London: Thorsons, pp. 112–15.

2. Pomeroy, R. (2002), 'Earth summit failure could imperil trade talks – EU', Reuters, 23 July.
3. Department for International Development (2000), *Eliminating World Poverty: Making Globalisation Work for the Poor. White Paper on International Development*, London: HMSO.
4. International Society for Ecology and Culture (1999), *From Global to Local: Resisting Monoculture, Building Community*, Dartington: ISEC; *Ecologist* (1999), 'Beyond the monoculture: Shifting from global to local', *Ecologist*, 29 (3); Shuman, M. (1998), *Going Local: Creating Self-Reliant Communities in a Global Age*, New York: Free Press; Mander, J. and Goldsmith, E. (1996), *The Case Against the Global Economy and For a Turn Towards the Local*, San Francisco: Sierra Club Books; Douthwaite, R. (1996), *Short Circuit: Strengthening Local Economies for Security in an Unstable World*, Totnes: Green Books; Hines, C. (2000), *Localization: A Global Manifesto*, London: Earthscan; International Forum on Globalization (2002), *Alternatives to Economic Globalization*, San Francisco: Berrett-Kohler.
5. John Maynard Keynes, speaking in Dublin, April 1933.
6. <http://www.neweconomics.org>.
7. Trade subsidiarity is explained in the section 'Site here to sell here: Controlling the TNCs'.
8. Shuman, M.H. (2000), *Going Local: Creating Self-Reliant Communities in the Global Age*, New York: Routledge.
9. Blecker, R. (1999), *Taming Global Finance: A Better Architecture for Growth and Equity*, Washington, DC: Economic Policy Institute.
10. 諾貝爾經濟獎得主詹姆士·托賓（James Tobin），1978年首次提出外匯交易稅的構想，建議所有主要國家徵收相當低的稅捐（稅率低於0.5%），將不至於妨害長期投資，但卻可以阻止大規模以賺取匯差爲目的的投機性貨幣移動。
11. 1987年10月黑色星期一股市崩盤後，美國總統特別小組建議，建立斷路機制，在大幅下跌時，自動啓動以停止交易，使買者與賣者有時間整理不斷進入的消息，以便冷靜交易，避免造成恐慌。此一建議被採納，於1999年訂定斷路規則，如果道瓊工業指數下跌超過前一日休市指數350點，自動停止交易30分鐘。如果再下跌超過兩百點，斷路機制將再度啓動，停止交易一個小時。
12. Collin, S., Fisher, T., Mayo, E., Mullineux, A. and Sattar, D. (2001), *The State of Community Development Finance 2001*, London: New Economics Foundation.
13. Murphy, R., Hines, C. and Simpson, A. (2003), *People's Pensions: New Thinking for the 21st Century*, London: New Economics Foundation <http://www.neweconomics.org/gen/z_sys_PublicationDetail.aspx?PID=131>.
14. Anderson, A. and Cavanagh, J. (1998), 'The rise of global corporate power', *Third World Resurgence*, 97.

15. Balanyá, B., Doherty, A., Hoedeman, O., Ma'anit, A. and Wesselius, E. (2000), *Europe Inc., Regional and Global Restructuring and the Rise of Corporate Power*, London: Pluto Press.
16. Khor, M. (2001), *Globalisation and the Crisis of Sustainable Development*, Penang, Malaysia: Third World Network.
17. Willmore, I. (2002), 'How to make corporations accountable', *Global economy: Observer Special*, 14 July.
18. von Weizsäcker, E., Lovins, A.B., and Lovins, L.H. (1997), *Factor Four: Doubling Wealth, Halving Resource Use*, London: Earthscan.
19. Cambridge Econometrics, cited in C. Hines, *Localization*.
20. Hines, C., *Localization*; also Lucas, C. and Hines, C. (2001), *Time to Replace Globalisation: A Green Localist Manifesto for the World Trade Organisation Ministerial*, Brussels: The Greens/European Free Alliance in the European Parliament <http://www.carolinelucasmep.org.uk>.
21. Monbiot, G. (2003), *The Age of Consent: A Manifesto for a New World Order*, London: Flamingo.
22. 例如喬治・蒙畢歐特曾寫道：「今天，貿易是國與國之間財富分配的重要手 段……而且是唯一可能的手段。」Monbiot, G. (2003) ' I was wrong about trade', *Guardian*, 24 June。
23. Khor, *Globalisation and the Crisis of Sustainable Development*.
24. International Federation of Red Cross and Red Crescent Societies (2002). *World Disasters Report 2002*. Geneva. IFRCRCS.
25. Based on briefing papers at <http://www.jubileeresearch.org/>.
26. International Federation of Red Cross and Red Crescent Societies (2001), *World Disasters Report 2001: Focus on Recovery*, Geneva: IFRCRCS.
27. Simms, A. (2001), 'Climate change: The real debtors', *Ecologist*, October.
28. Robins, N., Meyer, A. and Simms, A. (1999), *Who Owes Who? Climate Change, Debt, Equity and Survival*, London: Christian Aid.
29. Pettifor, A. (2002), *Resolving International Debt Crises – The Jubilee Framework for International Insolvency*, London: New Economics Foundation.
30. Monbiot, *The Age of Consent*, p. 186.
31. Meyer, A. (2000), *Contraction & Convergence: The Global Solution to Climate Change*, Schumacher Briefing 5, Totnes: Green Books.
32. Monbiot, *The Age of Consent*, pp. 12–13.
33. Ibid., p. 99.
34. Desai, M. (1998), 'A basic income proposal', Paper 4 in *The State of the Future*, London: Social Market Foundation.
35. Gwartney, J.T. and Tideman, N.S.O. (1996), 'The Jerome Levy economic institute conference: Land, wealth, and property', *American Journal of Economics and Sociology*, 55 (3), pp. 349–56.
36. Monbiot, 'I was wrong about trade'.
37. Oxfam (2002), *Rigged Rules and Double Standards: Trade Globalisation and the Fight Against Poverty*, Oxford: Oxfam.
38. Ibid.
39. Monbiot, 'I was wrong about trade'.
40. Watkins, K. (2002), 'The Oxfam debate', *Ecologist*, July.

41. Shiva, V. (2002), 'Export at any cost: Oxfam's free trade recipe for the third world' <http://www.maketradefair.com/>.
42. Hines, C. (2000), 'Globalisation's cruel smokescreen', in S. Retallack (ed.), *Globalising Poverty: The World Bank, IMF and WTO – Their Policies Exposed*, London: Ecologist Report.
43. *Migration News* (2002), 'China: Migrants, North Korea, economy', *Migration News*, 9 (8).
44. Bello, W. (1999), 'Architectural Blueprints, Development Models and Political Strategy', paper presented at Conference on Economic Sovereignty in a Globalised World, Bangkok, 23–26 March.
45. Monbiot, *The Age of Consent,* p. 220.
46. Ibid, p.219.蒙畢歐特將自由貿易視爲一種「理想的結果」，因爲「當各國達到大致相同的經濟地位時，自由貿易就變成一種處理彼此關係最公平的方式」。對此，柯林・海恩斯（Colin Hines）回應道：「天知道蒙畢歐特怎麼會得出這樣的結論，他既沒有說明也說不出個道理。衆所周知地，自由貿易就算是「公平的」，也只會增加無情的競爭，使在地對未來的國家經濟難以掌控，而且使產品越來越集中於少數地方，如此一來，又增加了運輸與碳的釋出。歐盟境內的貿易就是最典型的例子。」Hines, C. (2003), Misrepresenting Localization－A Critique of George Monbiot's 'The Age of Consent'<http://www.sovereignty.org.uk/features/footnmouth/local11.html>。
47. Eckes, A.E. Jr (1995), *Opening America's Market: US Foreign Trade Policy Since 1776*, Chapel Hill: University of North Carolina Press.
48. Watkins, 'The Oxfam debate'.
49. Daly, H. and Goodland, R. (1992), 'An ecological-economic assessment of deregulation of international commerce under GATT', unpublished report for the World Bank Environment Department, Washington, DC.

CHAPTER 6

1. Soros, G. (1995), *Soros on Soros*, New York: John Wiley.
2. Hertz, N. (2001), *The Silent Takeover: Global Capitalism and the Death of Democracy*, London: William Heinemann.
3. International Trade Centre (2002), *Overview of World Markets for Organic Food & Beverages*, Geneva: International Trade Centre, UNCTAD/WTO <http://www.intracen.org/mds/sectors/organic/overview.pdf>.
4. Fairtrade Foundation (2002), *Annual Review 2000/2001*, London: Faritrade Foundation.
5. Bello, W. (2000), 'WTO: Serving the wealthy, not the poor', in S. Retallack (ed.), *Globalising Poverty: The World Bank, IMF and WTO – Their Policies Exposed*, London: The Ecologist Report, pp. 36–9.
6. Bello, W. (1999), 'Why reform of the WTO is the wrong agenda', *Focus on Trade*, 43, Amsterdam: Transnational Institute.
7. Greider, W. (2001), 'A new giant sucking sound', *The Nation*, 18 December.

8. Shiva, V. (2001), *Yoked to Death: Globalisation and Corporate Control of Agriculture*, New Delhi: Research Foundation for Science, Technology and Ecology.
9. Bello, 'WTO; Serving the wealthy, not the poor'.
10. Harker, D. et al. (1996), *Community Works! A Guide to Community Economic Action*, London: New Economics Foundation.
11. Mayo, E. and Moore, H. (2001), *The Mutual State: How Local Communities Can Run Public Services*, London: New Economics Foundation.
12. World Council of Credit Unions (2001), *2001 Statistical Report* <http://www.woccu.org/pubs/publist.htm#stats>.
13. McGurn, P. (2002), 'California bans tax dodgers', *BBC News Online*, 26 July http://news.bbc.co.uk/1/hi/business/2152923.stm>.
14. Soros, G. (2002), *George Soros on Globalization*, Oxford: Public Affairs Ltd.
15. Stiglitz, J. (2002), *Globalization and its Discontent*, London: Allen Lane.
16. Stewart, H. (2002), 'Brown dismisses Tobin tax plan', *Guardian*, 23 July.
17. Elliott, L. and Atkinson, D. (1998), *The Age of Insecurity*, London: Verso.
18. Soros, *George Soros on Globalization.*
19. Forster, E.M. (1910), *Howard's End.*
20. Speaking in Cape Town, South Africa, 1966.

CHAPTER 7

1. Bello, W. (2002), *The Oxfam Debate: From Controversy To Common Strategy*, Bangkok: Focus on the Global South <http://www.focusweb.org/publications/2002/oxfam-debate-controversy-to-common-strategy.html>.
2. Charlene Barshefsky, speaking at a press briefing, Seattle, 2 December 1999.
3. Pascal Lamy, speaking at a press conference, Seattle, 2 December 1999.
4. Quoted in 'Deadline set for WTO reforms', *Guardian*, 10 January 2000.
5. Malhotra, K. (2002), 'Doha: Is it really a development round?', *Trade, Environment and Development*, 1, Washington, DC: Carnegie Endowment for International Peace.
6. See for example, Bello, W. (2000), *Why Reform of the WTO Is the Wrong Agenda*, Bangkok: Focus on the Global South; Bello, W. (2002), *Deglobalization: Ideas for a New World Economy*, London: Zed Books.
7. Nossiter, B. (1987), *The Global Struggle for More*, New York: Harper and Row, pp. 42–3.
8. Ibid., p. 45.
9. Bandow, D. (1985), 'The US role in promoting third world development', in D. Bandow (ed.), *US Aid to the Developing World: A Free Market Agenda*, Washington, DC: Heritage Foundation, p. xxii.
10. D. Mulford, speaking at the Asia-Pacific Capital Markets conference, San Francisco, 17 November 1987.
11. Testimony of Ambassador Charlene Barshefsky, United States Trade Rrepresentative, before the House Ways and Means Trade Subcommittee, US Congress, 24 February 1998.

12. Ibid.
13. Quoted in 'Worsening financial flu lowers immunity to US business', *New York Times*, 1 February 1998.
14. WTO (1998), *Annual Report*, Geneva: WTO, p. 12.
15. See <http://www.globalvision.org/program/globalization/nader.html>.
16. Coates, B. (2001), *Briefing from Doha*, 12 December, London: World Development Movement <http://www.wdm.org.uk/presrel/current/dejavue.htm>.
17. Lucas, C. (2001), 'Ill wind of trade', *Guardian*, 6 December.
18. Bello, W. (2001), 'Learning from Doha', presentation to the meeting of the Our World is not for Sale Coalition, Brussels, 7–9 December.

CHAPTER 8

1. Stiglitz, J. (2002), *Globalization and its Discontents*, London: Allen Lane/Penguin, p. 197.
2. WTO (2002), 'UNCTAD-ITC-WTO chiefs agree to enhance cooperation', Press Release, 30 October <http://www.wto.org/english/news_e/news02_e/unctad_itc_30oct02_e.htm>.
3. Keynes's original proposals and their fate are described in Rowbotham, M. (2000), *Goodbye America! Globalisation, Debt and the Dollar Empire*, Charlbury, UK: Jon Carpenter.
4. 此一比喻來自國際經濟研究所（Institute of International Economics, IIE）所長 C. Fred Bergsten.
5. Local Government Association (2002), 'Update on WTO General Agreement on Trade in Services (GATS) – Decisions and Action Required', paper prepared for the LGA European and International Affairs Executive <http://www.lga.gov.uk/Documents/Agenda/european/250602/item2.PDF>.
6. Monbiot, G. (2003), *The Age of Consent: A Manifesto for a New World Order*, London: Flamingo.
7. Buira, A. (2000), 'The governance of the International Monetary Fund', paper presented at the Group of 24 meeting, Vienna, 29–30 September.
8. UNDP (2002), *Human Development Report 2002: Deepening Democracy in a Fragmented World*, New York: Oxford University Press.
9. Streck, C. (2001), 'The global environment facility – a role model for international governance?', *Global Environmental Politics*, 1, pp. 71–94.

SECTION 4 INTRODUCTION

1. Intermediate Technology Development Group (undated), *ITDG Energy Strategy*, Rugby: ITDG.
2. Standing Advisory Committee on Trunk Road Assessment (1999), *Transport and the Economy*, London: DETR, para. 40, p. 22.
3. Maddison, D., Pearce, D., Johansson, O., Calthrop, E., Litman,T. and Verhoef, E. (1996), *The True Costs of Road Transport*, London: Earthscan.

4. Sewill, B. (2003), *The Hidden Costs of Flying*, London: Aviation Environment Federation.

CHAPTER 9

1. Quoted in Goldsmith, E. (2001), 'Development as colonialism', in E. Goldsmith and G. Mander (eds), *The Case Against the Global Economy and for a Turn Towards Localization*, London: Earthscan.
2. Carroll, R. (2003), '40 million starving "as world watches Iraq"', *Guardian*, 9 April.
3. Food and Agriculture Organisation (2003), *World Agriculture 2003: Main Finding*, Rome: FAO.
4. Gordon, D. et al. (2000), *Poverty and social exclusion in Britain*, York: Joseph Rowntree Foundation/York Publishing Services.
5. Audit Commission (2001), *Tackling Obesity in England*, London: The Stationery Office.
6. Food and Agriculture Organisation, *World Agriculture 2003*.
7. Watkins, K. (2002), 'Greed in action: US farming subsidies will hit world's poor', *Guardian Society*, 5 June.
8. Oxfam (2002), *Milking the CAP: How Europe's dairy regime is devastating livelihoods in the developing world*, Oxfam Briefing Paper No. 34, Oxford: Oxfam.
9. Watkins, 'Greed in action'.
10. Lord Whitty, speaking at the Royal Smithfield Show, 25 November 2002.
11. This data is drawn from FAO (2001), *Food Balance Sheet Database*. Rome: Food and Agriculture Organisation. More details and analysis can be found in Lucas, C. (2001), *Stopping the Great Food Swap: Relocalising Europe's Food Supply*, Brussels: The Greens/European Free Alliance in the European Parliament <http://www.carolinelucasmep.org.uk/publications/greatfoodswap.html>.
12. Lucas, *Stopping the Great Food Swap*.
13. Council for the Protection of Rural England (1999), *Meadow Madness: Why the Loss of England's Grasslands Continues Uncontested*, London: CPRE.
14. US Food and Drug Administration (2000), *Residue Monitoring Report*, Rockville, MA: Center for Food Safety and Applied Nutrition Pesticide Program <http://vm.cfsan.fda.gov/~dms/pesrpts.html>.
15. See <http://themes.eea.eu.int/Sectors_and_activities/agriculture/indicators/nutrients/index_html>.
16. Lal, R. and Stewart, S. (1990), *Soil Degradation*,. New York: Springer Verlag.
17. Pimentel, D., Harvey, C., Resosudarmo, P., Sinclair, K., Kunz, D., McNair, M., Crist, S., Shpritz, L., Fitton, L., Saffouri, R. and Blair, R. (1995), 'Environmental and economic costs of soil erosion and conservation benefits', *Science*, 267, pp. 1117–23.
18. Jones, J.A. (1999), 'The environmental impacts of distributing consumer goods: A case study on dessert apples', unpublished PhD thesis, Centre for Environmental Strategy, University of Surrey, Guildford, UK.

19. Simms, A., Kumar, R. and Robbins, N. (2000), *Collision Course: Free Trade's Free Ride on the Global Climate*, London: New Economics Foundation.
20. Department of Environment, Transport and the Regions (2000), *The Future of Aviation: The Government's Consultation Document on Air Transport Policy*, London: DETR.
21. Sustain (1999), *Food Miles – Still on the Road to Ruin?*, London: Sustain.
22. Whitelegg, J. (1993), *Transport for a Sustainable Future: The Case for Europe*, London: Belhaven Press.
23. Ministry of Agriculture, Fisheries and Food (2000), *Agriculture in the UK, 1999*, London: MAFF.
24. Wintour, P. (2001), 'Extent of farm crisis revealed', *Guardian*, 11 April.
25. Countryside Agency (1999), *The State of the Countryside: Summary of Key Facts*, Cheltenham, UK: Countryside Agency.
26. Ainger, K. (2003), 'The new peasants' revolt', *New Internationalist*, 353, pp. 9–13.
27. Ibid.
28. Ainger, K. (2003), 'The market and the monsoon', *New Internationalist*, 353, pp. 22–7.
29. Comments in response to Policy Commission on the Future of Farming and Food (2002), *Farming and Food – a Sustainable Future*, London: Cabinet Office.
30. Quoted in 'Extent of farm crisis revealed', *Guardian*, 11 April 2001.
31. Quoted in Ainger, 'The market and the monsoon', p. 26.
32. US Department of Agriculture (1998), *National Commission on Small Farms: A Time to Act*, Washington, DC: USDA.
33. Policy Commission on the Future of Farming and Food (2002), *Farming and Food: A Sustainable Future*, London: Cabinet Office, p. 34.
34. North, R. (2001), *The Death of British Agriculture*, London: Gerald Duckworth.
35. DEFRA, 'Economic evaluation of the APRC' <http://www.statistics.defra.gov.uk./esg/evaluation/aprc/chapter3.pdf>.
36. Sustain, *Food Miles*.
37. Bennett, R., Henson, S., Harper, G., Blaney, R. and Preibisch, K. (2000), *Economic Evaluation of Farm Animal Welfare Policy: Final Report to MAFF*, Reading: University of Reading, Department of Agriculture and Food Economics.
38. Meadows, D. (2000), 'Can organic farming feed the world?', *Organic Farming Magazine*, USA, May.
39. Egziabher, T.B.G. (2003), 'How (not) to feed Africa', *New Internationalist*, 353, pp. 14–15.
40. Food and Agriculture Organisation (2000), *The State of Food Insecurity in the World*, Rome: FAO.
41. Kwa, A. (2003), *EU CAP 'Reform'? Let Us Not Be Fooled*, Geneva: Focus on the Global South.
42. Institute of Grocery Distribution (2001), *Grocery Retailing 2001*, Letchmore Heath, UK: IGD Research.
43. Institute of Grocery Distribution (2001), *European Grocery Retailing Now and in the Future*, Letchmore Heath, UK: IGD Research.

44. Department for Environment, Food and Rural Affairs (2002), *Sustainable Food and Farming: Working Together: The Future*, London: DEFRA, Chart 1, p. 35.
45. Box 9.1 is based on Friends of the Earth research reported in 'Ten reasons supermarket mergers are bad for consumers', 13 January 2003 <http://www.foe.co.uk/resource/press_releases/20030113134910.html>.
46. 2002 年 10 月，地球之友調查 151 家超級市場、58 家蔬果行與 29 處一般市場，結果發現，1 公斤考克斯（Cox）蘋果的平均價格在市場攤位爲 1.02 英鎊，在蔬果行爲 1.07 英鎊，在莫里森（Morrisons）或亞士達—沃爾瑪爲 1.27 英鎊，在聖斯伯里更高達 1.44 英鎊。
47. Sustain (2000), *A Battle in Store: A Discussion of the Social Impact of the Major UK Supermarkets*, London: Sustain.
48. 2002 年 11 月 8 至 10 日，NOP 進行的民意調查。參閱地球之友 2002 年 11 月 18 日新聞稿：「新民調顯示，社會大衆支持農民對抗超級市場」。〈http://www.foe.co.uk/resource/press_releases/20021118000102.html>.
49. Friends of the Earth (2002), 'British apples for sale', media briefing, November.
50. Competition Commission (2000), *Supermarkets: A Report on the Supply of Groceries from Multiple Stores in the United Kingdom*, London: Competition Commission.
51. Ibid.
52. *Grocer Yearbook*, 2002.
53. Simms, A., Oram, J., MacGillivray, A. and Drury, J. (2002), *Ghost Town Britain: The Threat from Economic Globalisation to Livelihoods, Liberty and Local Economic Freedom*, London: New Economics Foundation.
54. Porter, S. and Raistrick, P. (1998), *The Impact of Out-of-Centre Food Superstores on Local Retail Employment*, Occasional Paper No 2, London: National Retail Planning Forum.
55. Jones, A. (2001), *Eating Oil: Food Supply in a Changing Climate*, London: Sustain/Elm Farm Research Centre.
56. Reported in *The Grocer*, 4 January 2003.
57. Friends of the Earth (2002), 'Supermarkets and Great British Fruit', media briefing, November.
58. Edwards, R. (2001), 'Slaughter of the innocents: The global meat market', *Sunday Herald*, 4 March.
59. Quoted on <http://www.npa-uk.net> 21 February 2001, National Pig Association.
60. Quoted in Vidal, J. (2001), 'Global disease on the rise – finger pointed at illegal trade', *Guardian*, 23 February.
61. National Audit Office (2002), *The 2001 Outbreak of Foot and Mouth Disease*, London: NAO.
62. Institute of Directors, quoted in *Daily Telegraph*, 20 April 2001.
63. Henley, J. (2001), 'First case identified in France', *Guardian*, 14 March; Vidal, J. (2001), 'Global disease on the rise', *Guardian*, 23 February; Bowdler, N. (2001), 'Virulent new strain sweeps the world', *Independent*, 25 February.

64. UK Creutzfeldt-Jakob Disease Surveillance Unit (2003), 'CJD Statistics' <http://www.cjd.ed.ac.uk/>.
65. Agra Europe (2001) 2 February <http://www.agra-europe.de/>.
66. Edwards, 'Slaughter of the innocents'.
67. Eurostat, <http://europa.eu.int/comm/eurostat/>.
68. Wallach, L. and Sforza, M. (1999), *Whose Trade Organisation: Corporate Globalisation and the Erosion of Democracy*, Washington, DC: Public Citizen.
69. Pretty, J.N., Brett, C., Gee, D., Hine, R.E., Mason, C.F., Morison J.I.L., Raven, H., Rayment, M.D. and van der Bijl., G. (2000), 'An assessment of the total external costs of UK agriculture', *Agricultural Systems*, 65 (2), pp. 113–136. Organic farming has, by contrast, only one-third of the hidden costs of non-organic agriculture, thus reducing the external costs by £1.6 bn, or £120–140 per hectare. In 1999, the UK was 15th, bottom of the EU league in terms of support for green farming (including organic) and rural schemes, spending 18.7 euros/ha (£12/ha) compared to 264.8 euros/ha (£158/ha) in Finland and 67.9 euros/ha (£40/ha) in Portugal.
70. European Parliament Economic and Social Committee (2002), *Opinion on the Future of the CAP*, Brussels, 21 March (NAT/122), Brussels: EP.
71. Kloppenberg, J., Hendrickson, J. and Stevenson, G.W. (1996), 'Coming in to the foodshed', *Agriculture and Human Values*, 13 (3), pp. 33–42.
72. National Farmers' Union (2002), *Farmers' Markets: A Business Survey*, London: NFU Public Affairs.
73. European Commission (2003), 'EU fundamentally reforms its farm policy to accomplish sustainable farming in Europe', press release, Luxembourg, 26 June.
74. Uhlig, R. (2003), '"Historic" CAP reform praised by Beckett', *Daily Telegraph*, 27 June.
75. Ibid.
76. National Farmers' Union (2003), 'Ministers reach agreement on CAP reform', press release, 30 January.
77. World Development Movement (2003), 'Shoddy CAP deal increases chance of Cancun collapse', press release, London, 26 June.
78. Oxfam (2003), 'EU CAP reforms a disaster for the poor', press release, 27 June <http://www.oxfam.org/eng/pr030627_eu_cap_reform.htm>.
79. Kwa, A. (2003) *EU CAP 'Reform'? Let Us Not Be Fooled*, Geneva: Focus on the Global South.
80. Lucas, C., Hart, M. and Hines, C. (2002), *Look to the Local: A Better Agriculture is Possible! A Discussion Document*, Brussels: The Greens/European Free Alliance in the European Parliament.
81. Wood, P. (2002), *A Better CAP*, Kingsbridge, South Devon: Family Farmers' Association.
82. Competition Commission (2000), *Supermarkets: A Report on the Supply of Groceries from Multiple Stores in the United Kingdom*, London: Competition Commission.
83. Friends of the Earth (2003), *Farmers and the Supermarket Code of Practice*, London: FoE <http://www.foe.co.uk/resource/briefings/farmers_supermarket_code.pdf>.

84. For further information, see Watson, A. (2001), *Food Poverty: Policy Options for the New Millennium*, London: Sustain.
85. Ghosh, A. (2001), *Economic Reforms in India: A Critical Assessment*, New Delhi: Centre for the Study of Global Trade Systems and Development.
86. See <http://www.mindfully.org/WTO/Indian-WBJA-Against-WTO.htm>.
87. For further details see Murphy, S. and Suppan, S. (2003), *An Introduction to the Development Box: Finding Space for Development Concerns in the WTO's Agriculture Negotiations*, Winnipeg: International Institute for Sustainable Development. <http://www.iisd.org/pdf/2003/trade_intro_dev_box.pdf>.
88. Green, D., Murphy, S., Tripathi, R. and Charveriat, C. (2002), *An Introduction to the Development Box*, London: CAFOD, Action Aid, Oxfam and IATP <http://www.cafod.org.uk/policy/devbox_02.shtml#1>.
89. Vandana Shiva, quoted in Hines, C. (2000), *Localization: A Global Manifesto*, London: Earthscan, p. 207.
90. Pretty, J.N., Morison, J.I.L. and Hine, R.E. (2003), 'Reducing food poverty by increasing agricultural sustainability in developing countries', *Agriculture, Ecosystems and Environment*, 95, pp. 217–34.
91. Quist, D. and Chapela, I.H. (2001), 'Transgenic DNA introgressed into traditional maize landraces in Oaxaca, Mexico', *Nature*, 414, pp. 541–3.
92. Orton, L. (2003), *GM Crops – Going Against the Grain*, London: ActionAid.
93. Meziani, G. and Warwick, H. (2002), *Seeds of Doubt*, London: Soil Association.
94. 根據英格蘭自然（English Nature）：「未經檢驗引進基因改造穀類作物，對雲雀、朱頂雀這類鳥類，可能會是最後的一擊，因爲牠們賴以生存的種子、昆蟲都將消失。」English Nature news release, 8 July 1998: ' Government Wildlife Advisor Urges Caution on Genetically Modified Organisms－The New Agriculture Revolution'。
95. This concept was first proposed in Hines, C. and Shiva, V. (2002), *A Better Agriculture is Possible: Local Food, Global Solution*, San Francisco, CA: International Forum on Globalization.
96. Lucas, *Stopping the Great Food Swap*, p. 26.
97. Institute for Agriculture and Trade Policy (2002), 'New WTO agriculture trade text reveals wide differences: Structural changes needed to fix market distortions', IATP press release, 18 December <http://www.iatp.org/iatp/library/admin/uploadedfiles/New_WTO_Agriculture_Trade_Text_Reveals_Wide_Di.htm>.
98. Ibid.

CHAPTER 10

1. Woodin, M.E. (2001), *Reach for the Future: Green Party Manifesto*, London: Green Party of England and Wales.
2. Ravi Bulchadani, quoted in 'The euro – special report', *Business Week*, 27 April 1998.

3. European Roundtable of Industrialists (1991), *Reshaping Europe*, Brussels: ERT, quoted in Balanya, B. et al., (2000), *Europe Inc: Regional and Global Restructuring and the Rise of Corporate Power*, London: Pluto Press, p. 50.
4. Speech by Jacques Santer to the board of directors of the AMUE, 26 February 1998, quoted in Balanya et al., *Europe Inc.*, p. 50.
5. Phone interview with Bertrand de Maigret, 11 March 1997, quoted in Balanya et al., *Europe Inc.*, p. 52.
6. Interview with John Russell, 16 December 1998, quoted in Balanya et al., *Europe Inc.*, p. 45.
7. Ibid., p. 46.
8. UNICE (1997), *Benchmarking Europe's Competitiveness: From Analysis to Action*, Brussels: UNICE, quoted in Balanya et al., *Europe Inc.*, p. 40.
9. Interview with Christophe de Callatäy, Communications Director, UNICE, 18 November 1998, quoted in Balanya et al., *Europe Inc.*, pp. 40–41.
10. Article 108 of the amended Treaty of Rome.
11. Quoted in *Le Monde*, 18 October 2002.
12. See <http://www.no.euro.com>.
13. In an interview on BBC Television's *Breakfast with Frost*, December 2002.
14. Crow, B. (2002), Letter in *The Times*, 24 August.
15. Michie, J. (2002), *Public Services Yes, Euro No*, London: New Europe Research Trust.
16. Reported in the *International Herald Tribune*, 20 December 2001.
17. Reported in the *Berliner Zeitung*, 9 August 2002.
18. Forder, J. (2002). *Democracy and the European Central Bank*, London: New Europe Research Trust.
19. Smith, R. (1999), 'PFI: perfidious financial idiocy', editorial, *British Medical Journal*, 319, pp. 2–3.
20. Quoted in 'PFI hospitals "cost NHS more"', *BBC News Online*, 17 May 2002 <http://news.bbc.co.uk/1/hi/health/1991037.stm.>.
21. Pollock, A.M., Shaoul, J. and Vickers, N. (2002). 'Private finance and "value for money" in NHS hospitals: a policy in search of a rationale?', *British Medical Journal*, 324, pp. 1205–9.
22. Reported in Elliott, L. (2002), 'Blair faces big problem in currency debate', *Guardian*, 26 August.
23. 我們爲永續經濟設定的經濟優先目標，並不是以國民生產毛額來度量的高國際貿易、對內投資與經濟成長，這些目標都只是各國政府爲維持自己的繼續執政而追求的政績。
24. No Campaign (2003), *The Euro isn't Working: A Year of Instability*, London: No Campaign.
25. Elliott, L. (2003), '"Economic crisis" forces German call for lower rates', *Guardian*, 2 July.
26. Forfas (2003), *Statement on Inflation*, Dublin: National Competitiveness Council.

27. Eurostat quarterly national statistics <http://europa.eu.int/comm/eurostat/Public/datashop/print-catalogue/EN?catalogue=Eurostat>.
28. Ernst and Young (2003), *European Investment Monitor: 2003 Report*, London: Ernst and Young LLP.
29. Mundell, R.A. (1961), 'A theory of optimum currency areas', *American Economic Review*, November.
30. 1980 年代柴契爾首相時的政務大臣諾曼・泰比特（Norman Tebbitt），鼓勵失業者學他父親的例子，「騎上單車」去找工作。
31. Michie, J. (2002), 'The currency that spells cuts', *Guardian*, 10 September.
32. European Commission (2003), 'Regional GDP per capita in the EU and candidate countries in 2000', Eurostat press release No. 10/2003, 30 January.
33. European Commission (2002), 'Unemployment in the EU and the Central European candidate countries', Eurostat press release No. 93/2002, 5 August.
34. Thirwall, A. (2000), *The Euro and 'Regional' Divergence in Europe*, London: New Europe Research Trust.
35. Elliott, L. (2002), 'Blair faces big problem in currency debate', *Guardian*, 26 August.
36. Office of National Statistics (2001), *Regional Gross Domestic Product* <http://www.statistics.gov.uk/pdfdir/rgdp0201.pdf>.
37. House of Commons ODPM: Housing, Planning, Local Government and the Regions Select Committee (2003), *Reducing Regional Disparities in Prosperity*, London: The Stationery Office.
38. Perrons, D. (1999), 'Deconstructing the Maastricht myth? Economic and social cohesion in Europe: regional and gender dimensions of inequality', in R. Hudson and A.M. Williams (eds), *Divided Europe: Society and Territory*, London: Sage.
39. HM Treasury (2003), *EMU and labour market flexibility*, London: The Stationery Office <http://www.hm-treasury.gov.uk/documents/the_euro/assessment/studies/euro_assess03_studworcestershire.cfm>.
40. Jacobs, J. (1986), *Cities and the Wealth of Nations*, London: Penguin.
41. For a review of regional currencies see Boyle, D. (2003), *Beyond Yes and No: A Multi-Currency Alternative to EMU*, London: New Economics Foundation.
42. Adapted from ibid.
43. It is advocated in ibid., and in Robertson, J. (2002), *Forward with the Euro and the Pound,* Research Study 17, London: Economic Research Council.
44. The Foundation for the Economics of Sustainability, *Feasta* <http://www.feasta.org/>.
45. See, for example, Monbiot, G. (2003), 'The bottom dollar', *Guardian*, 22 April.
46. Douthwaite, R. (1999), *The Ecology of Money*, Schumacher Briefing No. 4, Totnes: Green Books, on behalf of The Schumacher Society.

CHAPTER 11

1. Roberts, A. and Kingsbury, B. (1993), 'Introduction: the UN's roles in international society since 1945', in A. Roberts and B. Kingsbury (eds), *United Nations, Divided World*, Oxford: Oxford University Press.
2. 聯合國發展計畫署《2003 人類發展報告，千禧年發展目標：國際終止貧窮協議》（*Human Development Report 2003, Millennium Development Goals: A Compact among Nations to End Human Poverty*）New York: Oxford University Press.千禧年發展目標是 2000 年 9 月 189 個國家在聯合國千禧年高峰會中所達成的協議，其中 8 項目標預定在 2015 年達成，包括極度貧窮人口 減半、遏止愛滋病擴散，以及所有兒童均接受小學教育。
3. Green Party (1999), *European Election Manifesto*, London: Green Party of England and Wales.
4. Prodi, R. (2001), 'Looking towards Laeken', speech to the plenary session of the European Parliament, Brussels, 28 November.
5. European Environment Agency (1998), *Europe's Environment – The Dobris Assessment*, Copenhagen: EEA.
6. European Commission (2001), *A Sustainable Europe for a Better World: A European Union Strategy for Sustainable Development*, Brussels: European Commission <http://europa.eu.int/eur-lex/en/com/cnc/2001/com2001_0264en01.pdf>.
7. Lucas, C. (2001), 'The Heart Bleeds', *Guardian*, 27 June.
8. Lucas, C. (2002), *Draft Opinion of the Committee on Industry, External Trade, Research and Energy for the Committee on Employment and Social Affairs on Promoting a European Framework for Corporate Social Responsibility*, Brussels: European Parliament, 19 February <http://www.europarl.eu.int/meetdocs/committees/itre/20020325/460794en.pdf>.
9. Coates, B. (2002), *The World's Biggest Summit – So What? Making Sense of the World Summit on Sustainable Development*, London: World Development Movement <http://www.wdm.org.uk/cambriefs/wssd_wrap_up.pdf>.
10. Plenary on globalisation, 27 August 2002.
11. Anderson, S. (2001), *Seven Years Under NAFTA*, Washington, DC: Institute for Policy Studies <http://www.ips-dc.org>.
12. Ibid.
13. Center for Environmental Public Advocacy/Friends of the Earth Slovakia (2000), *Ten Years of Policies of Bretton Woods Institutions in Slovakia*, Slovakia: CEPA/FoES, p. 33.
14. Ibid., pp. 23–4.
15. Solga, H., Diewald, M. and Goedicke, A. (2000), 'Arbeitsmarktmobilität und die Umstrukturierung des ostdeutschen Beschäftigungssystems' (Employment Careers and the Restructuring of the Employment System in East Germany), *Mitteilungen aus der Arbeitsmarkt und Berufsforschung*, 33 (2), pp. 242–60.
16. Garton Ash, T. (2002), 'The grim wedding', *Guardian*, 27 June.
17. James Tutak, R. (2000), 'A slow lane from factory to forecourt', *Financial Times Survey*, 24 October.
18. Mokhiber, R. and Weissman, R. (2000), 'General Electric's global assault: How one huge company is giving the shaft to tens of thousands of

workers around the world – and even its own suppliers', *Mother Jones*, 26 May.

19. Quoted in Balanya, B. et al. (2000), *Europe Inc.: Regional and Global Restructuring and the Rise of Corporate Power*, London: Pluto Press.
20. The Rt Hon. Helen Liddell MP, Minister for Energy and Competitiveness in Europe, in the Department of Trade and Industry (2000), *EU Enlargement and the Single Market: Opportunities for Business*, London: DTI.
21. Speaking in Warsaw, 6 October 2000.
22. 值得商榷的是，第二次公民投票之所以變成「是」，原因出在所問的問題變成了「傾向擴大」還是「反對擴大」。
23. European Commission (2003), *Eurobarometer 59*, Brussels: European Commission <http://europa.eu.int/comm/public_opinion/archives/eb/eb59/eb59_en.htm>.
24. EU Council (2001), *Laeken Declaration*, Brussels: European Commission.
25. MORI (2001), 'Britain turning against globalisation', 11 October <http://www.mori.com/polls/2001/globalisation.shtml>.
26. UN Development Programme (2003), *Human Development Report 2003. Millennium Development Goals: A Compact among Nations to End Human Poverty*, New York: Oxford University Press.

CONCLUSION

1. See note 21, Chapter 1.
2. See Box 1.1.

參考書目

Ainger, K. (2003). The new peasants' revolt. *New Internationalist*, No. 353, Jan-Feb.

Anderson, A. & Cavanagh, J. (1998). The rise of global corporate power, *Third World Resurgence*, no 97.

Anderson, S. (2001). *Seven Years under NAFTA*. Washington, DC: Institute for Policy Studies. <http://www.ips-dc.org>.

Audit Commission (2001). *Tackling Obesity in England*. London: The Stationery Office.

Babylonian Talmud, Shabbat 31.

Balanya, B. et al. (2000). *Europe Inc., Regional and Global Restructuring and the Rise of Corporate Power*. London: Pluto Press.

Bandow, D. (1985). The US role in promoting third world development, in D. Bandow (ed.), *US Aid to the Developing World: A Free Market Agenda*. Washington, DC: Heritage Foundation. p. xxii.

BBC News Online (2002). *PFI hospitals 'cost NHS more'*. 17 May. <http://news.bbc.co.uk/1/hi/health/1991037.stm>.

Bello, W. (1999). Architectural bluepints, development models, and political strategy. Paper presented at Conference on Economic Sovereignty in a Globalised World. Bangkok, 23–26 March.

Bello, W. (2000). *Why Reform of the WTO is the Wrong Agenda*. Bangkok: Focus on the Global South.

Bello, W. (2000). WTO: Serving the wealthy, not the poor. In S. Retallack (ed). *Globalising Poverty: The World Bank, IMF and WTO – Their Policies Exposed*. London: The Ecologist Report, pp. 36–39.

Bello, W. (2001). *Learning from Doha*. Presentation to the meeting of the Our World is not for Sale Coalition. Brussels, Belgium: 7–9 December.

Bello, W. (2002). *Deglobalization: Ideas for a New World Economy*. London: Zed Books.

Bennett, R. et al. (2000). *Economic evaluation of farm animal welfare policy, Final report to MAFF.* University of Reading, Department of Agriculture and Food Economics, December.

Bhattarai, M. & Hammig, M. (2001). Institutions and the environmental Kuznets curve for deforestation: a cross-country analysis for Latin America, Africa and Asia. *World Development* 29, 995–1010.

Blackwell, B. (2002). Argentina and the IMF – the art of falling apart. *Ecologist*. July 2002.

Blecker, R. (1999). *Taming Global Finance: A Better Architecture for Growth and Equity*. Washington, DC: Economic Policy Institute.

Bottari, M., Wallach, L. & Waskow, D. (2001). *NAFTA Chapter 11 Investor-to-State Cases: Bankrupting Democracy. Lessons for Fast Track and the Free Trade Area of the Americas*. Washington DC: Public Citizen and Friends of the Earth.

Boyle, D. (2003). *Beyond Yes And No: A Multi-Currency Alternative To EMU*. London: New Economics Foundation.

Bruges, J. (2001). *The Little Earth Book*. Barrow Gurney: Alastair Sawday Publishing Co. Ltd.

Buira, A. (2000). The governance of the International Monetary Fund. Paper presented at the Group of 24 meeting, Vienna: 29–30 September.

Butler, D. & Kavanagh, D. (2002). *The British General Election of 2001*. Basingstoke: Palgrave.

Carroll, R. (2003). 40 million starving 'as world watches Iraq'. *Guardian*, Wednesday April 9.

Cavanagh, J., Welch, C., & Retallack, S. (2000). The IMF formula: generating poverty. In S. Retallack (ed). *Globalising Poverty: The World Bank, IMF and WTO – their Policies Exposed*. London: The Ecologist Report. pp. 23–25.

Center for Environmental Public Advocacy/Friends of the Earth- Slovakia (2000). *Ten Years of Policies of Bretton Woods Institutions in Slovakia*. Slovakia: CEPA/FoES. September, p.33.

Center for Voting and Democracy (2002). Early 9/11 Political Returns In: *Primary Turnout Trending Towards Record Low*. Washington DC: CVD.

Chandrika, B. (2001). *TRIPS, HIV/AIDS and Access to Drugs*. UNDP.

Chossudovsky, M (1997). *The Globalisation of Poverty: Impacts of IMF and World Bank Reforms*. London and Atlantic Highlands, N.J.: Zed Books/Penang, Malaysia: Third World Network.

Clarke, T. (2001). Mechanisms of corporate rule. In E. Goldsmith and J. Mander (eds), *The Case Against the Global Economy*, Earthscan, London.

Coates, B. (2002). *The World's Biggest Summit – So What? Making Sense Of The World Summit On Sustainable Development*. London, World Development Movement. <http://www.wdm.org.uk/cambriefs/wssd_wrap_up.pdf>.

Cobb, C., Halstead, T. & Rowe, J. (1995). *The Genuine Progress Indicator: Summary of Data and Methodology*, San Francisco, Redefining Progress.

Collin, S., Fisher, T., Mayo, E., Mullineux, A. and Sattar, D. (2001). *The State of Community Development Finance 2001*. London, New Economics Foundation.

Competition Commission (2000). *Supermarkets: A Report on the Supply of Groceries from Multiple Stores in the United Kingdom*. London, Competition Commission.

Countryside Agency (1999). *The State of the Countryside: Summary of Key Facts*. Cheltenham, UK.

Dale, R. (2001). Terrorists exploit anti-globalization. *International Herald Tribune*, 22 September.

Daly, H. & Goodland, R. (1992). *An Ecological-Economic Assessment of Deregulation of International Commerce Under GATT*. Washington, DC, World Bank (Environment Department), unpublished.

Daly, H.E. (1973). *Toward a Steady State Economy*. San Francisco, W. H. Freeman.

Department of Environment, Transport and the Regions (2000). *The Future Of Aviation: The Government's Consultation Document On Air Transport Policy*. London, DETR.

Desai, M. (1998). A basic income proposal. Paper 4 in *The State of the Future*. London, Social Market Foundation.

DETR (2000). *The Future of aviation: the Government's consultation document on air transport policy*. London, Department of Environment, Transport and the Regions.

DfID (2000). *Eliminating World Poverty: Making Globalisation Work for the Poor. White Paper on International Development*. London, Stationery Office.

Dollar, D. & Kraay, A (2000). *Growth Is Good for the Poor*. The World Bank Development Research Group.

Dollar, D. & Kraay, A. (2001). *Trade, Growth, and Poverty*. Development Research Group, The World Bank.

Douthwaite, R. (1996). *Short Circuit: Strengthening Local Economies for Security in an Unstable World*. Devon, Green Books.

Douthwaite, R. (1999). *The Ecology of Money. Schumacher Briefing no 4*. Totnes, Green Books on behalf of The Schumacher Society.

Eckes, A.E. Jr. (1995). *Opening America's Market: US Foreign Trade Policy Since 1776*. Chapel Hill.

Ecologist (1999). *Beyond the Monoculture: Shifting from Global to Local*, **29**(3), May/June.

Edwards, R. (2001). Slaughter of the innocents: The global meat market. *Sunday Herald*. 4 March.

Egziabher, T.B.G. (2003). How (not) to feed Africa. *New Internationalist*, **353**, 14–15. Jan-Feb.

Elliott, L. & Atkinson, D. (1998). *The Age of Insecurity*. London, Verso.

Elliott, L. (2002). Blair faces big problem in currency debate. *Guardian*, 26 August.

Elliott, L. (2003). 'Economic crisis' forces German call for lower rates. *Guardian*, Wednesday 2 July.

Elliott, L. (2003). Third-way addicts need a fix. *Guardian*, 14 July.

Ernst and Young (2003). *European Investment Monitor: 2003 Report*. London, Ernst and Young LLP.

EU Council (2001). *Laeken Declaration*. Brussels, EC.

European Commission (1999). *Report from the European Union's Scientific Committee on Veterinary Measures Relating to Public Health*. Brussels, EC.

European Commission (2000). *Opening World Markets for Services, Towards GATS 2000*. Brussels, EC.

European Commission (2001). *A Sustainable Europe for a Better World: A European Union Strategy for Sustainable Development*. Brussels, EC. <http://europa.eu.int/eur-lex/en/com/cnc/2001/com2001_0264en01.pdf>.

European Commission (2001). *White Paper. European Transport Policy for 2010: Time to Decide*. Brussels, EC. <http://europa.eu.int/comm/energy_transport/en/lb_en.html>.

European Commission (2002). Unemployment in the EU and the Central European candidate countries. *Eurostat Press Release* No. 93/2002, 5 August.

European Commission (2003). *EU fundamentally reforms its farm policy to accomplish sustainable farming in Europe*. Press Release, Luxembourg 26 June.

European Commission (2003). Eurobarometer 59. Brussels, EC. <http://europa.eu.int/comm/public_opinion/archives/eb/eb59/eb59_en.htm>.

European Commission (2003). Regional GDP per capita in the EU and candidate countries in 2000. *Eurostat Press Release* No. 10/2003, 30 January.

European Environment Agency (1998). *Europe's Environment – The Dobris Assessment.* Copenhagen, EEA.

European Environment Agency (2002). *Environmental Signals 2002 – Benchmarking the Millennium: Environmental Assessment Report No 9*, Copenhagen, EEA.

European Parliament Economic and Social Committee (2002). *Opinion on the Future of the CAP.* Brussels, 21 March (NAT/122).

Fairtrade Foundation (2002). *Annual Review 2000/2001.*

FAO (1999). *The State of the World's Fisheries and Aquaculture 1998.* Rome, Food and Agriculture Organisation.

FAO (2000). *The State of Food Insecurity in the World.* FAO, UN.

FAO (2003). *World Agriculture 2003: Main Findings.* Food and Agriculture Organisation.

FoE, ACE, GMB & UNISON (1998). *Green Job Creation in the UK.* <http://www.foe.co.uk/resource/reports/green_job_creation.pdf>.

Forder, J. (2002). *Democracy and the European Central Bank*, London, New Europe Research Trust.

Forfas. (2003). *Statement on Inflation.* Dublin, National Competitiveness Council.

Forster, E.M. (1910). *Howard's End.*

Friends of the Earth (2000). *The Citizens Guide to Trade, Environment and Sustainability*, FoE, London.

Friends of the Earth (2003). *Farmers and the Supermarket Code of Practice.* London, FoE <http://www.foe.co.uk/resource/briefings/farmers_supermarket_code.pdf>.

Garton Ash, T. (2002). The grim wedding. *Guardian*, 27 June.

Ghosh, A. (2001). *Economic Reforms in India: a Critical Assessment.* New Delhi, Centre for the study of Global Trade Systems and Development.

Goldsmith, E. (2001). Development as colonialism. In E. Goldsmith and G. Mander (eds) *The Case Against the Global Economy and a Turn Towards Localization.* London, Earthscan.

Gordon, D. et al. (2000). *Poverty and Social Exclusion in Britain.* York. Joseph Rowntree Foundation/York Publishing Services.

Gray, J. (1998). *False Dawn: The Delusions of Global Capitalism.* London, Granta Books.

Green Party (1999). *European Election Manifesto.* London, Green Party of England & Wales.

Greider, W. (2000). *One World Ready or Not: The Manic Logic of Global Capitalism.* Simon and Schuster.

Greider, W. (2001). A new giant sucking sound. *Nation*, 31 December.

Gwartney, J.T., & Tideman, N.S.O. (1996). The Jerome Levy economic institute conference: Land, wealth, and property. *American Journal of Economics and Sociology*, **55**(3), 349–56.

Harding, J. (2001). The anti-globalisation movement, *Financial Times*, 15 October.

Harker, D. et al. (1996). *Community Works! A Guide to Community Economic Action.* London, New Economics Foundation.

Hertz, H. (2001). *The Silent Takeover: Global Capitalism and the Death of Democracy*. London, William Heinemann.
Hines, C. (2000). Globalisation's cruel smokescreen. In S. Retallack (ed). *Globalising Poverty: The World Bank, IMF and WTO – their Policies Exposes*. London, Ecologist Report.
Hines, C. (2000). *Localization: A Global Manifesto*. London, Earthscan.
Hines, C. and Vandana, S. (2002). *A Better Agriculture is Possible: Local Food, Global Solution*. USA, International Forum on Globalization.
HM Treasury (2003). *EMU and Labour Market Flexibility*. London, Stationery Office. <http://www.hm-treasury.gov.uk/documents/the_euro/assessment/studies/euro_assess03_studworcestershire.cfm>.
House of Commons ODPM: Housing, Planning, Local Government and the Regions Select Committee (2003). *Reducing Regional Disparities in Prosperity*. London, The Stationery Office.
ILO (2003). *Global Employment Trends*. Geneva, International Labour Office.
IMF (2000). *Debt Relief, Globalization, and IMF Reform: Some Questions and Answers*. IMF Issues Brief. <http://www.imf.org/external/np/exr/ib/2000/041200b.htm>.
IMF (2000). *Globalization: Threat or Opportunity?* IMF Issues Brief. <http://www.imf.org/external/np/exr/ib/2000/041200.htm#X>.
Ingram, P., & Davis, I. (2001). *The Subsidy Trap: British Government Financial Support for Arms Exports and the Defence Industry*. Oxford, Oxford Research Group/Safer World.
Institute for Agriculture and Trade Policy (2002). *New WTO Agriculture Trade Text Reveals Wide Differences: Structural Changes Needed to Fix Market Distortions Slighted*. IATP, December 18. <http://www.iatp.org/iatp/library/admin/uploadedfiles/New_WTO_Agriculture_Trade_Text_Reveals_Wide_Di.htm>.
Institute of Grocery Distribution (2001). *European Grocery Retailing now and in the future*. Letchmore Heath: IGD Research.
Institute of Grocery Distribution (2001). *Grocery Retailing 2001*. Letchmore Heath: IGD Research.
International Federation of Red Cross and Red Crescent Societies (2002). *World Disasters Report*. Geneva.
International Federation of Red Cross and Red Crescent Societies (2001). *World Disasters Report 2001: Focus on Recovery*. Geneva.
International Forum on Globalization (2002). *Alternatives to Economic Globalization*, Berrett-Kohler, San Francisco.
International Society for Ecology and Culture (1999). *From Global to Local: Resisting monoculture, rebuilding community*, Devon, ISEC.
ITC (2002). *Overview World Markets for Organic Food & Beverages*. Geneva, International Trade Centre, UNCTAD/WTO. <http://www.intracen.org/mds/sectors/organic/overview.pdf>.
Jacobs, J. (1986). *Cities and the Wealth of Nations*. London, Penguin.
James Tutak, R. (2000). A slow lane from factory to forecourt. *Financial Times Survey*, 24 October.
Jones, A. (2001). *Eating Oil, Food Supply in a Changing Climate*. London, Sustain/Elm Farm Research Centre.

Jones, J.A. (1999). *The Environmental Impacts of distributing Consumer Goods: a Case Study on Dessert Apples*. Unpublished PhD Thesis. Centre for Environmental Strategy, University of Surrey, Guildford, UK.

Karliner, J. (2001). *Where Do We Go From Here? Challenging Corporate-Globalization After September 11*. San Francisco, CA. CorpWatch.

Keet, D. (1999). *Globalisation and Regionalism – Contradictory Tendencies? Counteractive Tactics? Or Strategic Possibilities?* Alternative Information and Development Centre, Cape Town, SA.

Khor, M. (2001). *Globalisation and the Crisis of Sustainable Development*. Penang, Third World Network.

Kloppenberg, J., Hendrickson, J., & Stevenson, G.W. (1996). Coming in to the foodshed. *Agriculture and Human Values,* **13**:3 (Summer), 33–42.

Korten, D. (1995). *When Corporations Rule the World*. London, Earthscan.

Korten, D. (1999). *The Post-Corporate World: Life After Capitalism*. Kumarian Press. Connecticut.

KPMG (1999). *Unlocking Sharholder Value: The Keys to Success. Mergers and Acquisitions Global Research Report*. <http://www.kpmg.co.uk/kpmg/uk/image/m&a_99.pdf>.

Kwa, A. (2003). *EU CAP 'Reform'? Let us not be fooled*. Geneva, Focus on the Global South.

Lal, R., & Stewart, S. (1990). *Soil Degradation*. New York, Springer-Verlag.

Lang, J. & Lake II, C.D. (2000). The first five years of the WTO: General Agreement on Trade in Services. *Law & Policy in International Business,* **31**.

LGA (2002). *Update on WTO General Agreement on Trade in Services (GATS) – Decisions and Action Required*. Paper prepared for the LGA European and International Affairs Executive, 25 June. <http://www.lga.gov.uk/Documents/Agenda/european/250602/item2.PDF>.

Lombard, M. (2000). Restrictive macroeconomic policies and unemployment in the European Union. *Review of Political Economy*, **12**, 317–332.

Lópes, R. (1994). The environment as a factor of production: The effects of economic growth and trade liberalization. *Journal of Environmental Economics and Management*, **27**, 163–84.

Lozada, C. (2001). Trading in Terror. *Christian Science Monitor*, 6 November.

Lucas, C. (1999). *The Greens' 'Beef' with the WTO*: London, The Green Party.

Lucas, C. (2001). *Swapping the Great Food Swap: Relocalising Europe's Food Supply*. Brussels, The Greens/European Free Alliance in the European Parliament. <http://www.carolinelucasmep.org.uk/publications/greatfoodswap.html>.

Lucas, C. (2001). Ill wind of trade. *Guardian*, 6 December.

Lucas, C. (2001). *Swapping the Great Food Swap: Relocalising Europe's Food Supply*. Brussels, The Greens/European Free Alliance in the European Parliament.

Lucas, C. (2001). The Heart Bleeds. *Guardian,* Wednesday 27 June.

Lucas, C. (2002). *Draft Opinion of the Committee on Industry, External Trade, Research and Energy for the Committee on Employment and Social Affairs on Promoting a European framework for Corporate Social Responsibility*. Brussels, European Parliament, 19 February. <http://www.europarl.eu.int/meetdocs/committees/itre/20020325/460794en.pdf>.

Lucas, C., Hart, M. & Hines, C. (2002). *Look to the Local: A Better Agriculture is Possible! A Discussion Document*. Brussels, The Greens/European Free Alliance in the European Parliament.

Lucas, C. & Hines, C. (2001). *Time to Replace Globalisation: A Green Localist Manifesto for the World Trade Organisation Ministerial*. Brussels, The Greens/ European Free Alliance in the European Parliament.

Lundberg, M. & Squire, L. (1999). *The Simultaneous Evolution of Growth and Inequality*. World Bank.

MAFF (2000). *Agriculture in UK*, 1999. London, MAFF.

Magnusson, P. (2002). The highest court you've never heard of: Do NAFTA judges have too much authority? *Business Week*, April 1. McGraw-Hill.

Malhotra, K. (2002). Doha: Is it really a development round? *Trade, Environment and Development, Issue 1*, May. US, Carnegie Endowment for International Peace.

Mander, J. & Goldsmith, E. (1996). *The Case Against the Global Economy and for a Turn Towards the Local*. San Francisco, Sierra Club Books.

Mander, J. (2001). Facing the rising tide, in E. Goldsmith and J. Mander (eds) *The Case Against the Global Economy*, Earthscan.

Matthews, E., et al. (2000). *Pilot Analysis of Global Ecosystems: Forest Ecosystems*. Washington DC, World Resources Institute.

Mayer, A. (2000). *Contraction & Convergence: The Global Solution to Climate Change. Schumacher Briefing, 5*. Totnes, Green Books.

Mayo, E. & Moore, H. (2001). *The Mutual State: How Local Communities can run Public Services*, London, New Economics Foundation.

McGurn, P. (2002). California bans tax dodgers. *BBC News Online*, 26 July, <http://news.bbc.co.uk/1/hi/business/2152923.stm>.

Meadows, D. (2000). Can organic farming feed the world? *Organic Farming Magazine*. USA. May.

Meadows, D.H., Meadows, D.L., Randers, J. and Behrens III, W.W. (1974). *The Limits to Growth: A Report for the Club of Rome's Project on the Predicament of Mankind*, 2nd edn. New York, Universe Books.

Meziani G. & Warwick, H. (2002). *Seeds of Doubt*. London, Soil Association.

Michie, J. (2002). *Public Services Yes, Euro No*. London, New Europe Research Trust.

Michie, J. (2002). The currency that spells cuts. *Guardian*, 10 September.

Migration News (2002). *China: Migrants, North Korea, Economy*. August **9**, 8.

Migration News (2002). *Trends: Population, Migration, Food*. **9**, 11, November.

Milanovic, B. (2002). True world income distribution, 1988 and 1993: First calculation based on household surveys alone. *Economic Journal*, **112**, 51–92.

Mokhiber, R. & Weissman, R. (2000). General Electric's global assault: How one huge company is giving the shaft to tens of thousands of workers around the world – and even its own suppliers. *Mother Jones*, 26 May.

Monbiot, G. (2000). *Captive State: The Corporate Takeover of Britain*. London Macmillan.

Monbiot, G. (2003). I was wrong about trade. *Guardian*. 24 June.

Monbiot, G. (2003). *The Age of Consent: A Manifesto for a New World Order*. London, Flamingo.

Monbiot, G. (2003). The bottom dollar. *Guardian*. 22 April.

MORI (2001). *Britain Turning Against Globalisation.* 11 October. <http://www.mori.com/polls/2001/globalisation.shtml>.

MORI (2001). *Labour Supporters and Public Services: 'But Don't Give Money To Private Sector', Says Survey.* <http://www.mori.com/polls/2001/gmb-011129.shtml>.

Mundell, R.A. (1961). A theory of optimum currency areas. *American Economic Review*, November.

Murphy, R., Hines, C. & Simpson, A. (2003). *People's Pensions: New thinking for the 21st Century.* London, New Economics Foundation. <http://www.neweconomics.org/gen/z_sys_PublicationDetail.aspx?PID=131>.

Murphy, S. and Suppan, S. (2003). *An Introduction to the Development Box: Finding Space for Development Concerns in the WTO's Agriculture Negotiations.* Winnipeg, International Institute for Sustainable Development. <http://www.iisd.org/pdf/2003/trade_intro_dev_box.pdf>.

National Audit Office (2002). *The 2001 Outbreak of Foot and Mouth Disease.* London, NAO. 21 June.

National Intelligence Council (2000). *Global Trends 2015: A Dialogue About the Future with Nongovernment Experts.* Washington DC, CIA. <http://www.cia.gov/nic/pubs/index.htm>.

New Economics Foundation (2001). *Mergerwatch*, Issue 3. London, NEF.

New Economics Foundation (2003). *Mergerwatch*, Issue 6. London, NEF.

New Internationalist (2000). *Restructuring the Global Economy.* 320.

NFU (2002). *Farmers' Markets: A Business Survey.* NFU Public Affairs, September.

NFU (2003). *Ministers Reach Agreement on CAP Reform.* <http://www.nfu.org.uk/>.

No Campaign (2003). *The Euro isn't Working: A Year of Instability.* London, No Campaign.

Norberg-Hodge, H. (2001). Ladakh – development as destruction. In A. Roddick (ed) *Globalization: Take it Personally.* London, Thorsons. pp. 112–115.

North, R. (2001). *The Death of British Agriculture.* Gerald Duckworth.

Nossiter, B. (1987). *The Global Struggle for More.* New York, Harper and Row. pp. 42–43.

OECD (1997). *Freight and Environment: Effects of Trade Liberalisation and Transport Sector Reforms.* OECD.

Office of National Statistics (2001). *Regional Gross Domestic Product.* <http://www.statistics.gov.uk/pdfdir/rgdp0201.pdf>.

Orton, L. (2003). *GM Crops – Going Against the Grain.* London, ActionAid.

Oxfam (2002). Milking the cap: how Europe's dairy regime is devastating livelihoods in the developing world. *Oxfam Briefing Paper*, No. 34. Oxford.

Oxfam (2002). *Rigged Rules and Double Standards: Trade Globalisation and the Fight Against Poverty.* Oxford, Oxfam.

Palast, G. (2000). An internal IMF study reveals the price 'rescued' nations pay: dearer essentials, worse poverty, and shorter lives. *Observer*, 8 October.

Palast, G. (2001). The fast track trade Jihad. *Observer.* Sunday, 14 October.

Panos (1999). *Globalisation and Employment, New Opportunities, Real Threats. Panos Briefing* 33, May.

Perkins, A. (2003). Hewitt links world poverty with terror *Guardian* 31 January.

Perrons, D. (1999). Deconstructing the Maastricht myth? Economic and social cohesion in Europe: regional and gender dimensions of inequality. In R. Hudson & A.M. Williams (eds), *Divided Europe: Society and Territory.* London, Sage.

Pettifor, A. (2002). *Resolving International Debt Crises – The Jubilee Framework for International Insolvency.* London, New Economics Foundation.

Pimentel, D., Harvey, C., Resosudarmo, P., Sinclair, K., Kunz, D., McNair, M., Crist, S., Shpritz, L., Fitton, L., Saffouri, R. and Blair, R. (1995). Environmental and economic costs of soil erosion and conservation benefits. *Science* **267**, 1117–1123.

Policy Commission on the Future of Farming and Food (2002). *Farming and Food: A Sustainable Future.* London.

Pollock, A.M., Shaoul, J. & Vickers, N. (2002). Private finance and 'value for money' in NHS hospitals: a policy in search of a rationale? *British Medical Journal*, **324**, 1205–1209.

Pomeroy, R. (2002). *Earth Summit Failure Could Imperil Trade Talks – EU.* Soenderborg, Denmark, Reuters. 23 July.

Porter, S. & Raistrick, P. (1998). *The Impact of Out-of Centre Food Superstores on Local Retail Employment: Occasional Paper No 2.* London, National Retail Planning Forum.

Pretty, J.N., Brett, C., Gee, D., Hine, R.E., Mason, C.F., Morison J.I.L, Raven, H., Rayment, M.D., van der Bijl., G. (2000). An assessment of the total external costs of UK agriculture. *Agricultural Systems* **65**(2), 113–136.

Pretty, J.N., Morison, J.I.L., & Hine, R.E. (2003). Reducing food poverty by increasing agricultural sustainability in developing countries. *Agriculture, Ecosystems and Environment* **95**, 217–234.

Roberts, A. & Kingsbury B. (1993). Introduction: the UN's roles in international society since 1945. In A. Roberts & B. Kingsbury (eds), *United Nations, Divided World.* Oxford, Oxford University Press.

Robertson, J. (2002). *Forward with the Euro and the Pound. Research Study 17.* London, Economic Research Council.

Robins, N., Meyer, A., & Simms, A. (1999). *Who owes Who? Climate change, Debt, Equity and Survival.* London, Christian Aid.

Rodrik, D. (2000). Comments on *Trade, Growth, and Poverty* by D. Dollar and A. Kraay, Harvard University. <http://ksghome.harvard.edu/ per cent7E. drodrik.academic.ksg/Rodrik per cent20on per cent20Dollar-Kraay.PDF>.

Rodrik, D. (2001). Trading in illusions, *Foreign Policy*, March/April.

Rowbotham, M. (2000). *Goodbye America! Globalisation, Debt and the Dollar Empire.* Charlbury, UK, Jon Carpenter.

Scott Cato, M. (2004). The watermelon myth exploded: Greens and anti-capitalism, in J. Carter and D. Morland (eds.), *Anti-Capitalist Britain.* London, New Clarion Press.

Selden, T.M. and Song, D. (1994). Environmental quality and development: Is there a Kuznets curve for air pollution emissions? *Journal of Environmental Economics and Management* **27**, 147–62.

Shiva, V. (2001). *Yoked to Death: Globalisation and Corporate Control of Agriculture.* New Delhi, Research Foundation for Science, Technology and Ecology.

Shiva, V. (2002). Export at Any Cost: Oxfam's Free Trade Recipe for The Third World. <http://www.maketradefair.com/>.
Shuman, M. (1998). *Going Local: Creating Self-Reliant Communities in a Global Age*. New York, Free Press.
Simms, A. (2001). Climate change: the real debtors. *The Ecologist Magazine*, October 2001.
Simms, A., Kumar, R., and Robbins, N. (2000). *Collision Course: Free Trade's Free Ride On The Global Climate.* London, New Economics Foundation.
Simms, A., Oram, J., MacGillivray, A. & Drury, J. (2002). Ghost Town Britain: The Threat from Economic Globalisation to Livelihoods, Liberty and Local Economic Freedom. London, New Economics Foundation.
Smith, A. (1776). *The Wealth of Nations*.
Smith, R. (1999). PFI: perfidious financial idiocy. Editorial, *British Medical Journal*, **319**, 2–3.
Solga, H., Diewald, M., & Goedicke, A. (2000). Asbeitsmarktmobilitat und die Umstrukturierung des ostdeutschen Beschaftigungssystems. (Employment Careers and the Restructuring of the Employment System in East Germany). *Mitteilungen aus der Arbeitsmarkt und Berufsforschung*, **33**(2), 242–60.
Soros, G. (1995). *On Soros*. New York, John Wiley.
Soros, G. (2002). *On Globalization*. Oxford, Public Affairs Ltd.
Spencer Chapman, K. (2002). *The General Agreement on Trade in Services (GATS): Democracy, Public Services and Government Regulation*. Published by Jean Lambert MEP/The Greens & European Free Alliance in the European Parliament. <http://www.jeanlambertmep.org.uk>.
Stern, D.I. & Common, M.S. (2001). Is there an environmental Kuznets curve for sulphur? *Journal of Environmental Economics and Management*, **41**, 162–78.
Stewart, H. (2002). Brown dismisses Tobin tax plan. *Guardian*, 23 July.
Stiglitz, J. (2002). *Globalization and its Discontents*. London, Allen Lane.
Streck, C. (2001). The global environment facility – a role model for international governance? *Global Environmental Politics* **1**, 71–94.
Sustain (1999). *Food Miles: Still On The Road to Ruin?* London, Sustain.
Sustain (2000). *A Battle in store. A discussion of the social impact of the major UK supermarkets*. London, Sustain.
Thirwall, A. (2000). *The Euro and 'Regional' Divergence in Europe*. London, New Europe Research Trust.
Uhlig, R. (2003). 'Historic' CAP reform praised by Beckett. *Daily Telegraph* 27 June.
UNCTAD (2001). *FDI-Linked Cross Border M&As Grew Unabated in 2000*, UNCTAD Press Release TAD/INF/PR16, 27 June.
UNCTAD (2002). *UNCTAD Predicts 27% Drop in FDI Inflows this Year*. Press Release TAD/INF/PR/63. 24 October.
UNCTAD (2002). *World Investment Report*. <http://r0.unctad.org/wir/contents/wir02_dl.htm>.
UNCTAD (1997). *Trade and Development Report*.
UNCTAD (2002). *Trade and Development Report*.
UNDP (1999). *Human Development Report*.
UNDP (2002). *Human Development Report 2002: Deepening Democracy in a Fragmented World*. New York, Oxford University Press.

UNDP (2003). *Human Development Report 2003 Millennium Development Goals: A compact among nations to end human poverty*. New York, Oxford University Press.

UNEP (2000). *Report of the Twelfth Meeting of the Parties to the Montreal Protocol*. UNEP Ozone Secretariat.

UNEP (2002). *Global Environment Outlook 3*. Geneva, UNEP/Earthscan.

US Department of Agriculture (1998). *National Commission on Small Farms: A Time to Act*. Washington DC.

US Food and Drug Administration (2000). *Residue Monitoring Report*. Center for Food Safety and Applied Nutrition Pesticide Program. <http://vm.cfsan.fda.gov/~dms/pesrpts.html>.

Vidal, J. (2001). Global disease on the rise- finger pointed at illegal trade. *Guardian*, 23 February.

von Weizsäcker, E., Lovins, A.B., & Lovins, L.H. (1997). *Factor Four: Doubling Wealth, Halving Resource Use*. London, Earthscan.

Wackernagel, M. et al. (2002). Tracking the ecological overshoot of the human economy. *Proceedings of the National Academy of Science*, **99**, 9266–9271.

Wade, R. and Wolfe, M. (2002). Are global poverty and inequality getting worse? *Prospect Magazine*, 72, March.

Wade, R. (2001). *Is Globalization Making World Income Distribution More Equal?* LSE-DESTIN Working Paper, No.01–01. <http://www.lse.ac.uk/Depts/destin/workpapers/wadeincome.pdf>.

Wallach, L., & Sforza, M. (1999). *Whose Trade Organization? Corporate Globalization and the Erosion of Democracy*. Washington DC, Public Citizen. <http://www.citizen.org>.

Watkins, K. (2002). Greed in action: US farming subsidies will hit world's poor. *Society Guardian* 5 June.

Watkins, K. (2002). Money talks. *Guardian*, 24 April.

Watkins, K. (2002). The Oxfam debate. *The Ecologist Magazine*, July 2002.

Watson, A. (2001). *Food Poverty: Policy Options for the New Millennium*. London, Sustain.

Weisbrot, M. (2001). Tricks of Free Trade. *Sierra Magazine*. Sept/Oct.

Weisbrot, M., Baker, D., Kraev, E., & Chen, J. (2001). *The Scorecard on Globalization 1980–2000: Twenty Years of Diminished Progress*. Centre for Economic Policy Research. Washington DC.

Whitelegg, J. (1993). *Transport for a Sustainable Future: The Case for Europe*. Belhaven Press, London.

Willmore, I. (2002). How to make corporations accountable. *Global economy: Observer Special* Sunday 14 July.

Wintour, P. (2001). Extent of farm crisis revealed. *Guardian*, 11 April.

Wood, P. (2002). *A Better CAP*. Family Farmers' Association.

Woodin, M. (2001). *Reach for the Future: Green Party Manifesto*. London, Green Party of England and Wales.

World Bank (2000). *World Development Report: Attacking Poverty*. Washington DC, World Bank.

World Bank (2001). *Annual Report*. Washington DC, World Bank.

World Council of Credit Unions (2001). 2001 Statistical Report. <http://www.woccu.org/pubs/publist.htm#stats>.

World Development Movement (2003). *Shoddy CAP deal increases chance of Cancun collapse. Press Release*, London. 26 June.

WTO (1988). *United States – Import Prohibition of Certain Shrimps and Shrimp Products (WT/DS58/R), Final Report*. Geneva, WTO.

WTO (1996). *United States – Standards for Reformulated and Conventional Gasoline (WT/DS2/R), Report of the Panel*, 29 January. Geneva, WTO.

WTO (1998). *Annual Report*. Geneva, WTO.

WTO (2001). *Communication from Cuba, Senegal, Tanzania, Uganda, Zimbabwe and Zambia – Assessment of Trade in Services*. 6 December, WTO reference S/CSS/W/132. Accessible through European Services Forum website, <http://www.esf.be/f_e_negotiations.htm>.

WTO (2001). *International Trade Statistics 2001*. Table II.1. Geneva, WTO.

WTO (2001). *WTO Policy Issues for Parliamentarians*. Geneva, WTO.

WTO (2002). UNCTAD-ITC-WTO chiefs agree to enhance cooperation. 30 October. <http://www.wto.org/english/news_e/news02_e/unctad_itc_30oct02_e.htm>.

WTO (undated). *Trade and the Environment in the WTO*. Geneva, Switzerland.

WWF (2002). *The Living Planet Report 2002*. WWF-The Global Environment Network.

Zoellick, R.B. (2001). Countering terror with trade. *Washington Post*. A35, 20 September.

國家圖書館出版品預行編目(CIP) 資料

綠色經濟：綠色全球宣言/ 麥可．伍汀(Michael Woodin)、卡洛琳．魯卡斯(Caroline Lucas)作；鄧伯宸譯 -- 二版 -- 新北市：立緒文化, 民 112.06
面； 公分. --（世界公民叢書）
譯自 : Green Alternatives to Globalisation

ISBN 978-986-360-213-2(平裝)

1. 國際經濟 2. 經濟發展 3. 環境保護

552.1 112008279

綠色經濟：綠色全球宣言（2023 年版）

Green Alternatives to Globalisation

出版——立緒文化事業有限公司（於中華民國 84 年元月由郝碧蓮、鍾惠民創辦）
作者 — 麥可．伍汀（Michael Woodin）、卡洛琳．魯卡斯（Caroline Lucas）
譯者 — 鄧伯宸

發行人 — 郝碧蓮
顧問 — 鍾惠民

地址 — 新北市新店區中央六街 62 號 1 樓
電話 — (02) 2219-2173
傳真 — (02) 2219-4998
E-mail Address — service@ncp.com.tw
劃撥帳號 — 1839142-0 號 立緒文化事業有限公司帳戶
行政院新聞局局版臺業字第 6426 號

總經銷 — 大和書報圖書股份有限公司
電話 — (02) 8990-2588
傳真 — (02) 2290-1658
地址 — 新北市新莊區五工五路 2 號
排版 — 伊甸社會福利基金會附設電腦排版
印刷 — 尖端數位印刷股份有限公司

法律顧問 — 敦旭法律事務所吳展旭律師

分類號碼 —552.1
ISBN— 978-986-360-213-2
出版日期 — 中華民國 94 年 7 月～ 101 年 3 月初版 一～三刷（1 ～ 4,100）
中華民國 103 年 8 月～ 108 年 12 月二版 一～二刷（1 ～ 1,500）
中華民國 112 年 6 月三版 一刷（舊版更換封面）

定價◎ 380 元（平裝）

生活哲思—新文明生活主張

提倡簡單生活的人肯定會贊同畢卡索所說的話：「藝術就是剔除那些累贅之物。」

小即是美

一本把人當回事的經濟學著作
E. F. Schumacher ◎著

中時開卷版一周好書榜
ISBN: 978-986-360-142-5
定價：350元

少即是多

擁有更少 過得更好
Goldian Vandn Broeck◎著

ISBN:978-986-360-129-6
定價：390元

簡樸

世紀末生活革命
新文明的挑戰
Duane Elgin ◎著

ISBN :978-986-7416-94-0
定價：250元

靜觀潮落：簡單富足/生活美學日記

寧靜愉悅的生活美學日記
Sarah Ban Breathnach ◎著

ISBN: 978-986-6513-08-4
定價：450元

美好生活

我們反對財利累積，
反對不事生產者不勞而獲。
我們不要編制階層和強制權威，
而希望代之以對生命的尊重。
Helen & Scott Nearing ◎著

ISBN:978-986-360-202-6
定價：400元

倡導純樸，
並不否認唯美，
反而因為擺脫了
人為的累贅事物，
而使唯美大放異彩。

中時開卷版一周好書榜

德蕾莎修女：一條簡單的道路

和別人一起分享，
和一無所有的人一起分享，
檢視自己實際的需要，
毋須多求。
ISBN:978-986-360-204-0
定價：280元

115歲，有愛不老

一百年有多長呢？
她創造了生命的無限可能

27歲上小學
47歲學護理
67歲獨立創辦養老病院
69歲學瑜珈
100歲更用功學中文……

宋芳綺◎著
中央日報書評推薦

ISBN:978-986-6513-38-1
定價：280元

許哲與德蕾莎修女在新加坡

年度好書在立緒

文化與抵抗
- 2004年聯合報讀書人最佳書獎

威瑪文化
- 2003年聯合報讀書人最佳書獎

在文學徬徨的年代
- 2002年中央日報十大好書獎

上癮五百年
- 2002年中央日報十大好書獎

遮蔽的伊斯蘭
- 2002年聯合報讀書人最佳書獎
- News98張大春泡新聞2002年好書推薦

弗洛依德傳
（弗洛依德傳共三冊）
- 2002年聯合報讀書人最佳書獎

以撒・柏林傳
- 2001年中央日報十大好書獎

宗教經驗之種種
- 2001年博客來網路書店年度十大選書

文化與帝國主義
- 2001年聯合報讀書人最佳書獎

鄉關何處
- 2000年聯合報讀書人最佳書獎
- 2000年中央日報十大好書獎

東方主義
- 1999年聯合報讀書人最佳書獎

航向愛爾蘭
- 1999年聯合報讀書人最佳書獎
- 1999年中央日報十大好書獎

深河(第二版)
- 1999年中國時報開卷十大好書獎

田野圖像
- 1999年聯合報讀書人最佳書獎
- 1999年中央日報十大好書獎

西方正典(全二冊)
- 1998年聯合報讀書人最佳書獎

神話的力量
- 1995年聯合報讀書人最佳書獎

大旗文化 閱讀卡

姓　名：

地　址：□□□

電　話：(　　)　　　　　傳　眞：(　　)

E-mail：

您購買的書名：______

購書書店：______市（縣）______書店

■您習慣以何種方式購書？

□逛書店 □劃撥郵購 □電話訂購 □傳真訂購 □銷售人員推薦

□團體訂購 □網路訂購 □讀書會 □演講活動 □其他______

■您從何處得知本書消息？

□書店 □報章雜誌 □廣播節目 □電視節目 □銷售人員推薦

□師友介紹 □廣告信函 □書訊 □網路 □其他______

■您的基本資料：

性別：□男 □女　婚姻：□已婚 □未婚　年齡：民國______年次

職業：□製造業 □銷售業 □金融業 □資訊業 □學生

□大眾傳播 □自由業 □服務業 □軍警 □公 □教 □家管

□其他 ______

教育程度：□高中以下 □專科 □大學 □研究所及以上

建議事項：

廣　告　回　信
北區郵政管理局登記證 北臺字8448號
免　貼　郵　票

立緒文化事業有限公司　收

新北市 2 3 1

新店區中央六街62號一樓

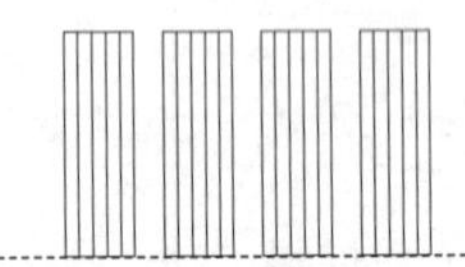

請沿虛線摺下裝訂，謝謝！

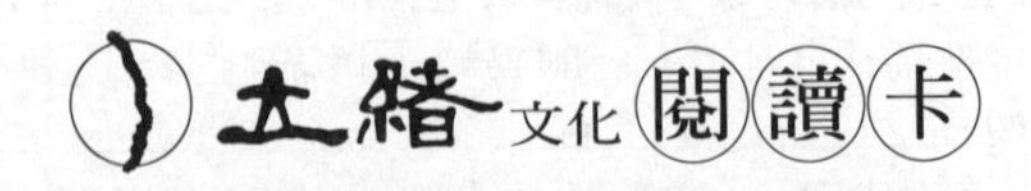

感謝您購買立緒文化的書籍

為提供讀者更好的服務，現在填妥各項資訊，寄回閱讀卡（免貼郵票），或者歡迎上網http://www.facebook.com/ncp231 即可收到最新書訊及不定期優惠訊息。